# Abi-Check XXL
## BIOLOGIE

**PONS Langenscheidt GmbH**
Stuttgart

1. Auflage 2024

© PONS Langenscheidt GmbH, Stöckachstraße 11, 70190 Stuttgart 2024
www.pons.de

Autor: Jürgen Christner
Dieser Titel basiert in Teilen auf 978-3-12-949328-1.
Logoentwurf: Erwin Poell, Heidelberg
Logoüberarbeitung: Sabine Redlin, Ludwigsburg
Satz: DTP-Studio Andrea Eckhardt, Göppingen
Druck: Plump Druck & Medien GmbH, Rheinbreitbach

Printed in Germany
ISBN 978-3-12-562599-0

# SO ARBEITEN SIE MIT DIESEM BUCH

## SO IST DER ABI-CHECK AUFGEBAUT

PONS Abi-Check XXL deckt in neun Kapiteln die wichtigen Themenbereiche ab, die Sie für die Oberstufe und das Abitur im Fach Biologie brauchen: Zellbiologie, Stoffwechsel, Genetik und Gentechnik, Neuro-, Immun- und Verhaltensbiologie, Evolution und Ökologie.

## SO SIND DIE KAPITEL AUFGEBAUT

Auf den ersten Seiten des Kapitels lernen und wiederholen Sie das wichtigste Basiswissen zu einem Thema.

Größere Kapitel sind dabei zur besseren Übersichtlichkeit in Unterkapitel aufgeteilt.

Auf der letzten Seite des jeweiligen Kapitels können Sie Ihren Lernstand mit Wissenschecks überprüfen.

## WISSEN + CHECK = ABI-ERFOLG!

Abivorbereitung muss effizient sein! Deshalb sind die wichtigsten Fakten zu einem Thema für Sie in übersichtliche Wissenskästen gepackt.

So arbeiten Sie sich schnell durch das Thema, ohne sich durch lange Texte zu kämpfen. Trotzdem haben Sie das ganze Abiwissen parat.

Wenn Sie alle Wissenskästen eines Themas abgehakt haben, dann ab zum Wissenscheck. Hier können Sie prüfen, ob das, was Sie gelernt haben, schon sitzt oder ob Sie das Kapitel noch einmal wiederholen sollten. Die Lösungen finden Sie gleich darunter. Beantworten Sie die Fragen und setzen Sie einen Haken hinter jede richtig beantwortete Frage!

# INHALT

# 4 GENTECHNIK

# 5 NERVEN, SINNE, HORMONE

# INHALT

# 8 VERHALTENSBIOLOGIE

# INHALT

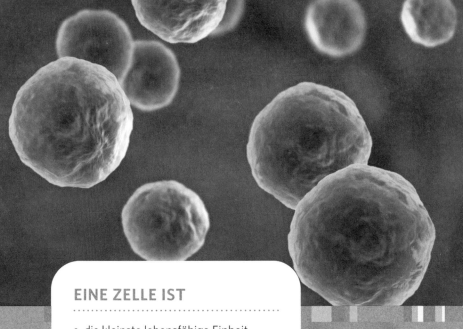

### EINE ZELLE IST

- die kleinste lebensfähige Einheit (Elementarorganismus) und zugleich
- das kleinste vermehrungsfähige System.
- Zellen können nur durch Teilung oder Verschmelzung aus ihresgleichen entstehen.

Alle Organismen sind aus Zellen aufgebaut bzw. bestehen aus einer Zelle.

### GRUNDFUNKTIONEN DES LEBENS

- Zellen sind reizbar. Mit ihren Rezeptoren empfangen sie Signale und antworten darauf.
- Zellen sind prinzipiell zur Bewegung fähig.
- Zellen haben einen Stoffwechsel. Für die Aufrechterhaltung der labilen Zellstrukturen ist ein ständiger Austausch von Stoffen und Energie mit der Umwelt erforderlich. Zellen sind offene Systeme im Fließgleichgewicht.

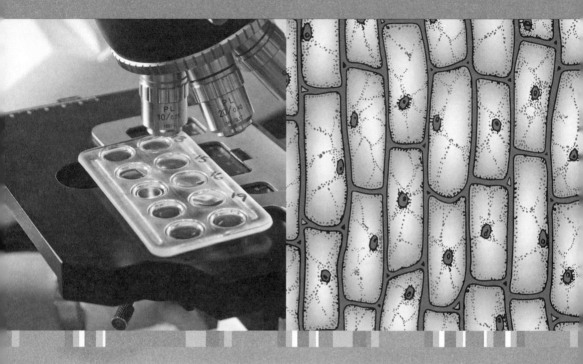

## ZELLTHEORIE

In der zweiten Hälfte des 19. Jahrhunderts entwickelte sich die Zelltheorie. Sie geht davon aus,

- dass alle Pflanzen und Tiere aus Zellen aufgebaut sind und
- dass Zellen nur aus anderen Zellen hervorgehen.

Die wichtigsten lichtmikroskopisch sichtbaren Bestandteile der Zelle sind:

- Der Zellkern (Nucleus) besteht aus dem Karyoplasma. Es ist heller als das umliegende Protoplasma. In Fotos und Zeichnungen wird der Zellkern gewöhnlich allerdings etwas dunkler wiedergegeben, weil die meisten mikroskopischen Präparate gefärbt sind, um den Zellkern hervorzuheben. Zellkerne enthalten regelmäßig ein oder mehrere Kernkörperchen (Nucleolus bzw. Nucleoli), die sich mit basischen Farbstoffen intensiv anfärben.
- Das Protoplasma außerhalb des Zellkerns wird Cytoplasma genannt.
- Nach außen wird das Cytoplasma durch die Zellmembran begrenzt.
- Im Cytoplasma liegen Zellstrukturen wie Golgi-Apparat und Mitochondrien.

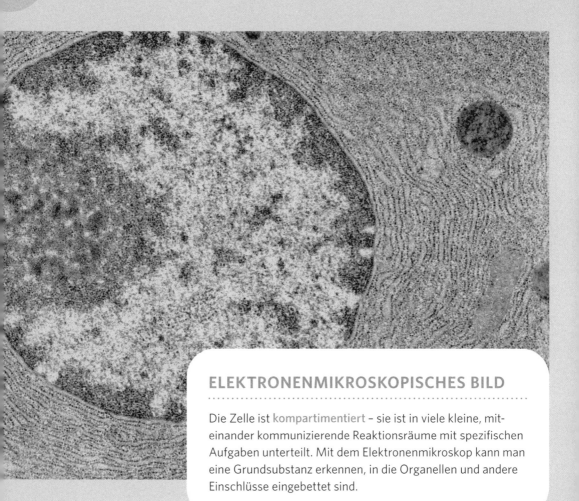

## ELEKTRONENMIKROSKOPISCHES BILD

Die Zelle ist kompartimentiert – sie ist in viele kleine, miteinander kommunizierende Reaktionsräume mit spezifischen Aufgaben unterteilt. Mit dem Elektronenmikroskop kann man eine Grundsubstanz erkennen, in die Organellen und andere Einschlüsse eingebettet sind.

## ZELLKERN

Der Zellkern (Nucleus) ist durch die Kernmembran abgegrenzt. Die Kernmembran ist Teil des Endoplasmatischen Reticulums. Kernporen ermöglichen den Austausch von Substanzen zwischen dem Zellkern und dem Cytoplasma. Mindestens ein Nucleolus (Kernkörperchen) ist im Kern vorhanden. Hier werden RNA-Moleküle und Proteine gebildet, aus denen die Ribosomen bestehen. Chromosomen sind beim Arbeitskern (Interphasekern) auch mit dem Elektronenmikroskop nicht zu unterscheiden. In gefärbten Präparaten ist das Chromatin, eine fädige Struktur in der Grundmasse, zu erkennen.

## CYTOPLASMA

Den Bereich der Zelle außerhalb des Zellkerns nennt man Cytoplasma. Zu ihm gehören unter anderem folgende Strukturen und Organellen:
Zellmembran, Mitochondrien, Chloroplasten, Golgi-Apparat, Endoplasmatisches Reticulum, Ribosomen, Cytoskelett.

## ZELLBESTANDTEILE

Beispiel: Eukaryotenzelle

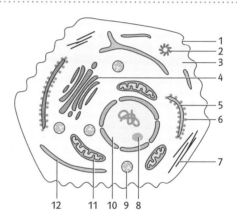

1 **Zellmembran**: Abgrenzung und Austausch

2 **Centriol (Mikrotubuli)**: Organisation der Zellteilung

3 **Zellplasma**: Grundmasse

4 **Dictyosom/Golgi-Apparat**: Zelldrüse, Herstellung von Chemikalien

5 **Endoplasmatisches Reticulum (ER)**: Transportsystem; raues ER: Synthese von Proteinen für den Export

6 **Ribosom**: Herstellung von Proteinen

7 **Mikrotubuli**: Zellskelett, Bau der Teilungsspindel

8 **Nucleolus**: Synthese der Ribosomen

9 **Lysosom**: Verdauung von Fremdstoffen

10 **Zellkern**: Steuerzentrum, Erbinformation

11 **Mitochondrium**: Zellatmung, Energiebereitstellung, Kraftwerk

12 **glattes ER**: Synthese fettartiger Substanzen und Einhüllung des Zellkerns

## PFLANZENZELLE

Bei Pflanzenzellen findet man zusätzlich

- die Zellwand,
- Plastiden, in grünen Pflanzenteilen Chloroplasten,
- Vakuolen.

Die Zellwände der Pflanzen bestimmen die Form der Zelle und verleihen ihr Festigkeit. Zellwände wurden im Jahre 1665 von Hooke an Flaschenkork und Holundermark beobachtet und gaben Anlass für den Begriff Zelle. Die Zellwand besteht aus Cellulose. In Pflanzenzellen verbinden zahlreiche Tüpfel, feine Kanäle in der Zellwand, benachbarte Zellen durch die Zellwände hindurch. Sie verbinden das Cytoplasma benachbarter Zellen miteinander.

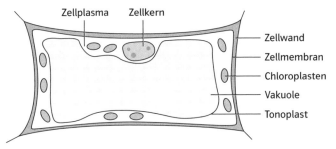

Ausgewachsene Pflanzenzellen enthalten eine Zentralvakuole. Mikroskopisch ist sie leicht zu finden, wenn der in ihr gelöste Zellsaft Farbstoffe enthält. Die Vakuole ist gegen das Cytoplasma durch eine besondere Membran, den Tonoplasten, abgegrenzt. Das Wachstum von Pflanzenzellen ist mit einer starken Vergrößerung dieser Vakuole verbunden. Den Wanddruck einer Pflanzenzelle, den die Zellflüssigkeit von innen gegen die Zellwand ausübt, bezeichnet man als Turgor oder Zellsaftdruck. Er verleiht der Zelle Stabilität auch ohne eingelagerte Festigungsgewebe. Man spricht von voller Turgeszenz, wenn die Zelle prall mit Wasser gefüllt ist, d.h. wenn der Turgordruck maximal ist.

Pflanzen haben kein Skelett. Trotzdem haben ihre Stängel und Blätter oft eine bemerkenswerte Stabilität und Tragkraft, die sie teilweise dem Bau ihrer Zellen verdanken.

## PROKARYOTEN

In der Natur kommen zwei Typen von Zellen vor, eukaryotische und prokaryotische Zellen: Eucyten und Procyten.

Prokaryoten (von griech. *pro* = bevor und *karyon* = Nuss, Kern), auch Prokaryonten genannt, sind sehr kleine Lebewesen, die keinen durch eine Membran umschlossenen Zellkern besitzen.

Die Prokaryoten werden in zwei Gruppen eingeteilt: Eubacteria (Bakterien, dazu gehören auch die Cyanobakterien oder Blaualgen) und Archaea (Archaebakterien).

Die meisten Prokaryoten sind sehr kleine einzellige Organismen, die sich durch Zweiteilung vermehren. Ihr Genom hat 1000–4000 Gene. Die DNA befindet sich frei im Cytoplasma. Das Bakterienchromosom besteht meist aus einem ringförmigen DNA-Molekül, das nicht mit Proteinen assoziiert ist. Viele Prokaryoten haben zusätzlich Plasmide, kleine ringförmige „Minichromosomen", die oft in mehreren Kopien vorkommen. Prokaryotische Zellen sind nicht kompartimentiert. Ihre Ribosomen sind kleiner als die der Eukaryoten: 70 S-Ribosomen, bei Eukaryoten 80 S-Ribosomen. Ribosomen werden durch den Sedimentationskoeffizienten charakterisiert, der angibt, wie schnell ein Teilchen in einer Zentrifuge absinkt. Er hat die Einheit Svedberg (S).

Biochemisch sind die Prokaryoten die vielfältigste Gruppe von Organismen. Viele leben parasitisch, symbiontisch oder saprovor, sie gewinnen ihre Energie durch Atmung oder Gärung. Andere beziehen ihre Energie aus anorganischen chemischen Quellen (Chemosynthese), wieder andere durch Fotosynthese.

Ungünstige Bedingungen überstehen viele Arten durch Sporenbildung. Einige sind pathogen (krankheitserregend). Viele sind technisch nutzbar in der Lebensmitteltechnik, Biotechnik oder Gentechnik.

## BAKTERIENZELLE

Wenn Menschen an Bakterien denken, denken sie häufig an gefährliche Organismen, die schlimme Krankheiten hervorrufen. Doch viele Bakterien sind ausgesprochen nützlich. Sie werden bei der Herstellung von Käse, Joghurt und Medikamenten eingesetzt und haben eine zentrale Bedeutung bei vielen Stoffkreisläufen in der Natur. Viele leben als Symbionten in unserem Körper. Vor allem sind Bakterien nicht nur die ältesten, sondern bis heute die erfolgreichsten Lebewesen. In der biologischen Forschung sind sie beliebte Forschungsobjekte, weil

- sie sehr klein sind,
- sie sich schnell vermehren und sich schnell züchten lassen,
- sich einfach Klone – Verbände genetisch identischer Zellen – ziehen lassen,
- das Genom einfach aufgebaut ist,
- die Proteinbiosynthese einfach strukturiert ist.

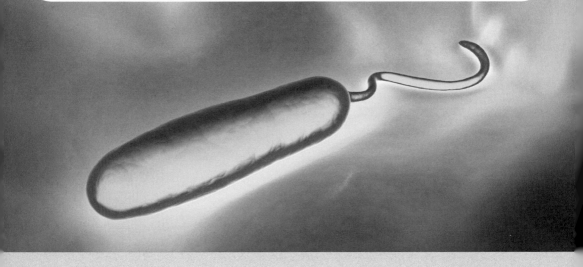

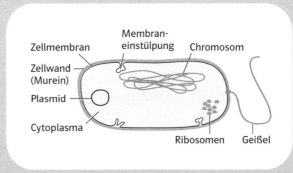

# ZELLE

1. Was geschieht beim Welken einer Pflanze?

_____

_____

2. Beschriften sie die Pflanzenzelle.

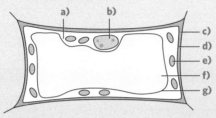

a) _____

b) _____

c) _____

d) _____

e) _____

f) _____

g) _____

3. Welche Eigenschaften der Bakterienzelle machen Bakterien
   zu besonders geeigneten Forschungsobjekten?

_____

_____

# LÖSUNGEN

## KOMPARTIMENTIERUNG

Kompartimentierung ist ein in der Natur weitverbreitetes Prinzip. Als Kompartiment wird ein membranumschlossener Raum bezeichnet. Der Sinn der Kompartimentierung besteht ganz überwiegend in der räumlichen Trennung von Stoffwechselwegen und Reaktionsräumen.

Lebewesen sind offene Systeme, die von Substanz- und Energieströmen durchzogen werden. Gegen ihre Umgebung sind sie durch Membranen abgegrenzt, die den Stoffaustausch regulieren und Verluste an Stoffen und Energie minimieren.

Membranen sind aber nicht nur Grenzen, sie sind auch Brücken: Für viele Stoffe stellen sie Barrieren dar, andere lassen sie passiv durchtreten und wieder andere pumpen sie aktiv hindurch.

Eine weitere Eigenschaft der Kompartimentierung ist die Oberflächenvergrößerung. Membranen haben sehr viele biologische Aktivitäten. In ihnen sitzen viele Enzyme, meist in Gruppen angeordnet, sodass aufeinanderfolgende biochemische Reaktionen in unmittelbarer Nachbarschaft ablaufen können. Die Membranen sind Sitz vieler Poren, die den Übertritt von Stoffen aus einem Kompartiment ins andere kontrollieren. Die Kompartimentierung der Zelle bewirkt eine große Ausdehnung dieser Membranen.

## GEWEBE

Jede Zelle wird von einer Membran umschlossen, die den Ein- und Austritt von Stoffen kontrolliert. Eine Gruppe gleichartig differenzierter Zellen, die eine gemeinsame Funktion oder Struktur aufweisen, bildet ein Gewebe.

## ORGANE

Durch den Zusammenschluss verschiedener Gewebe zu einer Funktionseinheit entstehen Organe, von denen jedes eine charakteristische Form und bestimmte Aufgaben hat. So hat das Laubblatt z.B. die Aufgabe der Fotosynthese, zu den Funktionen der Leber gehört die Entgiftung des Blutes.

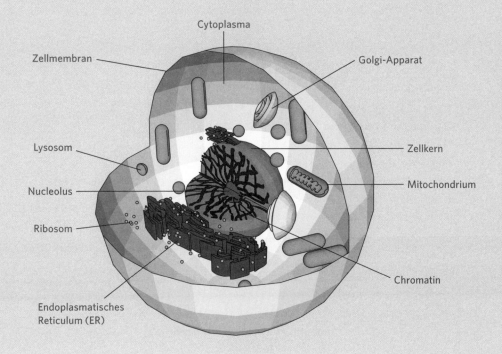

Cytoplasma

Zellmembran

Golgi-Apparat

Lysosom

Zellkern

Nucleolus

Mitochondrium

Ribosom

Chromatin

Endoplasmatisches
Reticulum (ER)

## EUKARYOTEN

Eukaryotenzellen (Eucyten) sind durch innere Membranen
in mehrere, zum Teil ineinander geschachtelte Kompartimente,
d.h. membranumgrenzte Organellen aufgeteilt. So ergeben
sich Reaktions- oder Speicherräume mit unterschiedlichen
Eigenschaften. Jedes Kompartiment hat unterschiedliche
Inhalte und pH-Werte, eigene Enzymmuster und besonders
aufgebaute Membranen und kann so besondere Aufgaben
innerhalb der Zelle wahrnehmen.

Während die bevorzugte Lebensform vieler Mikroorganismen der
Biofilm ist – ein Aggregat aus Flocken oder Belägen –, sind eukaryotische Vielzeller überwiegend als Individuen organisiert. Sie treten
als Einzelwesen auf, die gegen andere Lebewesen und ihre Umgebung klar abgegrenzt sind.

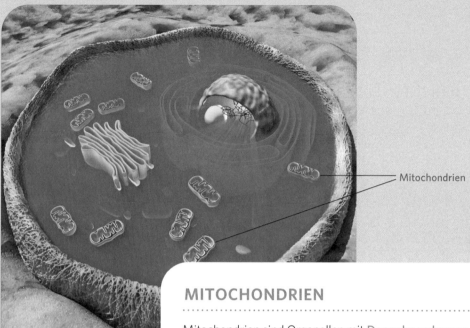

Mitochondrien

## MITOCHONDRIEN

Mitochondrien sind Organellen mit Doppelmembranen. Im Bereich zwischen den Membranen findet sich ein separater Reaktionsraum, der leicht sauer und oxidierend ist. Die inneren Kompartimente enthalten Nucleinsäuren, der pH-Wert liegt im leicht alkalischen Bereich. Auf der inneren Membran der Mitochondrien liegen die Enzyme der Atmungskette. Mitochondrien liefern der Zelle Energie in Form von Adenosintriphosphat (ATP), weswegen sie als „Kraftwerke der Zelle" bezeichnet werden. Sie sind besonders dicht in Hochleistungsgeweben lokalisiert, wie z.B. im Herzmuskel, in der Spermiengeißel, im quergestreiften Muskel, in Nervenzellen und endokrinen Drüsenzellen.

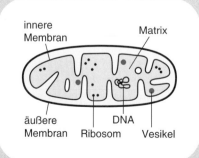

innere Membran    Matrix

äußere Membran    Ribosom    DNA    Vesikel

## ENDOSYMBIONTENTHEORIE

Nach der Endosymbiontentheorie entstand die Eukaryotenzelle
durch Zusammenschluss mehrerer Prokaryotenzellen: Archaeen
haben aerobe Bakterien als Endosymbionten aufgenommen
und so die Fähigkeit zum oxidativen Abbau erworben, durch die
Symbiose mit den Cyanobakterien erwarben Pflanzenzellen die
Befähigung zur Fotosynthese.

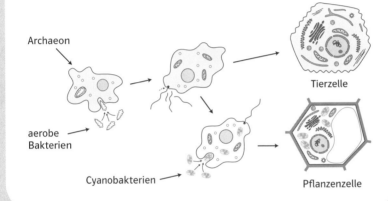

## ENDOSYMBIOSE

Endosymbionten sind
Symbionten, die innerhalb
ihrer Wirtszelle leben.

## EVOLUTION DER ORGANELLEN

Teile des Genoms der Endosymbionten wanderten
in den Zellkern, die aufgenommenen Zellen verloren
mit der Zeit ihre Selbständigkeit. Aus den aeroben
Bakterien gingen die Mitochondrien hervor, aus den
Cyanobakterien wurden die Chloroplasten der
Eukaryoten.

## BEFUNDE DER ENDOSYMBIONTENTHEORIE

Die Endosymbiontentheorie wird durch eine große Zahl von
Befunden gestützt: Mitochondrien und Plastiden

- enthalten ringförmige DNA wie die Bakterien und Cyanobakterien.

- stellen eigene Proteine her, dazu besitzen sie einen Protein-
  biosyntheseapparat, der dem der Prokaryoten gleicht.

- haben wie Bakterien 70 S-Ribosomen.

- sind von Doppelmembranen umgeben; die innere Membran
  entspricht in ihrer Zusammensetzung der von Bakterien, die
  äußere der von Eukaryoten.

- entstehen nur durch Teilung aus ihresgleichen. Die Wirtszelle
  kann keine neuen bilden.

- Außerdem gibt es keinerlei Zwischen- oder Übergangsformen
  zwischen Prokaryoten und Eukaryoten.

Für die Hypothese, die Geißeln der Eukaryoten seien durch
Endosymbiose entstanden, gibt es keine ausreichenden Belege.

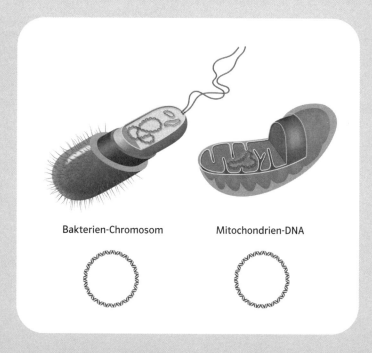

Bakterien-Chromosom        Mitochondrien-DNA

# ENDOSYMBIONTENTHEORIE

1. Stellen Sie die Bedeutung der zellulären Kompartimentierung dar.

_____

_____

2. Welche Organellen haben die Vorläufer der Pflanzenzellen nach der Endosymbiontentheorie durch Endosymbiose erhalten?

_____

_____

3. Was spricht für die Endosymbiontentheorie?

☐ **A** Plastiden und Mitochondrien sind von einer einfachen Membran umgeben.
☐ **B** Es gibt eine Reihe von Zwischenformen zwischen Prokaryoten und Eukaryoten.
☐ **C** Mitochondrien und Plastiden haben eigene, bakterienähnliche DNA.

4. Mitochondrien werden manchmal als „semiautonome" Organelle beschrieben. Worin besteht diese teilweise Autonomie?

_____

_____

_____

## LÖSUNGEN

**1.** Trennung verschiedener Reaktionsräume, pH-Wert, Enzymausstattung, Häufigkeit vieler Moleküle und Ionen unterscheiden sich in den Kompartimenten • **2.** Eukaryotenzelle entstand demnach durch Zusammenschluss mehrerer Prokaryotenzellen. Mitochondrien leiten sich von Bakterien, Chloroplasten von Cyanobakterien ab. • **3.** C • **4.** Die DNA der Mitochondrien enthält Gene für viele, aber nicht für alle Proteine und RNAs, die das Mitochondrium für Bau und Funktion benötigt; Mitochondrien vermehren sich durch Teilung, können dies aber nur innerhalb ihrer Wirtszelle.

## BIOMEMBRANEN

Biomembranen sind häutchenartige Strukturen des Cytoplasmas, die lebende Zellen umgeben und das Cytoplasma durchziehen. Elektronenmikroskopische Aufnahmen lassen einen dreischichtigen Aufbau erkennen: zwei dunkle äußere Schichten sind je ca. 2,5 nm dick, die mittlere helle Schicht ist etwas dicker.

Biomembranen bestehen zum größten Teil aus Phospholipiden. Lipide sind fettähnliche Stoffe. Sie sind in Wasser unlöslich, in organischen Lösungsmitteln lösen sie sich gut.

## MEMBRANBAUSTEIN LECITHIN

Das wichtigste Molekül der Membran ist das Phospholipid Lecithin: An zwei C-Atomen des Glycerinmoleküls sind Fettsäuren mit langen Kohlenwasserstoffketten (Palmitin- und Ölsäure) angekoppelt, das dritte C-Atom trägt Phosphorylcholin. Dieses Molekül ist bipolar (zweipolig): Der Fettsäurenanteil ist unpolar (hydrophob), der Phosphorylcholin-Anteil ist polar (hydrophil).

polar
hydrophil
lipophob

unpolar
hydrophob
lipophil

## DIE LIPIDDOPPELSCHICHT

Gorter und Grendel zeigten 1925 in einem Experiment, dass Zellmembranen aus Phospholipiddoppelschichten bestehen: Sie isolierten die Zellmembranen von Erythrozyten (rote Blutkörperchen) und extrahierten die Membranlipide. Den Phospholipidextrakt gaben sie auf eine Wasseroberfläche, auf der er sich kreisförmig ausbreitete. Das Lösungsmittel verdunstete und die Phospholipid-schicht blieb zurück. Diese monomolekulare Schicht war genau doppelt so groß wie die berechnete Oberfläche der Erythrocyten.

## BAU DER BIOMEMBRAN

- Die Lipiddoppelschicht bildet die Grundlage aller Biomembranen.
- Periphere Proteine sind locker an die Membran-oberfläche gebunden.
- Integrale Proteine sind in die Membran eingebettet oder durchqueren als Transmembran-Transport-proteine (Tunnelproteine) die Lipiddoppelschicht und ragen teilweise aus der Membran heraus.
- An manche Lipide (Glykolipide) oder Proteine (Glykoproteine) sind Kohlenhydrate gebunden.

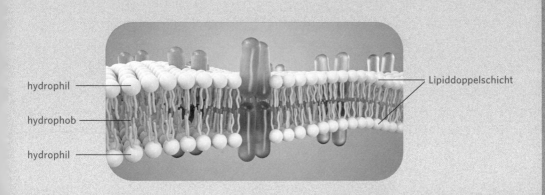

hydrophil

Lipiddoppelschicht

hydrophob

hydrophil

## DAS SANDWICH-MODELL

1936 stellten Danielli und Davson das klassische Sandwich-Modell der Biomembran vor: Die Biomembran besteht aus einer bimolekularen Lipidschicht. Eine Lipiddoppelschicht ist nahezu undurchlässig. Die hydrophoben Schwänze der Lipide stehen sich im Innern gegenüber, die hydrophilen Köpfe auf der Außenseite sind von Proteinen überzogen.

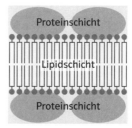

Sandwich-Modell

## DAS FLÜSSIG-MOSAIK-MODELL

Das Flüssig-Mosaik-Modell (*fluid mosaic model*) wurde 1972 von Singer und Nicolson entworfen. Globuläre Proteinmoleküle „schwimmen" in einem zweilagigen Lipidfilm. Dieser verhält sich wie eine zähe Flüssigkeit; die Lipidmoleküle sind parallel der Membranebene beweglich, auch die Proteinmoleküle können ihre Lage verändern.

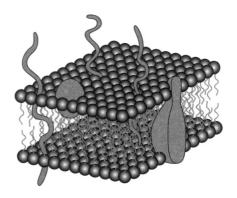

## DIE FUNKTION VON BIOMEMBRANEN

Biomembranen haben vor allem zwei Funktionen: Sie trennen Reaktionsräume und sie verbinden Reaktionsräume.

Als semipermeable Strukturen stellen sie Diffusionsbarrieren dar und halten ein Konzentrationsgefälle zwischen verschiedenen Zellkompartimenten aufrecht.

Sie dienen der Transportvermittlung und regulieren den Stoffaustausch zwischen den Zellkompartimenten.

## TRANSPORT DURCH DIE MEMBRAN

Biomembranen sind semipermeabel oder selektiv permeabel, d.h. sie lassen nicht alle Substanzen gleich gut durchtreten. So ist die Lipidschicht für kleine Moleküle wie Wasser und gelöste Gase ($O_2$, $CO_2$) gut permeabel, für die meisten Stoffe aufgrund der Molekülgröße oder der Ladung weitgehend undurchlässig. Diesen Stoffen ist die Membranpassage durch besondere Poren oder Transporter möglich. Der Transport durch die Membran erfolgt entweder passiv ohne Energieaufwand oder aktiv durch energetische Koppelung.

## DIFFUSION

Wasser und einige Gase wie Sauerstoff, Stickstoff, Kohlendioxid können die Biomembran durch freie Diffusion überwinden.

In Flüssigkeiten sind die Moleküle bzw. Ionen in ständiger Wärmebewegung. Besteht in einer Lösung für eine Substanz ein Konzentrationsgefälle, so wird es durch diese Bewegung ausgeglichen: Diffusion. Ein gelöster Stoff diffundiert entlang seinem eigenen Konzentrationsgefälle.

Eine Bewegung von hoher zu niedriger Konzentration bezeichnet man als Diffusion. Wenn alle Teilchen in einem System gleichmäßig verteilt sind, ist keine Nettobewegung mehr nachweisbar – obwohl sich jedes einzelne Teilchen nach wie vor bewegt. Der Konzentrationsausgleich ist erfolgt, das System hat ein Gleichgewicht erreicht.

## MEMBRANKANÄLE

Membranen enthalten in ihrer Lipiddoppelschicht Proteine, die Poren oder Kanäle bilden. Diese Poren können nur von bestimmten Ionen und Molekülen durchquert werden. Die Durchlässigkeit eines Kanals hängt zum einen von seinem Durchmesser ab, zum anderen von seiner Ladung. Kleine Anionen wie das Chlorid passieren positiv geladene Poren leicht, während Kationen zurückgehalten werden. Negativ geladene Poren lassen dagegen bevorzugt kleine Kationen durch. Poren ermöglichen also eine eingeschränkte Diffusion.

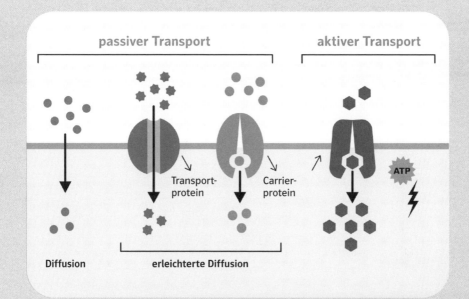

## TRÄGERVERMITTELTER TRANSPORT

Ein Carrier ist ein Transmembranprotein, das seine Konformation ändern kann, indem es zwischen zwei räumlichen Gestalten wechselt: Besetzt das Substrat die Bindungsstelle am Carrier, so entsteht ein Substrat-Carrier-Komplex, der seine Form so ändert, dass das Substrat auf der anderen Seite der Membran freigesetzt wird. Man spricht von trägervermitteltem Transport.

## GEKOPPELTER TRANSPORT

Glucose ist ein wichtiger Rohstoff für die Energiegewinnung. Die Aufnahme dieses Moleküls aus dem Darm in die Dünndarmzellen, die Weitergabe in die Blutbahn und die Aufnahme in die Körperzellen ist von großer Bedeutung.

Glucose gelangt durch einen gekoppelten Transport vom Darmlumen in die Zellen der Darmschleimhaut: Eine Natrium-Kalium-Pumpe pumpt Natrium-Ionen aus der Zelle und Kalium-Ionen in die Zelle. Sie erzeugt einen starken $Na^+$-Gradienten mithilfe von ATP. Das Glucose-Natrium-Symport-Protein benützt den $Na^+$-Gradienten, um Glucose in die Zelle zu transportieren. Glucose wird gegen ihr Konzentrationsgefälle transportiert.

Die Kombination zwischen einer aktiven Ionenpumpe und anderen, passiven Transportern wird als sekundär aktiver Transport bezeichnet. Weil Natrium-Ionen und Glucose durch denselben Carrier in die Zelle bzw. aus ihr hinaus transportiert werden, liegt hier ein gekoppelter Transport vor.

## SYMPORT UND ANTIPORT

Werden Moleküle zusammen mit einem anderen Ion oder Molekül in die gleiche Richtung transportiert, spricht man von Symport, beim Transport in entgegengesetzter Richtung von Antiport.
Dabei wird einer der Stoffe immer gegen das Konzentrationsgefälle befördert, der andere Stoff jedoch in Richtung des Konzentrationsgefälles.

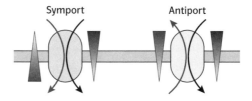

Symport          Antiport

Der Transport der Glucose in die Darmzellen ist ein Beispiel für einen Symport: Ein Natrium-Glucose-Cotransporter befördert zwei Natrium-Ionen gemeinsam mit einem Glucose-molekül in die Zellen.

# BIOMEMBRAN

1. Nennen Sie drei Funktionen von Biomembranen.

a) _____

b) _____

c) _____

2. Charakterisieren Sie den Bau und die Eigenschaften der Moleküle, die die Lipiddoppelschicht einer Biomembran aufbauen (Sandwich-Modell).

_____

_____

3. Welche Merkmale treffen auf Biomembranen zu?

☐ **A** Sie sind für Ionen uneingeschränkt durchlässig.

☐ **B** Sie sind selektiv permeabel.

☐ **C** Jeder Membrantransport erfordert einen gewissen Energieaufwand.

4. Was versteht man unter einem trägervermittelten Transport?

_____

_____

# LÖSUNGEN

**1.** a) Reaktionsräume, b) Stoffaustauschregulation, c) Diffusionsbarrieren. • **2.** Die Lipiddoppelschicht besteht aus amphiphilen/bipolaren/zweipoligen Phospholipid-Molekülen mit hydrophiler Kopfgruppe und hydrophober Schwanzgruppe. Der Fettsäureanteil ist unpolar, Phosphorylcholin-Anteil ist polar. • **3.** B • **4.** Die Durchlässigkeit der Biomembran hängt für manche Substanzen von der Anwesenheit von Carriermolekülen ab. Diese binden nah verwandte Substanzen reversibel und zerfallen auf der anderen Seite der Membran.

Solange Zellen sich durch Zellteilung vermehren – z.B. Kambiumzellen bei Pflanzen, Schleimhaut- oder Leberzellen bei Tieren – wechselt ihr Zustand zwischen Ruhephase (Interphase) und Teilungsphase (Mitose). Dieser Sachverhalt wird als Zellzyklus bezeichnet.

Die Interphase wird in die $G_1$-Phase, die S-Phase (Synthese-Phase) und die $G_2$-Phase unterteilt (von engl. *gap* = Lücke). In der S-Phase wird die DNA verdoppelt. Danach besteht jedes Chromosom aus einem Paar von Chromatiden, das vom Centromer zusammengehalten wird. Zellen, die sich nicht mehr teilen, gehen in die $G_0$-Phase über.

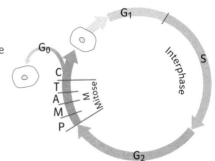

Obwohl die Dauer des Zellzyklus von Art zu Art unterschiedlich sein kann, ist der Ablauf der einzelnen Phasen im Prinzip immer gleich.

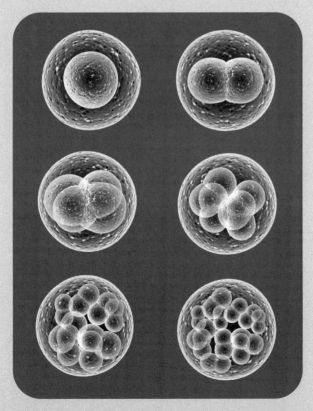

Aus der befruchteten Eizelle wird durch fortgesetzte Zellteilungen ein kleiner Zellhaufen – eine Blastula.

## MITOSE

Die Mitose – auch indirekte Kernteilung genannt – ist die Teilung des Zellkerns, bei der zwei Tochterkerne mit gleicher genetischer Information entstehen. Mitose findet bei Zellen eukaryotischer Lebewesen statt und geht im Allgemeinen einer Zellteilung voraus. Bei der Mitose findet keine Änderung des Chromosomensatzes statt, der Ploidiegrad bleibt gleich: Ist die Ausgangszelle diploid, so sind auch die Tochterzellen diploid. In menschlichen Zellen dauert die Kernteilung in der Regel etwa eine Stunde.

## VERDOPPLUNG DER DNA

Nach der Mitose besteht jedes Chromosom aus *einem* Chromatid, das *ein* DNA-Molekül enthält. Während der S(ynthese)-Phase des Zellzyklus wird die DNA verdoppelt (DNA-Replikation). Im Anschluss besitzt jedes Chromosom zwei genetisch identische Schwesterchromatiden, die vom Centromer zusammengehalten werden. Sie werden in der folgenden Mitose voneinander getrennt und auf die zwei Tochterzellen verteilt.

## ABLAUF DER MITOSE

Die Mitose setzt sich aus vier Phasen zusammen.

Der erste Schritt einer Zellteilung ist die Teilung des Zellkerns. In der Prophase werden die Chromosomen sichtbar. Kernmembran und Nucleolus lösen sich auf. Die Centriolen wandern zu den Zellpolen.

In der Metaphase ordnen sich die Chromosomen zur Äquatorialplatte an. In der Metaphase sind die Chromatiden durch Spiralisierung stark verkürzt und verdickt. Metaphasechromosomen sind der Länge nach in zwei Chromatiden gespalten, die durch das Zentromer zusammengehalten werden.

Zu Beginn der Anaphase trennen sich die beiden Chromatiden und wandern zu den Polen der Zelle.

In der Telophase werden die Chromosomen lang und dünn und verschwinden schließlich wieder. Kernmembran und Nucleoli erscheinen.

Interphase

Prophase

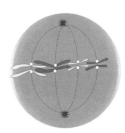

Metaphase

Anaphase

Telophase

# MITOSE UND ZELLZYKLUS

· · · · · · · · · · · · · · · · · · · · · · · · · · · · · · · · · · · · ·

1. Warum wird vor der Mitose die DNA verdoppelt?

_____

_____

_____

2. Was trifft auf Zellteilung zu?

- ☐ **A** In der Interphase wird DNA synthetisiert.
- ☐ **B** Metaphase-Chromosomen bestehen aus zwei Chromatiden.
- ☐ **C** Der Ploidiegrad einer Zelle bleibt während des Zellzyklus konstant.

3. Nennen Sie die Phasen der Mitose. Beschreiben Sie sie knapp:

_____

_____

_____

_____

_____

# LÖSUNGEN

· · · · · · · · · · · · · · · · · · · · · · · · · · · · · · · · · · · · ·

**1.** Durch die DNA-Verdoppelung wird sichergestellt, dass die Tochterzellen genauso viel und das gleiche genetische Material haben wie die Ausgangszelle • **2.** A, B, C • **3.** Prophase: Kernmembran und Nucleolus lösen sich auf, die Centriolen wandern zu den Zellpolen. Metaphase: Die Chromosomen ordnen sich in der Äquatorialplatte an. Anaphase: Die Chromatiden der Chromosomen trennen sich und werden auseinander gezogen. Telophase: Die Chromosomen werden entspiralisiert und verschwinden, Kernmembran und Nucleolus werden gebildet.

## DIE MEIOSE HALBIERT
## DEN CHROMOSOMENSATZ

Meiose ist die unabdingbare Voraussetzung der geschlechtlichen Fortpflanzung. In dieser Reduktionsteilung wird bei der Bildung der Gameten der doppelte (diploide) Chromosomensatz regulärer Zellen zum einfachen (haploiden) Chromosomensatz der Gameten reduziert. Durch die Vereinigung zweier Gameten bei der Befruchtung wird wieder ein doppelter Chromosomensatz gebildet. Die Meiose macht aus einem doppelten Satz zwei Hälften, von denen jede je eines der beiden homologen Chromosomen erhält.

Im menschlichen Körper läuft die Meiose im Hoden bzw. im Ovar und im Eileiter ab. Sie dauert erheblich länger als eine Mitose.

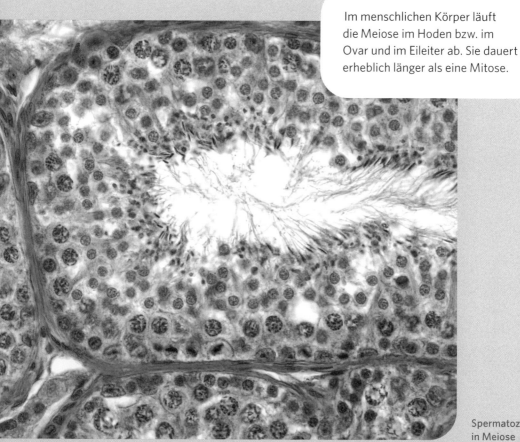

Spermatozyten in Meiose

## ABLAUF DER MEIOSE

Die Chromosomenpaarung während der Prophase der ersten Reifeteilung ist Voraussetzung für die gesetzmäßige Reduktion der Chromosomenzahl.

In der Prophase der ersten meiotischen Teilung werden zunächst im Zellkern die Chromosomen als Knäuel sichtbar.

Die homologen Chromosomen finden sich als Paare zusammen (Synapsis). Es bilden sich Chromatiden-Tetraden.

Die Chromatiden umwinden sich gegenseitig, sie können brechen und über Kreuz verheilen: Crossingover.

Die Tetraden öffnen sich. Die Überkreuzungsstellen werden als Chiasmata sichtbar. Ein Chiasma ist die Folge eines vorhergegangenen Crossingovers. Die Chromosomen verkürzen sich weiter.

Metaphase 1: Die Chromatidentetraden ordnen sich in der Äquatorialplatte an.

Anaphase 1: Die homologen Chromosomen – jedes besteht noch aus zwei Chromatiden – rücken nach den entgegengesetzten Polen der Zelle auseinander.

Die zweite Reifeteilung verläuft im Prinzip wie eine Mitose, allerdings mit haploidem Chromosomensatz.

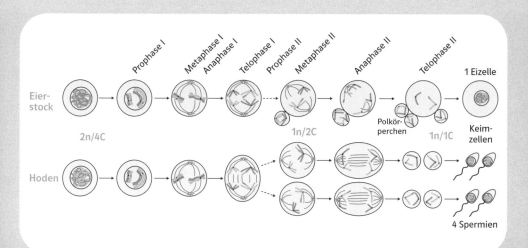

## BILANZ DER MEIOSE

Die Reduktion der Chromosomenzahl zum haploiden Satz erfolgt durch zwei aufeinanderfolgende Teilungen, zwischen denen keine Interphase liegt.

Während der Prophase der ersten Reifeteilung legen sich die homologen Chromosomen paarweise aneinander (Synapsis). Sie bilden Tetraden zu je vier Chromatiden. In der Anaphase 1 werden die homologen Chromosomen als Ganzes voneinander weggezogen. Das Zentromer verdoppelt sich noch nicht. Nach der ersten Teilung hat jede Tochterzelle einen kompletten haploiden Chromosomensatz.

Bei der ersten Reifeteilung wird der Chromosomensatz halbiert.

Die zweite meiotische Teilung entspricht einer Mitose. Zu Beginn der Anaphase 2 verdoppelt sich das Zentromer; die Chromatiden trennen sich und wandern zu den Polen.

Bei der zweiten Reifeteilung werden die Chromatiden auf die Tochterzellen verteilt.

Im Vergleich zur Mitose sind bei der Meiose die Tochterzellen weder mit der Mutterzelle noch untereinander identisch.

## MEIOSE BEI MENSCHEN

Der Zellkern einer diploiden Zelle des Menschen hat vor der meiotischen Teilung 23 Chromosomenpaare, also 46 Chromosomen. Nach der Meiose 1 hat jeder der beiden Tochterkerne einen haploiden Chromosomensatz zu 23 Chromosomen, die je aus einem Chromatidenpaar bestehen. Nach der zweiten Reifeteilung haben die Kerne 23 Chromosomen mit je einem Chromatid – also 23 Chromatiden.

Bei Frauen wird die Meiose in der Prophase 1 angehalten, erst die Befruchtung löst den Abschluss der Meiose aus.

## SPERMATOGENESE UND OOGENESE

Bei der Spermatogenese entstehen durch die Meiose vier Spermien. Die der Oogenese verläuft asymmetrisch: Es bilden sich eine Eizelle und drei kleinere, für den Körper funktionslose Polkörperchen.

# MEIOSE

1. Welche biologische Funktion hat die Meiose?

   _____

   _____

2. Zu Beginn der Meiose paaren sich die homologen Chromosomen.
   Anschließend werden sie auf zwei Tochterzellen verteilt.
   Welche Auswirkung hat das auf die genetische Ausstattung
   der Tochterzellen?

   _____

   _____

3. Was bewirkt ein Crossingover?

   _____

   _____

4. Welches Teilungsstadium zeigt die nebenstehende Abbildung?

   ☐ **A** Metaphase einer Mitose
   ☐ **B** Metaphase einer ersten meiotischen Teilung
   ☐ **C** Metaphase einer zweiten meiotischen Teilung

# LÖSUNGEN

**1.** Die Meiose ist eine Reduktionsteilung, die bewirkt, dass die entstehenden Gameten nur einen Chromosomensatz besitzen. Durch die Verschmelzung von zwei Gameten bei der Befruchtung bekommt die daraus hervorgehende Zygote wieder den regulären doppelten Chromosomensatz der Körperzellen. • **2.** Die Chromosomen, die ursprünglich von verschiedenen Eltern stammen, werden zufällig auf die Tochterzellen verteilt. Die Gameten besitzen neu gemischte Chromosomen. • **3.** Durch Crossingover werden Gene homologer Chromosomen zufällig neu verteilt, was erhöhte genetische Vielfalt bewirkt. • **4.** B

## STOFFWECHSEL

Als Stoffwechsel oder Metabolismus bezeichnet man alle chemischen Umwandlungen in einem Organismus. Dazu gehören die Aufnahme, der Transport, Aufbau, Abbau oder Umbau von Stoffen. Der Energiestoffwechsel dient der Energiegewinnung; der Baustoffwechsel dient zum Auf- und Abbau von Zellen und Zellprodukten. Dabei unterscheidet man Katabolismus (Abbau von komplexeren zu einfacheren Stoffen) und Anabolismus (Aufbau körpereigener Stoffe aus einfacheren Molekülen).

## PROTEINE

Proteine sind Makromoleküle, die aus den Elementen Kohlenstoff, Wasserstoff, Sauerstoff, Stickstoff und Schwefel aufgebaut sind. Proteine verleihen der Zelle nicht nur Struktur, sie sind auch die molekularen „Maschinen", die Reaktionen katalysieren, Stoffe transportieren, Ionenpumpen und Signalstoffe erkennen.

## AUFBAU DER PROTEINE

Bausteine der Proteine sind die Aminosäuren, die durch Peptidbindungen zu Ketten verbunden sind. Beim Menschen handelt es sich um 21 verschiedene Aminosäuren. Aminosäureketten mit einer Länge von 2 bis 100 Aminosäuren werden als Peptide bezeichnet, bei einer Aminosäurenanzahl von mehr als 100 spricht man von Proteinen.

Allgemeine Formel einer Aminosäure

$$
\text{Amino-gruppe } (-NH_2) \quad
\begin{array}{c}
H \\ | \\ N \\ | \\ H
\end{array}
\begin{array}{c}
H \\ | \\ C \\ | \\ R
\end{array}
\begin{array}{c}
O \\ \| \\ C \\ | \\ O{-}H
\end{array}
\quad \text{Carboxy-gruppe } (-COOH)
$$

Das Rückgrat der Proteine entsteht durch eine Verbindung der Aminogruppe einer Aminosäure mit der Carboxygruppe (Säuregruppe) der nächsten Aminosäure. Dabei wird ein Wassermolekül frei. Die Bindung CO–NH ist eine Peptidbindung, die entstehende Verbindung ist ein Peptid.

## DIE STRUKTUR DER PROTEINE

Proteine können sich zu vielgestaltigen Formen falten und bilden komplizierte dreidimensionale Strukturen. Im einfachsten Fall bildet das Polypeptid nur eine Sekundärstruktur wie $\alpha$-Helix oder $\beta$-Faltblatt aus.

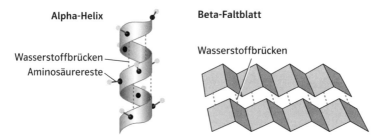

Jedes Protein hat eine unverwechselbare Oberflächenstruktur. Während Faserproteine eine langgestreckte Gestalt annehmen, sind globuläre Proteine etwa kugelförmig. Die räumliche Anordnung der Proteine wird durch die Seitenketten ihrer Aminosäurereste beeinflusst. Manche dieser Seitenketten ziehen sich an, z.B. zwei unterschiedlich geladene Gruppen. Andere Seitenketten wiederum stoßen sich ab, z.B. zwei gleich geladene Gruppen. Daher falten sich die meisten Polypeptidketten so, dass die polaren Reste an der Oberfläche, die unpolaren im Inneren des Moleküls zu liegen kommen.

## FUNKTIONEN VON PROTEINEN

Die Mannigfaltigkeit der Formen spiegelt sich in vielfältigen Funktionen wieder. Jedes Protein erfüllt eine ganz bestimmte Aufgabe: Es ist z.B. Baustein einer Membran und grenzt damit ein Kompartiment der Zelle ab. Oder es ist Enzym und katalysiert eine chemische Reaktion. Es kann aber auch Teil einer Aktinfibrille sein und dazu beitragen, dass sich Lebewesen bewegen können.

# PROTEINE

1. Aus welchen chemischen Elementen bestehen Proteine?

_____

2. Erläutern Sie, wie sich zwei Aminosäuren zu einem Dipeptid vereinigen können.

_____

_____

3. Wieviele verschiedene Bausteine findet man in menschlichen Proteinen?

☐ **A** ca. 30  ☐ **B** 21  ☐ **C** etwa 700

4. Welche Kräfte stabilisieren die schraubenförmig gewundenen Abschnitte eines Proteinmoleküls? Wie nennt man einen solchen Abschnitt in der Fachsprache?

_____

5. Nennen Sie drei Beispiele für Funktionen, die Proteine ausüben.

a) _____

b) _____

c) _____

# LÖSUNGEN

**1.** C, H, O, N, S • **2.** Reaktion unter Wasserabspaltung, die entstehende Bindung ist eine Peptidbindung. • **3.** B • **4.** Wasserstoffbrückenbindungen stabilisieren die Struktur, Fachausdruck: Alpha-Helix • **5.** z.B. a) Membranbestandteil, b) Enzym, c) Bestandteil einer kontraktilen Einheit in Muskelzellen

# ENZYME ALS KATALYSATOREN

Enzyme sind Proteine. Manche Enzyme enthalten zusätzlich eine niedermolekulare Nicht-Proteinverbindung – ein Co-Enzym.

Die Aufgabe von Enzymen besteht in der Katalyse von Stoffwechselreaktionen. Sie sind biologische Katalysatoren. Ein Katalysator ist ein Stoff, der sich mit einem Substratmolekül verbindet und die Aktivierungsenergie einer chemischen Reaktion senkt.

Um Stoffwechselreaktionen mit niedriger Aktivierungsenergie zu bewirken, verbindet sich das Enzym mit dem Substrat zu einem Enzym-Substrat-Komplex. Das Enzym besitzt ein aktives Zentrum; in dieses hinein wird das Substrat chemisch locker gebunden. Diese Bindung verändert das Substratmolekül so, dass die gewünschte Spaltung, Synthese oder Umlagerung selbständig abläuft. Das entstandene Produkt wird nicht mehr fest genug gebunden und kann sich entfernen. Das Enzymmolekül steht nun für die nächste Reaktion zur Verfügung.

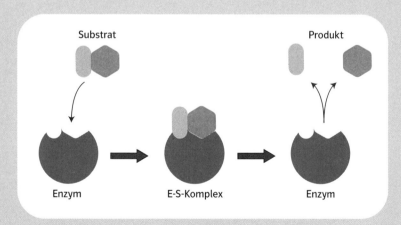

**Enzyme** 2

## EIGENSCHAFTEN DER ENZYME

Enzyme sind Biokatalysatoren. Sie ...

* beschleunigen biochemische Reaktionen.

* setzen die Aktivierungsenergie der Reaktionen herab. So ermöglichen sie Reaktionen bei Körpertemperatur, die sonst erst bei sehr hohen Temperaturen ablaufen.

* ändern nicht die Lage des Gleichgewichtes einer Reaktion.

* wirken in kleinsten Mengen und verbrauchen sich bei einer Reaktion nicht.

* sind wirkungsspezifisch (reaktionsspezifisch): Sie katalysieren nur eine ganz bestimmte Reaktion.

* sind substratspezifisch: Sie setzen nur ganz bestimmte Substanzen um, oft nur eine einzige.

* wirken innerhalb und außerhalb von lebenden Zellen.

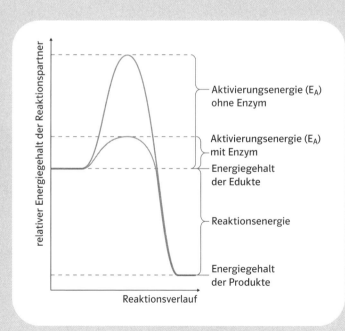

relativer Energiegehalt der Reaktionspartner

Aktivierungsenergie ($E_A$) ohne Enzym

Aktivierungsenergie ($E_A$) mit Enzym

Energiegehalt der Edukte

Reaktionsenergie

Energiegehalt der Produkte

Reaktionsverlauf

## SCHLÜSSEL-SCHLOSS-PRINZIP

Das Schlüssel-Schloss-Prinzip beruht auf der Komplementarität bestimmter Moleküle, die zueinander passen wie ein Schlüssel in sein Schloss. Jedes Lebewesen verfügt über eine große Zahl von Molekülen, die eine spezifische Struktur besitzen, um mit dazu komplementären Molekülen in Wechselwirkung zu treten. Ladungen oder Teilladungen unterstützen durch anziehende oder abstoßende elektrische Kräfte den Effekt der Passform. Diese spezifischen Molekül-Interaktionen dienen ganz unterschiedlichen Aufgaben.

Enzyme arbeiten substratspezifisch. Eine exakte räumliche und elektrostatische Passung zwischen dem aktiven Zentrum und dem Substrat ist notwendig für ihre Funktion.

Antikörper des Immunsystems passen exakt zu ihren Antigenen. Die Antigen-Antikörper-Reaktion hilft beim Aufspüren feinster Unterschiede. Die Wirksamkeit des Immunsystems beruht auf dieser strukturellen Komplementarität.

Viren treten mit speziellen Molekülen auf ihrer Oberfläche mit ihren Wirtzellen in Kontakt. Nur wenn eine Zelle an ihrer Oberfläche einen passenden Rezeptor besitzt, kann sich das Virus anheften und die Zelle infizieren.

Hormone reagieren mit spezifischen Hormonrezeptoren ihrer Zielzellen.

Die Paarung komplementärer Basen ist Grundlage der Replikation, Transkription und Translation. Die komplementären Basen liegen in den Nucleinsäuren zumindest zeitweilig gepaart vor.

Synapsen arbeiten durch die Passung von Transmitter und Rezeptormolekül. Wenn beide miteinander reagieren, öffnet sich ein Ionenkanal.

## DAS ENZYM KATALASE

Katalase ist ein eisenhaltiges Enzym, das in aerob lebenden Mikroorganismen, in Pflanzen und allen tierischen Organen vorkommt, insbesondere in den Peroxisomen der Leber. Auch rote Blutkörperchen (Erythrozyten) sind reich an Katalase. Messungen der Katalaseaktivität sind wichtig in der Ernährungswissenschaft und in der industriellen Nahrungsmittelherstellung.

Der systematische Name lautet Wasserstoffperoxid-Oxidoreduktase. Katalase beseitigt das starke Zellgift Wasserstoffperoxid ($H_2O_2$) durch Zerlegung in Sauerstoff ($O_2$) und Wasser ($H_2O$). Die Reaktionsgleichung lautet: $2\,H_2O_2 \rightarrow O_2 + 2\,H_2O$. Die Aktivierungsenergie für die $H_2O_2$-Zersetzung durch Katalase ist sehr niedrig.

Sowohl Wechselzahl als auch katalytische Effizienz des Enzyms gehören zu den höchsten je bei Enzymen gefundenen Werten.

## ENZYME UND TEMPERATUR

Der Enzym-Substrat-Komplex bildet sich beim Zusammentreffen von Substrat und Enzym. Für die Wahrscheinlichkeit eines solchen Zusammentreffens spielt die Temperatur eine entscheidende Rolle: Höhere Temperatur bedeutet höhere Teilchenbewegung und das bedeutet wiederum höhere Reaktionsgeschwindigkeit.

Die Reaktionsgeschwindigkeit-Temperatur-Regel (RGT-Regel) besagt: Bei einer Temperaturerhöhung von 10 °C verdoppelt sich die Reaktionsgeschwindigkeit. Bei Temperaturen über 40 °C werden allerdings die meisten Enyme denaturiert.

## ENZYMHEMMUNG

Alle Stoffe und Bedingungen, die Proteine stören bzw. zerstören, beeinträchtigen die Funktion der Enzyme, z.B. hohe und tiefe Temperaturen, Säuren, Basen, Schwermetalle, organische Phosphorverbindungen. Diese Faktoren wirken unspezifisch, also zum Beispiel durch Veränderung der räumlichen Struktur, der Konformation des Enzyms. Sie treffen viele oder alle Enzyme einer Zelle gleichermaßen.

Als Enzymhemmung oder Inhibition bezeichnet man die Herabsetzung der katalytischen Aktivität eines Enzyms durch einen Hemmstoff. Enzymatische Reaktionen können auf ganz verschiedene Wegen gehemmt werden, die wichtigsten davon sind die kompetitive Hemmung und die allosterische Hemmung.

Grundlegend unterscheidet man dabei zwischen reversibler und irreversibler Hemmung. Bei letzterer geht der Inhibitor eine stabile Verbindung mit dem Enzym ein. Bei der reversiblen Hemmung kann der Enzym-Inhibitor-Komplex wieder in seine Bestandteile zerfallen.

## KOMPETITIVE HEMMUNG

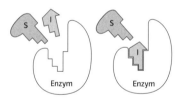

Ein Molekül – der Inhibitor – ähnelt dem Substrat und kann im aktiven Zentrum des Enzyms anstelle des Substrats eingebaut werden. Substrat und Inhibitor konkurrieren um den Platz am Enzym. Der Inhibitor wird zwar nicht verarbeitet, verhindert aber die Bindung des Substrats. Auf diese Art kann eine enzymatische Reaktion über die Konzentration des Inhibitors stufenlos gebremst werden.

## ALLOSTERISCHE HEMMUNG

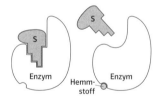

Bei dieser Hemmung wird der Inhibitor an einer anderen Stelle gebunden als das Substrat. Dadurch wird das aktive Zentrum des Enzyms so verändert, dass die Reaktion nicht mehr abläuft. Diese Form tritt häufig auf als Produkthemmung: Das Produkt hemmt ein Enzym des Stoffwechselweges, der zu diesem Produkt führt. So wird eine Anhäufung von Produkten in der Zelle verhindert.

# ENZYME

· · · · · · · · · · · · · · · · · · · · · · · · · · · · · ·

1. Welche Funktion haben Enzyme im Zellstoffwechsel?

_____

_____

2. Was trifft auf Enzyme zu?

☐ **A** Sie katalysieren in der Regel nur eine Reaktion.
☐ **B** Sie wirken auf alle Stoffe mit gleicher funktioneller Gruppe.
☐ **C** Sie setzen die Reaktionsenergie einer Reaktion herab.

3. Beschreiben Sie kurz, welche Arten von Enzymhemmung unterschieden werden.

a) _____

b) _____

c) _____

4. Was besagt die RGT-Regel?

_____

_____

# LÖSUNGEN

· · · · · · · · · · · · · · · · · · · · · · · · · · · · · ·

**1.** Sie sind Biokatalysatoren, d.h. sie beschleunigen biochemische Reaktionen. • **2.** A • **3.** a) unspezifisch (hohe Temperatur, Säure, Metalle), b) kompetitiv (Inhibitor konkurriert mit dem Substrat), c) allosterisch (durch Veränderung der Form, die das aktive Zentrum funktionsunfähig macht) • **4.** Eine Temperaturerhöhung um 10 °C verdoppelt die Reaktionsgeschwindigkeit.

## GLYKOLYSE

Die Glykolyse ist eine Reaktionsfolge, in deren Verlauf Glucose oxidiert und in kleinere Bausteine zerlegt wird. Bevor das Zuckermolekül gespalten werden kann, muss es aktiviert – destabilisiert – werden. Nacheinander werden zwei Phosphatreste vom ATP auf das Zuckermolekül übertragen.

Glucose (Traubenzucker)  $C_6H_{12}O_6$

## SCHEMA DER GLYKOLYSE

Die Reaktionsfolge der Glykolyse ist hier vereinfacht dargestellt:

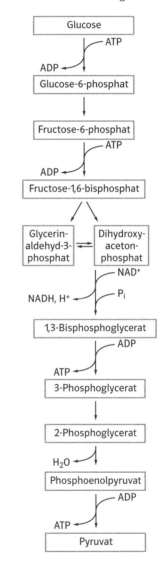

## ABLAUF DER GLYKOLYSE

Der Abbau der Glucose in der Zelle beginnt mit der Phosphorylierung der Glucose zu Glucose-6-phosphat.

Durch Isomerisierung wird aus Glucose-6-phosphat Fructose-6-phosphat gebildet, das mit ATP zu Fructose-1,6-biphosphat umgesetzt wird.

Fructose-1,6-biphosphat (ein C6-Zucker) wird in zwei Triosen (C3-Zucker) gespalten: in Dihydroxyacetonphosphat und Glycerinaldehyd-3-phosphat. Die beiden Triosen stehen miteinander im Gleichgewicht.

Glycerinaldehyd-3-phosphat wird dehydriert: Zwei Protonen und zwei Elektronen werden auf das Coenzym $NAD^+$ übertragen, das dadurch zu NADH, $H^+$ reduziert wird. Das Glycerinaldehyd-3-phosphat nimmt dabei ein anorganisches Phosphatmolekül auf und wird zur 1,3-Bisphosphoglycerat.

Im nächsten Schritt wird die energiereich gebundene Phosphatgruppe auf ADP übertragen unter Bildung von ATP. Diese Umwandlung, die zur Bildung des ATP-Moleküls führt, wird als Substratkettenphosphorylierung bezeichnet.

Das entstandene 3-Phosphoglycerat wird in 2-Phosphoglycerat umgelagert.

Durch enzymatische Wasserabspaltung wird diese zur Phosphoenolbrenztraubensäure (Phosphoenolpyruvat).

Die energiereich gebundene Phosphatgruppe wird auf ADP übertragen unter Bildung von ATP und Brenztraubensäure (Pyruvat). Pyruvat ist das Endprodukt der Glykolyse.

## ENERGIEBILANZ DER GLYKOLYSE

Die Bilanzgleichung des Abbaus der Glucose bis zum Pyruvat lautet:

Glucose + 2 ADP + 2 $P_i$ + 2 NAD$^+$ $\rightarrow$ 2 Pyruvat + 2 ATP + 2 $H_2O$ + 2 NADH, H$^+$

Die Oxidation der Glucose bis zur Brenztraubensäure ist eine exergonische Reaktion:

1 mol Glucose $\rightarrow$ 2 mol Brenztraubensäure

freie Energie  $\Delta G° = -197$ kJ/mol

Die von der Zelle nutzbare freie Energie aus dem Abbau der Glucose wird in ATP und NADH, H$^+$ gespeichert.

Die Energiebilanz der Glykolyse für den Abbau eines Glucosemoleküls zu zwei Pyruvatmolekülen lautet:  2 ATP und 2 NADH, H$^+$.

Die Glykolyse gehört zu den entwicklungsgeschichtlich ältesten Stoffwechsel-wegen. Wir finden sie in allen eukaryotischen Lebewesen – Pflanzen, Pilzen und Tieren – sowie in den meisten Prokaryoten.

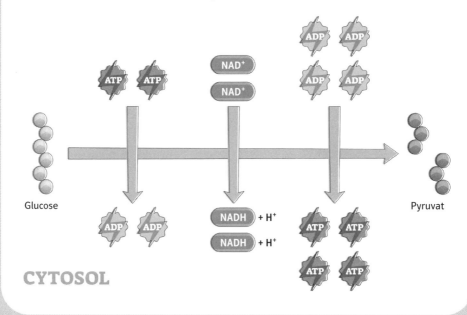

## GLYKOLYSE

1. Fassen Sie Glykolyse in kurzen Worten zusammen.

_____

_____

2. Nennen Sie die Abfolge der in der Glykolyse gebildeten Produkte.

_____

_____

_____

_____

3. Was trifft zu?

☐ A In der Glykolyse wird Glucose zu Lactat abgebaut.
☐ B In der Glykolyse wird Glucose zu Pyruvat abgebaut.
☐ C In der Glykolyse finden Redoxreaktionen statt.

4. Wie lautet die Bruttogleichung der Glykolyse?

_____

_____

## LÖSUNGEN

1. Glykolyse ist die biochemische Reaktionsfolge in der Glucose oxidiert und in kleinere Einheiten zerlegt wird. • 2. Glucose, Glucose-6-phosphat, Fructose-6-phosphat, Fructose-1,6-biphosphat, Dihydroxyaceton-phosphat + Glycerinaldehyd-3-phosphat, 1,3-Bisphosphoglycerat, 3-Phosphoglycerat, 2-Phosphoglycerat, Phosphoenolpyruvat, Pyruvat • 3. B, C • 4. Glucose $+ 2\,ADP + 2\,P_i + 2\,NAD^+ \longrightarrow 2\,Pyruvat + 2\,ATP + 2\,H_2O + 2\,NADH, H^+$

## ALKOHOLISCHE GÄRUNG

Bei Sauerstoffmangel bauen Hefezellen Glucose (Traubenzucker) durch alkoholische Gärung ab, nach der Gleichung $C_6H_{12}O_6 \rightarrow 2\,C_2H_5OH + 2\,CO_2$.

Die ersten Reaktionsfolgen der alkoholischen Gärung entsprechen der Glykolyse. Das Endprodukt der Glykolyse ist Pyruvat (Brenztraubensäure).

Im Anschluss an die Glykolyse wird von jedem Molekül Pyruvat ein Molekül Kohlenstoffdioxid abgespalten. Das dabei entstehende Ethanal (Acetaldehyd) ist sehr giftig und wird sofort durch die Alkoholdehydrogenase weiterverarbeitet. Zwei Elektronen und zwei Protonen vom NADH, $H^+$ werden auf das Ethanal übertragen. Es wird zu Ethanol (Ethylalkohol) reduziert.

Die alkoholische Gärung findet im Cytoplasma der Hefezellen statt.

## SCHEMA DER ALKOHOLISCHEN GÄRUNG

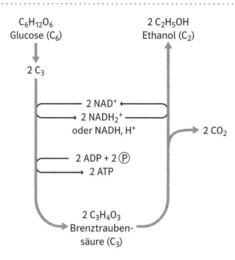

## MILCHSÄUREGÄRUNG

Bei der Milchsäuregärung wird Zucker zu Lactat (Milchsäure) abgebaut. Die Reaktionsfolge verläuft bis zum Pyruvat (Brenztraubensäure) wie bei Glykolyse und alkoholischer Gärung. Akzeptor des durch NADH, H$^+$ übertragenen Wasserstoffs ist das Pyruvat, das dabei zu Lactat, dem Salz der Milchsäure, reduziert wird.

Die Reaktionsgleichung des letzten Schritts der Milchsäuregärung sieht wie folgt aus:

Pyruvat + NADH + H$^+$ → Lactat + NAD$^+$.

Milchsäuregärung findet in Gegenwart von Milchsäurebakterien statt, aber auch Pilze, Pflanzen und Tiere können unter anaeroben Bedingungen Zucker zu Milchsäure abbauen.

Die Energiebilanz entspricht der der alkoholischen Gärung.

## ZELLATMUNG

Der oxidative Abbau der Glucose wird allgemein in vier Schritte gegliedert:

- Glykolyse,
- oxidative Decarboxylierung,
- Citratzyklus,
- Atmungskette.

## GLYKOLYSE

Im Verlauf der Glykolyse wird Glucose in Brenztraubensäure (Pyruvat) überführt, die in die Mitochondrien transportiert wird. Die Glykolyse ist die gemeinsame Anfangsstrecke von Atmung, alkoholischer- und Milchsäuregärung.

## OXIDATIVE DECARBOXYLIERUNG

Die oxidative Decarboxylierung läuft in den Mitochondrien ab. Hier wird Brenztraubensäure (Pyruvat) angeliefert. Von diesem Molekül wird Kohlendioxid abgespalten. Es entsteht Ethansäure (= Essigsäure) in einer enzymatisch aktivierten Form: aktivierte Essigsäure oder Acetyl-Coenzym A genannt. Gleichzeitig wird bei dieser Reaktion Wasserstoff ($H_2$) auf den Wasserstoffakzeptor $NAD^+$ übertragen. Dabei entsteht NADH, $H^+$.

# DER CITRATZYKLUS

Der Citratzyklus, auch Zitronensäurezyklus oder Tricarbonsäure-Zyklus genannt, ist ein Kreisprozess: Zunächst reagiert Acetyl-Coenzym A mit einem Akzeptormolekül (C4-Körper) zu Zitronensäure (C6).

Über mehrere Zwischenschritte werden von der Zitronensäure zwei Moleküle Kohlenstoffdioxid ($CO_2$) abgespalten. Danach wird das Akzeptormolekül wieder regeneriert. Im Verlauf dieses Zyklus wird das Kohlenstoffskelett laufend umgebaut. Mehrmals wird Wasser angelagert und Wasserstoff abgegeben. Bei jedem Kreislauf fallen acht Wasserstoffatome an, die auf Wasserstoffakzeptoren (die Coenzyme FAD und $NAD^+$) übertragen werden.

Hauptaufgabe des Citratzyklus ist also die Bereitstellung von reduzierten Coenzymen. Vereinfacht ausgedrückt: Der Citratzyklus dient der Gewinnung von Wasserstoff.

**STOFFWECHSEL**

## SCHEMA DES CITRATZYKLUS

Kohlenhydrat-, Eiweiß-, Fett-Abbau

Glykolyse

CoA

Oxalacetat  Acetyl-Coenzym A

2 [H]

$H_2O$

CoA

Citrat

$H_2O$

$CO_2$  2 [H]

$CO_2$  CoA

2 [H]  CoA  2 [H]

GTP  CoA

Endoxidation, Atmungskette

# DIE ATMUNGSKETTE

In der Atmungskette wird der im Zitronensäure-Zyklus gebildete Wasserstoff unter hohem Energiegewinn oxidiert: Die Atmungskette wird von Enzymen gebildet, die in der inneren Membran der Mitochondrien sitzen. Sie übernehmen Wasserstoff von NADH, $H^+$. Es entsteht $NAD^+$.

Der Wasserstoff wird an der Innenmembran des Mitochondriums auf Redoxenzyme übertragen. Dabei werden Protonen ($H^+$-Ionen) und Elektronen getrennt. Die Elektronen ($e^-$) werden auf einer Transportkette von Redoxenzymen weitergereicht und an deren Ende auf Sauerstoff übertragen. Es entsteht Wasser. Mit der dabei freiwerdenden Energie werden die Protonen aus der Matrix in den Zwischenmembranraum gepumpt und dort angereichert. Der Protonen-Gradient wird nun wie eine Turbine zur ATP-Synthese genutzt: Die einströmenden Protonen fließen durch spezifische Ionenkanäle, in denen die ATP-Synthase ihre Energie zur Synthese von ATP nutzt.

# TEILSCHRITTE DER ZELLATMUNG

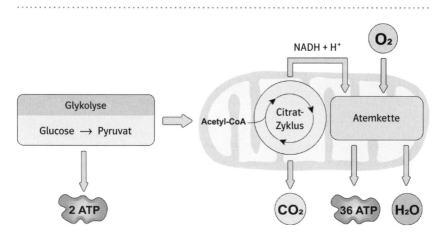

Die vollständige Oxidation von Glucose läuft mit hoher Energieausbeute ab. Die von der Zelle nutzbare Energie aus einem Glucosemolekül wird in 38 Molekülen ATP gespeichert.

# GÄRUNG UND ATMUNG

. . . . . . . . . . . . . . . . . . . . . . . . . . . . . . . . . . . . . . . . . . . . . .

1. Wie lautet die Summengleichung der alkoholischen Gärung?

_____

2. In welche Schritte gliedert man den oxidativen Abbau der Glucose?

a) _____

b) _____

c) _____

d) _____

3. Was trifft zu?

☐ **A** Bei der oxidativen Decarboxylierung wird aus Pyruvat unter Abspaltung von $CO_2$ aktivierte Essigsäure gebildet.

☐ **B** Acetyl-CoA entsteht beim Abbau von Glucose und von Fettsäuren.

☐ **C** In der ersten Reaktion im Citratzyklus werden zwei Moleküle Acetyl-CoA zu Citrat vereinigt.

4. Beschreiben Sie ganz kurz, was in der Atmungskette abläuft.

_____

_____

## LÖSUNGEN

. . . . . . . . . . . . . . . . . . . . . . . . . . . . . . . . . . . . . . . . . . . . . .

**1.** $C_6H_{12}O_6 \longrightarrow 2\ C_2H_5OH + 2\ CO_2$ • **2.** a) Glykolyse, b) oxidative Decarboxylierung, c) Citratzyklus, d) Atmungskette • **3.** A, B • **4.** Der Wasserstoff der reduzierten Coenzyme wird unter Bildung von Wasser auf Sauerstoff übertragen. Dabei wird ATP gebildet.

## FOTOSYNTHESE

Bei der Fotosynthese knacken die grünen Pflanzen zwei sehr stabile Moleküle: Wasser und Kohlenstoffdioxid.

Das geschieht in zwei Schritten:

1. Die Lichtreaktion entzieht den Wassermolekülen zwei Elektronen und spaltet dabei das Wasser in Protonen und Sauerstoff.

2. In der lichtunabhängigen Reaktion wird das Kohlenstoffdioxid reduziert.

Die Summenformel der Fotosynthese lautet:

$$12\ H_2O + 6\ CO_2 \ \rightarrow \ C_6H_{12}O_6 + 6\ O_2{\uparrow} + 6\ H_2O.$$

## DIE LICHTREAKTION IM ÜBERBLICK

Die Lichtreaktion der Fotosynthese läuft in den Grana der Chloroplasten ab.

Bei der Lichtreaktion wird Wasser mithilfe von Licht gespalten. Die Fotolyse des Wassers kann mit der Formel

$$H_2O \ \rightarrow \ 2\ H^+ + 2\ e^- + \tfrac{1}{2}\ O_2$$

beschrieben werden. Der Sauerstoff wird freigesetzt.

Protonen und Elektronen werden in Form von NADH + H$^+$ gespeichert.

Über den Membranen der Chloroplasten wird ein Protonengradient aufgebaut. Durch chemiosmotische Kopplung erzeugt das Enzym ATP-Synthase beim Fluss der Protonen entlang des Konzentrationsgefälles ATP aus ADP und Phosphat: Photophosphorylierung.

## BILANZ DER LICHTREAKTION

In der Lichtreaktion wird also neben dem Sauerstoff zweierlei gewonnen:

- ATP als Energiequelle und
- NADPH + H$^+$ als Überträger von Wasserstoff.

## ELEKTRONENTRANSPORTKETTE

In den Thylakoid-Membranen der Chloroplasten gibt es Lichtsammel-
komplexe. Dies sind Proteine, an die verschiedene Farbstoffe gebunden
sind. Durch die Absorption von Licht werden in den Farbstoffen Elektronen in einen energiereichen „angeregten" Zustand versetzt. Die durch
zwei hintereinander geschalteten Fotosysteme angeregten Chlorophyll-
Moleküle geben Elektronen ab, die über Elektronentransportketten zum
$NADP^+$ (Nicotinamid-Adenin-Dinucleotid-Phosphat) gelangen, das sie zu
$NADPH + H^+$ reduzieren. Die im Chlorophyll fehlenden Elektronen werden
durch die Spaltung von Wasser (Fotolyse) in Elektronen, Protonen und
Sauerstoff ersetzt.

## FOTOPHOSPHORYLIERUNG

Beim Elektronentransport werden Protonen ($H^+$) aus dem Stroma
des Chloroplasten in das Lumen der Thylakoide transportiert. Auch
die Fotolyse des Wassers findet im Thylakoidinnenraum statt, die
dabei anfallenden Protonen erhöhen die Konzentration an Protonen
weiter. So entsteht ein Protonen-Gradient zwischen dem Thylakoidinnenraum und dem Stroma der Chloroplasten. Zum Konzentrationsausgleich diffundieren Protonen aus dem Thylakoidinnenraum durch
das Transmembranprotein ATP-Synthase ins Stroma, sodass ATP
durch Phosphorylierung von ADP entsteht: $ADP + P_i \rightarrow ATP$.

## BEDEUTUNG DER FOTOSYNTHESE

Die Lichtreaktion der Fotosynthese ist der einzige
biochemische Prozess, bei dem Lichtenergie in
chemische Energie umgewandelt wird. Von dieser
Reaktion sind alle Lebewesen abhängig – sowohl
für die Ernährung als auch für die Atmung.

# DIE LICHTUNABHÄNGIGE REAKTION, CALVINZYKLUS

In der anschließenden lichtunabhängigen Reaktionsfolge werden NADPH, $H^+$ und ATP, die energiereichen Produkte der Lichtreaktion, benutzt, um Kohlenstoffdioxid zu reduzieren. Dabei entsteht Glucose.

Der früher verwendete Begriff „Dunkelreaktion" ist etwas irreführend: Er besagt lediglich, dass diese Reaktionsfolge kein Licht benötigt und auch im Dunkeln ablaufen kann. Daher spricht man besser von einer „lichtunabhängigen Reaktion" oder vom Calvinzyklus.

Der Calvinzyklus ist ein Kreislauf von Reaktionen, durch die Kohlenstoffdioxid ($CO_2$) zu Glucose und Wasser reduziert wird. Er dient den Pflanzen zur Assimilation von Kohlenstoff aus Kohlenstoffdioxid.

Die Reaktionen des Calvinzyklus laufen im Stroma der Chloroplasten ab, dort liegen alle Enzyme in gelöster Form vor.

Den Calvinzyklus kann man in drei Schritte einteilen:
1. Fixierung des Kohlenstoffs – Carboxylierung,
2. Reduktion,
3. Regeneration des $CO_2$-Akzeptors.

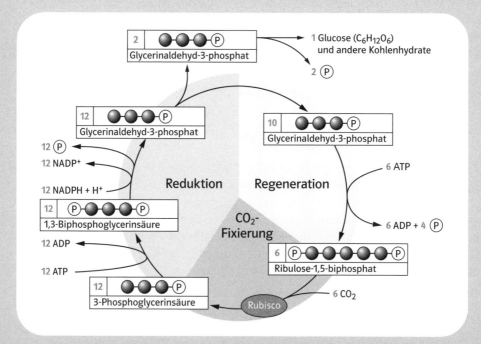

## 1. FIXIERUNG DES KOHLENSTOFFS

Im ersten Schritt des Calvinzyklus wird $CO_2$ durch das Enzym Rubisco (Ribulose-1,5-bisphosphat-carboxylase-oxidase) auf Ribulose-1,5-bisphosphat (RubP) übertragen. Rubisco ist eine Carboxylase; Carboxylasen sind Enzyme, die Kohlenstoffdioxid in ihr Substrat einbauen. Das Enzym fixiert an jedes Molekül Ribulose-1,5-bisphosphat ein $CO_2$-Molekül. Das Reaktionsprodukt – ein C6-Körper – ist instabil. Es zerfällt in zwei C3-Moleküle, die 3-Phosphoglycerinsäure (PGS).

Der primäre Akzeptor für das Kohlenstoffdioxid ist also die Pentose Ribulose-1,5-bisphosphat (RuBP), ein Zucker mit fünf C-Atomen.

Rubisco ist das häufigste Protein der Welt!

## 2. REDUKTION

Die im ersten Schritt gebildete 3-Phosphoglycerinsäure wird zu Glycerinaldehyd-3-phosphat – einer Triose – reduziert. Die Energie für diese Reaktion wird vom ATP (Adenosintriphosphat) geliefert. Dabei wird aus ATP durch Abspaltung eines Phosphatrestes wieder ADP (Adenosindiphosphat). Reduktionsmittel ist das NADPH + $H^+$, das dabei zu $NADP^+$ oxidiert wird. NADPH + $H^+$ und ATP werden durch die Lichtreaktion gebildet und für den Calvinzyklus zur Verfügung gestellt. Bei all diesen Umsetzungen liegen die organischen Moleküle in aktivierter Form – als Phosphorsäureester – vor.

## 3. REGENERATION DES $CO_2$-AKZEPTORS

Aus fünf Molekülen Phosphoglycerinaldehyd (PGA) werden in einem Netzwerk gekoppelter Reaktionen drei Moleküle Ribulose-1,5-bisphosphat (RubP) – der $CO_2$-Akzeptor – regeneriert. Damit ist der Zyklus geschlossen. Ein Teil des Glycerinaldehyd-3-phosphats wird zum Aufbau von Glucose – dem Endprodukt der Fotosynthese – verwendet: Aus zwei Molekülen Glycerinaldehyd-3-phosphat wird ein Glucose-Molekül aufgebaut. Ein Sechstel der Phosphoglycerinsäure-Moleküle wird zur Herstellung von Glucose aus dem Kreislauf abgezweigt.

Die Summengleichung der lichtunabhängigen Reaktion lautet:

$$6\,CO_2 + 12\,NADPH + 12\,H^+ + 18\,ATP \rightarrow C_6H_{12}O_6 + 6\,H_2O + 12\,NADP^+ + 18\,ADP + 18\,P_i$$

# 3 GENETIK
## Mendelsche Regeln

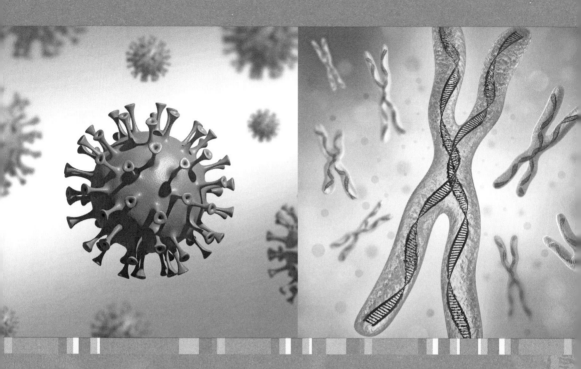

## GENETIK ALS WISSENSCHAFT

Die Genetik als Wissenschaft begann 1865 mit einem Vortrag Johann Gregor Mendels. Heute ist sie einer der bedeutendsten Zweige der Biologie und hat überragende Bedeutung für Wissenschaften wie Medizin, Pharmakologie, Psychologie und Soziologie. Die Gentechnik ist auf dem Weg, Grundlage eines wichtigen Wirtschaftszweiges zu werden.

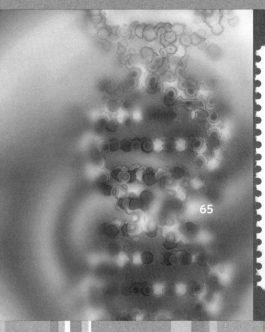

65

## PFLANZENZUCHT

Die ersten Schritte zur Domestikation von Pflanzen geschahen wohl unbeabsichtigt. Die Menschen sammelten bevorzugt Pflanzen und Pflanzenteile, die wohlschmeckender oder größer waren als der Durchschnitt der Wildpflanzen. Wenn ein Teil der so ausgewählten Pflanzen zur Weiterzucht gelangte, so war die Nachkommenschaft dieser Pflanzen im Schnitt größer und wohlschmeckender. Aus der großen Vielfalt der Natur wurden Pflanzen mit erwünschten Eigenschaften ausgesucht: Auslesezüchtung. Später wurde die Auslese gezielt getroffen. Die größeren Körner einer Ernte wurden zur Aussaat verwendet: Massenauslese. Schneller führt die gezielte Auswahl einzelner Individuen und deren Vermehrung zum Erfolg: Individualauslese.

Seit Beginn der wissenschaftlichen Züchtungsarbeit formuliert der Züchter klare Zuchtziele. Er sucht Tiere und Pflanzen mit erwünschten Eigenschaften und versucht, diese Eigenschaften zu kombinieren.

Bei der Kombinationszüchtung werden geeignete Eltern ausgelesen und gezielt gekreuzt. Unter den Nachkommen werden diejenigen mit der besten Kombination erwünschter Eigenschaften zur weiteren Vermehrung ausgesucht.

Schon vor Mendel war ein Wissen über die Vererbung bestimmter Eigenschaften bei Züchtern von Tieren und Pflanzen verbreitet.

## MENDELS METHODE

Mendels Werk war deshalb so bahnbrechend, weil er

- aus einer Vielzahl von Merkmalen einzelne, klar unterscheidbare Merkmale auswählte und analysierte,

- eine große Anzahl von Nachkommen auswertete,

- die beobachteten Werte bestimmten Zahlenverhältnissen zuordnete und

- daraus Vererbungsregeln ableitete – die Mendelschen Regeln.

## MENDELS VERSUCHSOBJEKTE

Mendels Versuchspflanze war die Gartenerbse (*Pisum sativum*). Erbsen zeichnen sich durch einige Eigenschaften als Versuchsobjekte für Erbversuche aus. Sie haben

- eine kurze Generationendauer,

- eine recht große Zahl an Nachkommen und

- eine Reihe leicht unterscheidbarer Merkmale, die bei den Nachkommen zuverlässig wieder auftreten: Blütenfarbe, Form und Farbe der Samen, Form und Farbe der Hülsen.

GENETIK

## MENDELS THESEN

Mendels Werk kann in sieben Thesen zusammengefasst werden.

1. Bei der Vererbung werden nicht Merkmale, sondern Anlagen (Gene) für Merkmale weitergegeben.

2. Jedes Merkmal wird durch zwei Anlagen, ein Paar von Allelen, kontrolliert.

3. Wenn ein Individuum zwei verschiedene Anlagen für ein Merkmal besitzt, wird das Merkmal oft nur durch eine der beiden – das dominante Allel – bestimmt, das rezessive Allel tritt zurück. Beim intermediären Erbgang können sich beide Allele teilweise auswirken.

4. Bei der Bildung von Gameten trennen sich die Allele. Jede Keimzelle erhält eine Anlage eines Paares.

5. Bei der Bildung der Gameten werden die Anlagen zufällig aufgeteilt.

6. Jede Anlage wird von Generation zu Generation als unvermischte, unveränderte Einheit weitergegeben.

7. Jedes Individuum erbt von jedem Elternteil eine Anlage für jedes Merkmal.

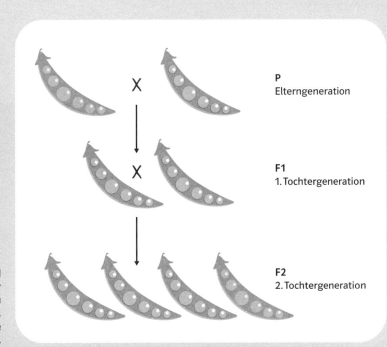

X
**P**
Elterngeneration

X
**F1**
1. Tochtergeneration

**F2**
2. Tochtergeneration

In diesem Beispiel ist die Anlage für gelbe Samen (grau dargestellt) dominant, die Anlage für grüne Samen rezessiv.

# DIE MENDELSCHEN REGELN

Die erste Mendelsche Regel ist die Uniformitätsregel: Kreuzt man reinerbige Individuen, so sind die Nachkommen in der ersten Tochtergeneration (F1) untereinander gleich.

Eine Erweiterung der ersten Mendelschen Regel ist die Reziprozitätsregel: Reziproke Bastarde sind gleich; d.h. es ist gleichgültig, welches Erbgut von der väterlichen, welches von der mütterlichen Seite stammt.

Die zweite Mendelsche Regel ist die Spaltungsregel: Kreuzt man F1-Bastarde untereinander, so spaltet die F2-Generation in einem festen Zahlenverhältnis auf. Sie kann auch als Regel von der Reinheit der Gameten formuliert werden: In den Keimzellen werden die Erbanlagen unvermischt weitergegeben.

Die dritte Mendelsche Regel heißt Unabhängigkeitsregel oder Regel von der Neukombination der Gene: Jede Anlage wird unabhängig von anderen vererbt, in der F2-Generation werden die Merkmale neu kombiniert.

Zu den Mendelschen Regeln wurden inzwischen viele Ausnahmen gefunden.

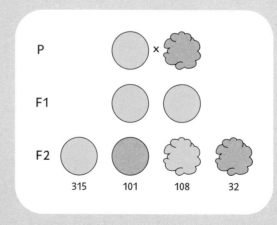

P

F1

F2

315  101  108  32

Ergebnisse eines Versuchs von Johann Gregor Mendel

# MENDELSCHE REGELN

· · · · · · · · · · · · · · · · · · · · · · · · · · · · · · · · · · · · · · · · · · ·

1. Mendel fand seine Erkenntnisse durch Kreuzungsexperimente. Welche Merkmale seiner Methode schufen die Grundlage für die Genetik als Wissenschaft?

a) _____    b) _____

c) _____    d) _____

2. Welche Thesen stammen von Mendel?

□ **A** Jedes Merkmal wird durch eine Anlage vererbt.
□ **B** Jede Anlage wird unverändert weitergegeben.
□ **C** Die Erbinformation ist in der DNA gespeichert.

3. Geben Sie in knapper Form die Mendelschen Regeln wieder.

_____

_____

_____

4. Warum war es wichtig, dass Mendel viele gleichartige Versuche machte und auswertete?

_____

_____

# LÖSUNGEN

· · · · · · · · · · · · · · · · · · · · · · · · · · · · · · · · · · · · · · · · · · ·

**1.** a) Auswahl klar unterscheidbarer Merkmale, b) Auswertung einer großen Zahl von Nachkommen, c) Werte in Zahlenverhältnissen, d) Formulierung von Regeln · **2.** A, B · **3.** Uniformitätsregel (Nachkommen reinerbiger Eltern sind in der ersten Folgegeneration gleich), Spaltungsregel (Kreuzung von F1-Bastarden führt in F2 zur Aufspaltung in festen Zahlenverhältnissen), Unabhängigkeitsregel (Anlagen werden unabhängig voneinander vererbt) · **4.** Durch die große Zahl an Versuchen konnte Mendel die Ergebnisse statistisch auswerten.

## MENDELS HYPOTHESEN

Um die Erbgänge erklären zu können, machte Mendel Voraussagen über das Verhalten der Erbanlagen:

1. In Körperzellen ist jede Anlage in doppelter Ausführung vorhanden.

2. Die Keimzellen (Gameten) tragen jede Anlage nur einmal.

3. Bei der Bildung der Keimzellen trennen sich die beiden Anlagen. Nach dem Zufallsprinzip wird die eine oder die andere Anlage weitergegeben.

4. Bei der Befruchtung treffen Anlagen beider Eltern zusammen.

Diese Annahmen setzen voraus, dass die bei der Befruchtung vereinigten Anlagen beider Eltern ihre Selbstständigkeit bewahren: Die Anlagen bleiben erhalten, sie verschmelzen nicht miteinander.

## CHROMOSOMEN

Mikroskopische Beobachtungen des Verhaltens der Chromosomen bei Befruchtung und Meiose ergaben:

1. Körperzellen enthalten einen diploiden (doppelten) Chromosomensatz.

2. Keimzellen (Ei- und Samenzellen) haben einen haploiden (einfachen) Chromosomensatz.

3. Bei der Meiose werden die homologen Chromosomensätze getrennt: Jede Keimzelle erhält ein Chromosom von jedem Paar homologer Chromosomen.

4. Bei der Befruchtung vereinigen sich zwei haploide Chromosomensätze der beiden Gameten.

Diese Beobachtungen zeigen, dass Chromosomen – auch wenn sie während der Interphase im Zellkern nicht sichtbar sind – als solche erhalten bleiben, sie verschmelzen nicht miteinander.

Die cytologisch beobachteten Vorgänge bei Befruchtung und Meiose erklären lückenlos die Annahmen Mendels. Aus dieser Übereinstimmung zogen Sutton (1903) und Boveri (1902) den Schluss: Die Chromosomen sind die Träger der Erbanlagen.

## CHROMOSOMEN UND KOPPELUNGSGRUPPEN

Die Chromosomentheorie der Vererbung bringt die beiden biologischen Disziplinen der Genetik und der Cytologie zusammen. Sutton und Boveri erklärten diese Übereinstimmungen durch die Annahme, dass die Chromosomen die Träger der Gene sind.

Nach der Chromosomentheorie der Vererbung kann die dritte Mendelsche Regel, nach der Gene unabhängig voneinander vererbt werden, nicht uneingeschränkt gelten. Sie trifft nur für die Gene zu, die auf unterschiedlichen Chromosomen liegen. Der amerikanische Genetiker Morgan und seine Mitarbeiter zeigten in umfangreichen Versuchsreihen, dass die Gene auf den Chromosomen hintereinander aufgereiht sind und dass Gene eines Chromosoms meist gekoppelt weitergegeben werden.

Durch Crossingover während der Meiose kann es zum Austausch von Anlagen kommen, die ursprünglich auf dem gleichen Chromosom lagen. So können auch solche Anlagen unabhängig voneinander weitergegeben werden.

GENETIK

# FRAGEN UND AUFGABEN DER HUMANGENETIK

Die Humangenetik erforscht die erblichen Grundlagen menschlicher Variabilität. Für Menschen gelten zwar dieselben Erbregeln wie für Tiere und Pflanzen, aber der Forschung sind ethische und juristische Grenzen gesetzt. Wichtige Fragestellungen sind:

- Inwiefern sind die Unterschiede zwischen einzelnen Menschen oder menschlichen Gruppen genetisch bedingt und inwiefern beruhen sie auf Einflüssen der Umwelt (*nature or nurture*)?
- Welchen Einfluss haben Gene auf Intelligenz, besondere Begabungen, Kreativität und physische sowie psychische Gesundheit?
- Wie entstanden genetische Unterschiede zwischen Individuen und Populationen?
- Welche Veranlagungen kann man voraussagen oder früh erkennen, um sie unterstützen, verhüten oder rechtzeitig behandeln zu können?
- Welche Funktionen haben einzelne Gene und wie arbeiten verschiedene Gene zusammen?

Zur Humangenetik gehört auch die Beratung von Patienten, die Vorsorge, Aufklärung und Therapie bei genetisch bedingten Krankheiten.

# METHODEN DER HUMANGENETIK

Die Humangenetik verknüpft molekularbiologische Forschung mit medizinischer Diagnostik und Therapie. Zu den Methoden gehören Untersuchungen von Chromosomen, biochemische Untersuchung von Enzymen und Stoffwechselreaktionen, die Erkenntnisse der Populationsgenetik, die Familien- oder Stammbaumforschung und die Zwillingsforschung. Mit der Entschlüsselung des menschlichen Genoms können die Gene auf den Chromosomen identifiziert und lokalisiert werden.

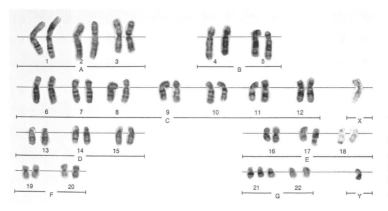

Geordneter Chromosomensatz eines Mannes mit Trisomie 21. Chromosom Nr. 21 ist dreifach vorhanden.

## GESCHLECHTSBESTIMMUNG BEI MENSCHEN

Gewöhnlich besteht der Chromosomensatz des Menschen aus 46 Chromosomen: 44 Autosomen und zwei Gonosomen (Geschlechtschromosomen), XX bei der Frau, XY beim Mann. Die Geschlechtschromosomen unterscheiden sich in ihrer Größe: Das Y-Chromosom trägt wenige, das X-Chromosom sehr viele Gene.

Jede Eizelle trägt neben 22 Autosomen ein X-Chromosom. Samenzellen enthalten je zur Hälfte ein X- oder ein Y-Chromosom. Das Geschlecht eines Kindes wird bei der Befruchtung festgelegt. Ein Embryo hat zunächst die Anlagen für beide Geschlechter, in Form von geschlechtsneutralen Keimdrüsen.

Das Gen SRY (*sex-determining region of Y*) auf dem Y-Chromosom induziert die Entwicklung der Hoden und damit die männliche Sexualentwicklung. Fehlt das Y-Chromosom, so differenziert sich die Gonadenanlage zu Ovarien.

Frauen, die nur ein X-Chromosom haben, zeigen das Turner-Syndrom. Männer mit zwei X- und einem Y-Chromosom haben das Klinefelter-Syndrom.

## GESCHLECHTSGEKOPPELTE VERERBUNG

Auf dem X-Chromosom liegen viele Gene für Merkmale, die nichts mit dem Geschlecht zu tun haben. Entsprechende Erbgänge werden X-chromosomal oder geschlechtsgekoppelt genannt. Deshalb folgt die Vererbung dieser Merkmale nicht den Mendelschen Regeln. Die Reziprozitätsregel gilt hier nicht, weil die Gene des X-Chromosoms auf dem Y-Chromosom kein Gegenstück haben. Männer sind für diese Gene hemizygot – sie tragen nur ein Allel. Frauen dagegen sind homozygot oder heterozygot – sie tragen zwei gleiche oder zwei verschiedene Allele.

Von X-chromosomal rezessiv vererbten Leiden sind Männer häufiger betroffen als Frauen. Bei Männern kommen rezessive Allele zur Geltung, wohingegen dies bei Frauen nur dann der Fall ist, wenn beide X-Chromosomen die Mutation tragen. Söhne erben die Anlage von der Mutter, wenn diese heterozygote Genträgerin ist (Überträgerin oder Konduktorin). Beispiele sind die Bluter-Krankheit (Hämophilie A und B), Rot-Grün-Blindheit, verschiedene Formen der Rot-Grün-Schwäche und einige Muskeldystrophien.

## STAMMBAUMFORSCHUNG

Die Stelle der Kreuzungsexperimente nimmt in der Humangenetik die Stammbaumforschung ein. Aus dem Auftreten bestimmter Merkmale oder Gene und deren Weitergabe über mehrere Generationen wird auf Erbgänge geschlossen. Durch Vergleiche lassen sich Regeln für die Weitergabe von Anlagen feststellen, besonders geeignet ist die Untersuchung einzelner, klar erkennbarer Merkmale.

Von einem dominanten Erbgang spricht man, wenn das betreffende Merkmal auch bei heterozygoten Genträgern auftritt. Fehlbildungen von Körperformen werden meist dominant vererbt. Beispiele sind Chondrodystrophie (eine Form des Kleinwuchses), Vielfingrigkeit (Polydaktylie) und Kurzfingrigkeit (Brachydaktylie).

Stoffwechselkrankheiten werden oft rezessiv vererbt: Das mutierte Gen hat im heterozygoten Zustand keine feststellbare Wirkung auf den Stoffwechsel. Ein Beispiel ist die Cystische Fibrose (Mukoviszidose), sie beruht auf einer Funktionsstörung exkretorischer Drüsen.

Das ABO-System der Blutgruppen beruht auf multiplen Allelen. Die Blutgruppen werden von drei Allelen eines Gens bestimmt: A, B und 0. A und B sind kodominant: Beide Allele manifestieren sich im Phänotyp eines heterozygoten Anlageträgers. 0 verhält sich gegenüber A und B rezessiv. Der Rhesusfaktor D wird monohybrid dominant vererbt.

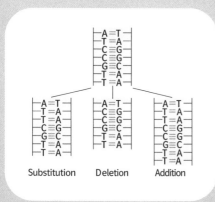

Substitution    Deletion    Addition

## SNPs

Ein SNP (*single nucleotide polymorphism*) ist die Variation eines einzelnen Basenpaars im menschlichen Genom. Mehr als 90 % aller Variationen in der menschlichen DNA werden durch SNPs verursacht. Manche SNPs sind weit verbreitet, andere sehr selten. SNPs sind sehr stabil und werden über viele Generationen weitergegeben. Sie sind das Fundament der genetischen Individualität. Sie gestalten die Expression und die Funktion von Genen mit. SNPs sind zentrale Werkzeuge für genetische Analysen: Für komplexe Krankheiten, Medikamente und die Populationsgenetik. Mit DNA-Chips kann man eine große Zahl von SNPs – mehr als eine Million – gleichzeitig bestimmen. Das macht die Untersuchungen schnell und kostengünstig.

# CHROMOSOMENTHEORIE DER VERERBUNG

1. Welche Beobachtungen lassen sich an Chromosomen bei Befruchtung und Meiose machen?

a) _____   b) _____

c) _____   d) _____

2. Welche Voraussagen machte Mendel über das Verhalten der Erbanlagen aufgrund der Auswertung seiner Versuche?

a) _____   b) _____

c) _____   d) _____

3. Welche Einschränkungen macht die Chromosomentheorie der Vererbung hinsichtlich der Unabhängigkeitsregel (dritte Mendelsche Regel)?

_____

4. Unter welchen Voraussetzungen kann eine Frau an der Bluterkrankheit (Hämophilie) erkranken?

_____

## LÖSUNGEN

**1.** a) Körperzellen enthalten einen doppelten Chromosomensatz; b) Keimzellen haben einen einfachen Chromosomensatz; c) bei der Meiose werden homologe Chromosomensätze getrennt; d) bei der Befruchtung vereinigen sich Gameten mit einfachen Chromosomensatz. • **2.** a) In Körperzellen ist jede Anlage doppelt vorhanden; b) die Keimzellen tragen jede Anlage nur einmal; c) bei der Bildung der Keimzellen trennen sich die beiden Anlagen; d) bei der Befruchtung kommen die Anlagen beider Eltern zusammen. • **3.** Mehrere Gene sind auf einem Chromosom und dann nicht unabhängig. • **4.** Wenn die Mutter Überträgerin ist und der Vater Bluter, wird die Tochter mit einer Wahrscheinlichkeit von 50 % an Hämophilie erkranken.

## DNA – DNS

Schon im Jahr 1871 isolierte Miescher in Tübingen DNA aus Eiterzellen. Als er die Proteine der Zellen mit Pepsin auflöste, schrumpften die Zellkerne, aber sie blieben erhalten. Die Elementaranalyse des zurückbleibenden Stoffes ergab eine Zusammensetzung aus C, O, H, N und P. Weil der Stoff sauer reagiert und im Zellkern (lat. *nucleus*) vorkommt, nannte er ihn Nucleinsäure. Um ihn von der später entdeckten Ribonucleinsäure abzugrenzen, erhielt er den Namen Desoxyribonucleinsäure, abgekürzt DNS – international ist die Abkürzung DNA für *deoxyribonucleic acid* üblich.

## EXPERIMENTELLE BEFUNDE

Das heute aktuelle DNA-Modell basiert vor allem auf drei experimentellen Ergebnissen:

1. DNA ist ein Polynucleotid, eine Kette aus vielen Nucleotid-Bausteinen.

2. Jede DNA enthält gleich viele Adenin- wie Thyminbasen und gleich viele Cytosin- wie Guaninbasen. Innerhalb einer Art sind die Basenverhältnisse immer gleich:
   So hat die DNA des Menschen 30,3 % Adenin, 30,3 % Thymin, 19,7 % Guanin und 19,7 % Cytosin. Es war Erwin Chargaff, der diese Beziehungen ermittelte: Er trennte die DNA durch Säurehydrolyse auf und untersuchte den Basengehalt.
   Dabei konnte er zeigten, dass die vier Basen in Viren, Bakterien, Hefen, Rindern und Menschen in wechselnden Mengenverhältnissen vorkamen. Jede Art hatte demnach eine andere DNA als andere Arten. Innerhalb einer Art ist die DNA-Zusammensetzung dagegen konstant.

3. Röntgenstrukturanalysen zeigten, dass das DNA-Molekül die Gestalt einer doppelten Schraube (Doppelhelix) hat.

Adenin

Thymin

Guanin

Cytosin

Die Basen der DNA

## DAS WATSON-CRICK-MODELL

Nach dem Watson-Crick-Modell sind im DNA-Molekül zwei Nucleotid-Stränge zu einer Doppelschraube oder Doppelhelix um eine gemeinsame Achse gewunden. Das Molekül ähnelt einer verdrillten Strickleiter. Die beiden Stränge sind um etwa 3/8 Windungen gegeneinander versetzt, so ziehen an den Flanken der Doppelhelix eine breite und eine schmale Furche entlang. Der Durchmesser der Doppelwendel beträgt 2 nm, der Abstand zwischen benachbarten Nucleotiden 0,34 nm, die Länge einer Schraubenwindung beträgt 3,4 nm.

Die Holme der Leiter sind lange unverzweigte Ketten, in denen sich Zucker- und Phosphatmoleküle abwechseln. Die beiden Stränge verlaufen in entgegengesetzter Richtung, sie sind antiparallel zueinander. Die Sprossen der Leiter werden von den Basenpaaren gebildet. An jedem Zucker-molekül hängt eine Base. Die Basen stehen rechtwinklig zur Achse, weisen in das Innere der Helix und verbinden die beiden Ketten miteinander.

In der Doppelhelix stehen sich die Basen der beiden Stränge gegenüber. Je zwei gegenüberliegende Basen bilden unter-einander Wasserstoffbrücken aus: Gestalt und Ladungsverteilung der Mole-küle lassen jeweils nur *eine* Möglichkeit der Paarung zu: Adenin paart sich stets mit Thymin, Guanin mit Cytosin. Man spricht von der Paarung komplementärer Basen: Adenin ist komplementär zu Thymin, Guanin zu Cytosin. Adenin und Thymin sind durch zwei, Guanin und Cytosin durch drei Wasserstoffbrücken verbunden. Schwache Bindungen zwischen den übereinanderliegenden Basen stabilisieren die Doppelhelix.

## NOMENKLATUR

Die Unterschiede zwischen Basen, Nucleosiden und Nucleotiden spiegeln sich in der Nomenklatur wider:

Nucleoside wie Thymidin, Cytidin, Uridin, Adenosin und Guanosin bestehen aus einer Base (Thymin, Cytosin, Uracil, Adenin, Guanin) und dem Zucker Ribose.

Desoxy-Nucleoside besitzen anstelle der Ribose die Desoxyribose. Sie heißen z.B. Desoxy-Thymidin (d-Thymidin) oder Desoxy-Adenosin (d-Adenosin).

Nucleotide bestehen aus Nucleosiden und einer Phosphatgruppe: Adenosin-Mono-phosphat (AMP) oder Guanosin-Monophosphat (GMP).

Nucleosid-Triphosphate sind die Reaktionspartner der mRNA-bildenden Transkriptasen: ATP (Adenosin-Triphosphat), GTP, UTP und CTP.

Desoxy-Nucleosid-Triphosphate wie dATP, dGTP, dTTP und dCTP (Desoxy-Cytidin-Triphosphat) sind die Substrate der DNA-Polymerase bei der Replikation der DNA.

In der Abfolge der Basen der DNA ist die genetische Information gespeichert.

Die Basenpaare der DNA mit ihren Wasserstoffbrückenbindungen

# DNA

. . . . . . . . . . . . . . . . . . . . . . . . . . . . . . . . . . . . . . . . . . . . . . . . .

1. Aus welchen drei Bausteinen sind Nucleinsäuren aufgebaut?

_____

_____

2. Ein Nucleotid besteht aus

☐ A Desoxyribose, einem Nucleosid und einem Phosphatrest.
☐ B einer Base, dem Zucker Ribose und einer Phosphatgruppe.
☐ C einem Nucleosid und einer Phosphatgruppe.

3. Nennen Sie die beiden komplementären Basenpaare der DNA.

_____

4. Durch welche Art von Bindungen werden die beiden Stränge der DNA-Doppelhelix zusammengehalten?

☐ A Van-der-Waals-Kräfte
☐ B kovalente Bindungen
☐ C Wasserstoffbrückenbindungen

# LÖSUNGEN

. . . . . . . . . . . . . . . . . . . . . . . . . . . . . . . . . . . . . . . . . . . . . . . . .

**1.** Ribose, Basen, Phosphat • **2.** B, C • **3.** Adenin und Thymin, Guanin und Cytosin • **4.** C

Die Replikation nach dem semikonservativen Prinzip wurde schon von Watson und Crick postuliert, da sie aus der DNA-Doppelstrang-Konstruktion der Erbinformation ableitbar ist. Bei jeder Zellteilung wird die genetische Information in Form von DNA an die neu entstehenden Zellen weitergegeben.

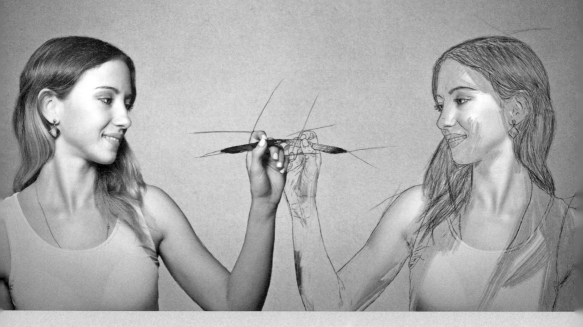

## DAS PRINZIP DER REPLIKATION

Das DNA-Molekül trägt die einzigartige Möglichkeit zur identischen Replikation in sich; es kann sich selbst exakt verdoppeln.

Die genetische Information ist in der Doppelhelix zweifach vorhanden. Kennt man die Basensequenz eines Strangs, so kann man auch die Basenfolge des anderen Strangs angeben. Dieser Sachverhalt wird bei der Verdoppelung der DNA ausgenützt: Ein Strang ist die Vorlage für die Bildung des anderen. Von den beiden Tochtermolekülen enthält jedes einen neu synthetisierten Strang und einen alten, „konservierten" Strang. Die Tatsache der semikonservativen Replikation der DNA wurde 1958 durch Meselson und Stahl bewiesen.

## DER ABLAUF DER REPLIKATION

Die Doppelspirale windet sich auf. Die beiden Stränge weichen auseinander; eine Replikationsgabel entsteht. Jeder Arm dient als Matrize für einen neuen Tochterstrang: Freie Nucleotide heften sich jeweils an die komplementäre Base. Die Basen werden miteinander verknüpft und bilden einen neuen Strang. An jedem der beiden Einzelstränge wird ein komplementärer neuer Strang synthetisiert. So entstehen zwei exakte Kopien des ursprünglichen Moleküls.

Die Replikation wird durch das Enzym DNA-Polymerase katalysiert. Substrate der Polymerase sind – neben dem DNA-Strang – die vier Desoxynucleosid-Triphosphate. Die Nucleotide liegen im Protoplasma als Triphosphate vor: dATP (Desoxyadenosintriphosphat), dGTP, dCTP und dTTP. Sie tragen zunächst also drei Phosphatgruppen an jedem Zuckermolekül.

## REPLIKATION IN ZWEI RICHTUNGEN

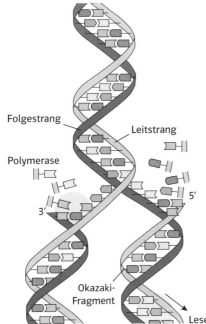

Folgestrang

Leitstrang

Polymerase

3′

5′

Okazaki-Fragment

Leserichtung

Die DNA-Polymerase kann sich nur vom 3′-Ende des Strangs in Richtung auf das 5′-Ende zu bewegen. An einem der Stränge, dem Leitstrang, wandert sie in der Richtung der sich öffnenden Replikationsgabel und baut dabei einen fortlaufenden Tochterstrang auf.

Am Folgestrang wandert die Polymerase in Gegenrichtung, sie bewegt sich von der Replikationsgabel weg. Der Tochterstrang wird hier diskontinuierlich, Stück für Stück, gebildet.

Das Enzym DNA-Ligase fügt die Teilstücke, die Okazaki-Fragmente, zu einem durchgehenden Strang zusammen. Jeder der beiden neuen Doppelstränge enthält einen elterlichen und einen neu synthetisierten Strang: semikonservative Replikation.

## PRÄZISION DER REPLIKATION

Die hohe Genauigkeit, mit der die DNA-Replikation erfolgt, ist auf die hohe Substratspezifität der DNA-Polymerase zurückzuführen. Diese wandert an der DNA-Matrize entlang und heftet an jedes Nucleotid ein neues Nucleotid mit der komplementären Base. Passende Nucleotide werden – unter Abspaltung von Diphosphat – an den entstehenden Strang gebunden. Danach prüft das Enzym, ob das eingefügte Nucleotid korrekt ist. Ist dies nicht der Fall, so wird es wieder entfernt.

Die Replikation der DNA beginnt bei Eukaryoten gleichzeitig an zahlreichen Stellen, die Replikations-Ursprünge sind über die Chromosomen verteilt. Sie findet während der Synthese-Phase (S-Phase) des Zellzyklus statt.

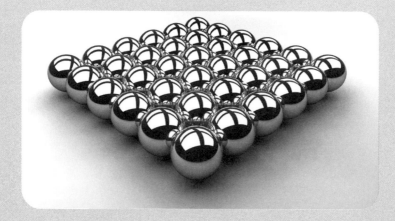

## REPLIKATION DER DNA

· · · · · · · · · · · · · · · · · · · · · · · · · · · · · · · · · · · · · · · · · · ·

1.  Welche Bedeutung hat DNA-Replikation für die Lebewesen?

   _____

   _____

2.  Was trifft auf Replikation zu?

   ☐ **A** DNA wird nur in 3'-5'-Richtung repliziert.
   ☐ **B** Einziges beteiligtes Enzym ist die DNA-Polymerase.
   ☐ **C** DNA wird sowohl kontinuierlich wie diskontinuierlich repliziert.

3.  Was sind die Substrate der DNA-Polymerase?

   _____

   _____

4.  Was besagt der Begriff „semikonservative Replikation"?

   _____

   _____

   _____

## LÖSUNGEN

· · · · · · · · · · · · · · · · · · · · · · · · · · · · · · · · · · · · · · · · · · ·

**1.** Sie sichert die identische Ausstattung der Tochterzellen. • **2.** A, C • **3.** DNA und die Desoxynucleosid-triphosphate dATP, dGTP, dTTp, dCTP • **4.** Bei der Replikation der DNA entstehen zwei Helices, jede von ihnen besteht aus einer neu synthetisierten und einer konservierten Kette.

## PROTEINBIOSYNTHESE

Um die Information der DNA zur Ausbildung eines Merkmals umzusetzen, muss die Zelle zunächst Proteine aufbauen. Die Proteinbiosynthese wird von der DNA indirekt über Botenmoleküle gesteuert, die man Ribonucleinsäuren nennt (RNS; international RNA = *ribonucleic acid*).

Die Information in der Zelle fließt stets in gleicher Richtung: DNA → mRNA → Protein. Diese Aussage wird bisweilen als „Dogma der Molekularbiologie" bezeichnet.

## DNA UND RNA

RNA und DNA unterscheiden sich in mehreren Aspekten:

1. RNA enthält den Zucker Ribose statt der Desoxyribose.

2. Die Base Thymin ist durch Uracil ersetzt. Uracil hat dieselben Paarungseigenschaften wie Thymin.

3. RNA ist einsträngig, sie bildet keine Doppelhelix.

4. RNA-Moleküle sind kleiner und beweglicher.

5. Ein DNA-Molekül wird so alt wie eine Zelle, RNA ist kurzlebiger.

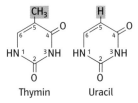

Thymin      Uracil

## TRANSKRIPTION

Erster Akt der Proteinbiosynthese ist die Transkription. Das ist der Vorgang, durch den genetische Information von der DNA auf die mRNA übertragen wird. Die Transkription ähnelt der Synthese eines neuen DNA-Strangs bei der Verdoppelung der Doppelhelix, im Gegensatz zu dieser wird aber nur ein Strang – der codogene Strang oder *template*-Strang – der DNA abgelesen.

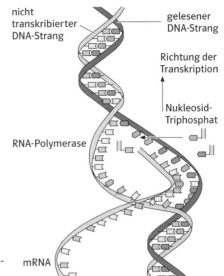

nicht transkribierter DNA-Strang

gelesener DNA-Strang

Richtung der Transkription

Nukleosid-Triphosphat

RNA-Polymerase

mRNA

Die Transkription wird üblicherweise in drei Phasen unterteilt:

1. Initiation: Zu Beginn der Transkription bindet das Enzym RNA-Polymerase an eine Stelle der DNA, die Promotor genannt wird. Das Enzym entwindet einen Teil der Doppelhelix. Die beiden DNA-Stränge trennen sich.

2. Elongation: Die RNA-Polymerase wandert auf der DNA in Richtung des 5'-Endes. Der codogene DNA-Strang (der template-Strang) dient ihr als Matrize für die Bildung eines komplementären RNA-Moleküls. Nach den Regeln der Basenpaarung ordnen sich die Nucleotide an der DNA an. Die Polymerase fügt sie zu einem mRNA-Strang zusammen.

3. Termination: Wenn die RNA-Polymerase auf ein Stoppcodon trifft, wird der Ablesevorgang abgebrochen. RNA und Polymerase lösen sich von der DNA, die Doppelhelix schließt sich wieder.

## PROZESSIERUNG

Bei Eukaryoten werden nur bestimmte DNA-Bereiche – die Exons – in Proteine übersetzt. Die prä-mRNA wird im Zellkern bearbeitet, zerschnitten und neu zusammengesetzt: Spleißen oder *splicing*. In der fertigen mRNA tauchen nur die abgelesenen Exons auf. Der Rest – die Introns – wird ausgeschnitten und abgebaut. Durch Spleißen können aus demselben DNA-Abschnitt unterschiedliche mRNA-Moleküle entstehen. Die mRNA erhält am 5'-Ende eine Kappe (cap); am 3'-Ende wird eine Poly-Adenosin-Sequenz (Poly-A-Schwanz) angehängt. Durch diese Bearbeitung (Prozessierung) entsteht die reife mRNA. An Proteine gebunden verlässt sie durch Kernporen den Zellkern.

## TRANSLATION

Der zweite Schritt der Proteinsynthese, die Translation, findet im Cytoplasma statt; dabei wird die Codonfolge auf der mRNA in die Aminosäurefolge im Protein übersetzt. Transfer-RNA-Moleküle (tRNAs) tragen auf einer Seite eine Aminosäure (Amino-Acyl-tRNA), auf der anderen das Anticodon: Das Anticodon ist ein Basentriplett, das komplementär ist zu den mRNA-Codons.

## VERLAUF DER TRANSLATION

Die Translation verläuft – wie die Transkription – in drei Teilschritten:

1. Initiation: Das Ribosom bringt die mRNA und ein Molekül Amino-Acyl-tRNA so zusammen, dass sich an ein Codon auf der mRNA ein komplementäres Anti-Codon der tRNA anlagert. Zuerst gelangt das Startcodon 5′-AUG-3′ ins Ribosom. Die tRNA, die das Anticodon 3′-UAC-5′ und die Aminosäure Methionin trägt, paart sich mit dieser Stelle der mRNA. Damit ist das Leseraster für die mRNA festgelegt.

2. Elongation: Die mRNA bewegt sich um ein Codon weiter. Das nächste passende tRNA-Molekül, das eine Aminosäure trägt, nimmt seinen Platz ein. Die Aminosäuren werden durch ein Enzym verknüpft. Dieser Vorgang wird wiederholt, bis alle Codons auf der mRNA abgelesen und die entsprechenden Aminosäuren zum Protein verknüpft worden sind. Während die Aminosäurekette wächst, lösen sich die tRNA-Moleküle vom anderen, bereits fertigen Ende wieder ab.

3. Termination: Wenn sich die mRNA bis zu einem Terminationscodon durch das Ribosom bewegt hat, wird die Translation beendet. Die fertige Aminosäurekette faltet sich zu einer dreidimensionalen Struktur auf, es entsteht ein Protein.

## BEARBEITUNG

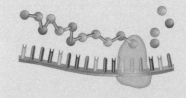

Oft wird ein Protein nach seiner Synthese am Ribosom noch bearbeitet: posttranslationale Proteinmodifikation. Teile können abgeschnitten oder ausgeschnitten, Aminosäuren ausgetauscht werden. Werden Kohlenhydrate oder Lipide angehängt, so entstehen Glykoproteine oder Lipoproteine. Durch Phosphorylierung (Anlagerung einer Phosphatgruppe) werden Proteine aktiviert.

# PROTEINBIOSYNTHESE

· · · · · · · · · · · · · · · · · · · · · · · · · · · · · · · · ·

1. Wie unterscheiden sich DNA und RNA voneinander?

_____

_____

2. Was bezeichnet das „Dogma der Molekularbiologie"?

_____

_____

3. Welche Funktion hat die Transkription im Zellgeschehen?

_____

4. Was trifft zu?

- ☐ **A** Bei der Transkription wird der codogene Strang der DNA abgelesen.
- ☐ **B** Die Transkription endet am Promotor.
- ☐ **C** Die RNA-Polymerase wandert in Richtung des 3'-Endes der DNA.

5. In welche Phasen wird die Tanskription üblicherweise unterteilt?

a) _____

b) _____

c) _____

# LÖSUNGEN

· · · · · · · · · · · · · · · · · · · · · · · · · · · · · · · · ·

**1.** RNA: Ribose statt Desoxyribose, Uracil statt Thymin, einsträngig, viel kleiner und kurzlebiger als DNA • **2.** Information in der Zelle fließt immer von DNA über RNA zum Protein. • **3.** erster Schritt der Proteinbiosynthese • **4.** A • **5.** a) Initiation, b) Elongation, c) Termination

## MUTATION

Vererbung beruht auf der identischen Verdoppelung und der exakten Aufteilung und Weitergabe des Erbmaterials von einer Generation auf die andere. Nur selten kommt es vor, dass bei der Verdoppelung oder der Aufteilung der Erbanlagen ein Fehler – eine Mutation – geschieht.

Mutationen treten in Körperzellen (somatische Mutation) und in Keimzellen auf. Mutationen in der Keimbahn werden an die Nachkommen weitergegeben. Somatische Mutationen sind an der Zellalterung und an der Bildung von Tumoren beteiligt.

Die Mutation ist der einzige Evolutionsfaktor, der neue Gene schafft. Sie liefert das „Rohmaterial der Evolution". Durch das Entstehen neuer Erbfaktoren oder Gene wird der Genpool einer Population vergrößert; ihre Variabilität wird erhöht.

## VERSCHIEDENE TYPEN VON MUTATIONEN

Genmutationen führen zur Entstehung neuer Allele in einem bestimmten Genort. Meist wird dabei nur eine Base der DNA durch eine andere ersetzt, es entsteht ein SNP (*single nucleotide polymorphism*).

Chromosomenmutationen verändern die Architektur einzelner Chromosomen. Für die Evolution sind Duplikationen von großer Bedeutung. Bei der Duplikation wird ein Chromosomenstück verdoppelt. Ein oder mehrere Gene sind nun doppelt vorhanden. Zunächst sind die so erzeugten Gene noch identisch. Durch Punktmutationen können sie jedoch unterschiedlich werden: So entstehen Gene, die ähnliche Eiweißstoffe erzeugen.

Bei Translokationen werden Bruchstücke nicht homologer Chromosomen ausgetauscht.

Genommutationen ändern die Zahl der Chromosomen. Dabei kann der Chromosomensatz um einzelne Chromosomen vermehrt oder vermindert werden oder der ganze Satz wird vervielfacht.

## REPARATUR DER DNA

Schäden in der DNA – ausgelöst durch Faktoren der Umwelt oder durch Fehler bei der Transkription – kommen häufig vor, trotzdem sind Mutationen recht selten. Das kommt daher, dass die Fehler meist korrigiert werden, bevor sie Schaden in der Zelle anrichten. Die Zellen verfügen über eine Reihe von Reparaturenzymen, die Fehler finden und reparieren können. Enzymkomplexe erkennen fehlerhafte Stellen der DNA.

Endonucleasen lösen die Bindungen zwischen Desoxyribose und Phosphorsäure im fehlerhaften Abschnitt und entfernen die veränderte Nucleotidsequenz. Die Lücke im DNA-Einzelstrang wird durch eine DNA-Polymerase wieder zum korrekten Doppelstrang ergänzt.

DNA-Polymerase ist ein selbstkorrigierendes Enzym, es erkennt die von ihr falsch eingebauten Nucleotide, entfernt sie wieder und baut die passenden ein.

## ONKOGENE

Proto-Onkogene sind Gene, die in jeder Körperzelle vorkommen, sie fördern Zellwachstum und Zellteilung. Eine Genmutation kann ein Proto-Onkogen in ein Onkogen (Krebs-Gen) verwandeln, das ungebremstes Tumorwachstum fördert. Auch chemische Karzinogene und Strahlen lassen Onkogene entstehen. UV-Strahlung ist an der Entstehung des Sonnenbrandes beteiligt und für die Entwicklung von Hautkrebs verantwortlich.

Die Aufgabe von Tumorsuppressor-Genen ist es, den Zellzyklus nach einer Schädigung anzuhalten, damit eine DNA-Reparatur ausgeführt werden kann – oder die geschädigte Zelle zu zerstören. So wird verhindert, dass das Onkogen an Tochterzellen weitergegeben wird.

## KREBS

Nach dem Zwei-Treffer-Modell sind Mutationen in zwei Arten von Genen erforderlich, damit ein Krebs entsteht: Wenn Proto-Onkogene zu Onkogenen mutiert sind und Tumorsuppressor-Gene beschädigt wurden, kann das Zellwachstum außer Kontrolle geraten. Krebszellen teilen sich unkontrolliert, überschreiten die Grenzen ihres Gewebes und bilden Metastasen.

GENETIK

## STEUERUNG DER GENAKTIVITÄT

Ein Transkriptionsfaktor ist ein Protein, das in Zusammenarbeit mit einem Promotor die Aktivität der RNA-Polymerase kontrolliert. Es vermittelt der RNA-Polymerase, welches Gen abgelesen werden soll, reguliert also die Genexpression auf der Ebene der Transkription.

Ein Promotor ist ein Abschnitt auf der DNA, der die Expression eines Gens reguliert. Bindet ein Transkriptionsfaktor an den Promotor, so wird die Transkription des folgenden DNA-Abschnitts gestartet; andere Transkriptionsfaktoren unterdrücken den Ablesevorgang oder sie modulieren die Transkriptionsrate. Die Steuerung der Genexpression kann auch bei anderen Schritten auf dem Weg zum funktionierenden Protein erfolgen: bei der Translation oder der Bearbeitung des Proteins.

## TUMORSUPPRESSION

Das Tumorsuppressor-Protein p53 ist ein Transkriptionsfaktor. Es reguliert nach einer Schädigung der DNA die Expression von Genen, die geschädigte Zellen von unkontrolliertem Wachstum abhalten. Der Verlust der p53-Funktion spielt daher eine kritische Rolle bei der Entstehung von Krebs.

Das Protein p53 ist in der Zelle instabil, wird aber laufend synthetisiert. Gibt es in einer Zelle eine Mutation, nach der die Replikation oder die Mitose fehlerhaft verlaufen würden, so reichert sich p53 in der Zelle an. Nun werden DNA-Reparatur-Mechanismen eingeleitet und der Zellzyklus wird gestoppt. Wird p53 noch weiter angereichert, so wird die Apoptose – der programmierte Zelltod – eingeleitet. Ein Defekt des Proteins p53 hat eine enorme Wirkung. Es ist weder ein Anhalten des Zellzyklus zur DNA-Reparatur noch die Einleitung der Apoptose möglich. Die mutierten Zellen beginnen sich unkontrolliert zu teilen, es kommt zu Tumorbildung.

Ursachen für Schäden an p53 sind – neben Mutationen des entsprechenden Gens – Onkoviren, die p53 hemmen oder dessen Abbau beschleunigen. Auch Chemikalien können p53 schädigen, zum Beispiel das im Tabakrauch enthaltene Benzopyren oder Aflatoxin.

# MUTATION UND KREBS

1. Was ist ein Transkriptionsfaktor?

_____

2. Welche Stoffgruppe vermittelt zwischen DNA und Proteinen?

_____

_____

3. Was trifft auf Transkriptionsfaktoren zu?

☐ **A** Sie binden an den Promotor.

☐ **B** Sie steuern die Ablesung von Genen.

☐ **C** Sie sind Teil des Translationsvorganges.

4. Bei Schäden an der DNA häuft sich der Transkriptionsfaktor p53 an. Welche Folgen hat die Akkumulation dieses Suppressorproteins?

a) _____    b) _____

5. Was besagt das Zwei-Treffer-Modell der Krebsentstehung?

_____

_____

## LÖSUNGEN

**1.** Ein Protein, das die Aktivität der RNA-Polymerase steuert • **2.** Die Boten-Nucleinsäuren (mRNAs) lesen die genetische Information der DNA ab und bringen sie zum Proteinsynthese-Apparat an den Ribosomen. • **3.** A, B • **4.** a) DNA-Reparatur-Mechanismen werden eingeleitet, der Zellzyklus wird gestoppt. b) Bei stärkerer Akkumulation wird der Zelltod eingeleitet. • **5.** Krebs entsteht, wenn sowohl Proto-Onkogene als auch Tumorsuppressor-Gene mutieren.

## VIREN

Viren sind kleine Zellparasiten, die nur im elektronenmikroskopischen Bild erkennbar sind. Viren haben keinen eigenen Stoffwechsel, sie leihen sich den Stoffwechsel ihrer Wirtszellen aus.

Viele Viren sind Krankheitserreger, z.B. für Grippe, Masern, Röteln, Polio, Tollwut, AIDS. Sie enthalten nur eine Art von Nucleinsäure, entweder DNA oder – bei Retroviren – RNA. Die Nucleinsäure ist von einer oder mehreren Proteinhülle(n) umgeben.

## DAS HI-VIRUS

Die Immunschwäche-Krankheit AIDS ist auf die Infektion mit dem Retrovirus HIV (*human immunodeficiency virus*) zurückzuführen. HIV ist eine Kugel mit einem Durchmesser von 100 nm und dem Gewicht von 1 pg. Zentraler Bestandteil des Virus ist das Nucleocapsid – eine Proteinhülle die zwei RNA-Moleküle als Erbmaterial und das Enzym Reverse Transkriptase enthält. Das Nucleocapsid ist von einer Membran umhüllt, aus der Proteinnoppen wie Stacheln herausragen.

Das Virus lässt sich von menschlichen Zellen vermehren: Lagert sich das Virus an die Zellmembran an, so wird das Nucleocapsid in die Zelle eingeschleust. Mithilfe des Enzyms Reverse Transkriptase (RNA-abhängige DNA-Polymerase) wird die Virus-RNA in ein RNA/DNA-Hybrid umgeschrieben (Reverse Transkription). Durch Abbau der RNA und Synthese eines zweiten DNA-Strangs entsteht eine DNA-Doppelhelix. Die doppelsträngige DNA – das Provirus – wird in das Genom der Wirtszelle eingebaut. Dort kann es lange stumm sein.

Wird das Provirus aktiviert, so bildet die Zelle neue Virus-RNA und Virus-Proteine. Proteine und RNA werden zu neuen Viren zusammengebaut, die aus den Zellen ausknospen.

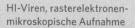

HI-Viren, rasterelektronen-mikroskopische Aufnahme

**GENETIK**

## AIDS

AIDS (*acquired immunodeficiency syndrome*) ist eine Infektionskrankheit. Das HI-Virus dringt bevorzugt in T-Helferzellen ein und wird als Provirus in die DNA des Zellkerns integriert. Die infizierten Zellen bilden neue Viren und geben sie ins Blut und in die Lymphe ab, dabei sterben sie ab. Die Ausschaltung der T-Helferzellen hat verheerende Folgen: Das geschwächte Immunsystem kann die Erreger nicht mehr abwehren. Im Kampf gegen HIV werden infizierte Helferzellen durch cytotoxische T-Zellen zerstört. Die Anzahl der T-Helferzellen nimmt stetig ab, das führt zu einer zunehmenden Funktions-störung und schließlich zum Zusammenbruch des Immunsystems.

## DIE BEHANDLUNG VON AIDS

Es gibt derzeit kein Medikament, das AIDS-Kranke vollständig heilen kann.

Es ist aber möglich, die Virusvermehrung zu hemmen. Azido-Thymidin (AZT) ist wirksam, allerdings von schweren Nebenwirkungen begleitet.

AZT durchdringt Zellwände und inhibiert nach der Umwandlung in AZT-Triphosphat die Reverse-Transkriptase-Reaktion in der Zelle. Als konkurrie-rendes Substrat (Nucleosid-Analogon) inhibiert es die Reverse Transkriptase des HI-Virus durch kompetitive Enzymhemmung. Der Einbau von AZT an-stelle von Thymin führt bei der DNA-Synthese zum Kettenabbruch: Ursache ist das Fehlen einer 3'-Hydroxygruppe im AZT, was das Anfügen weiterer Nucleotide in die DNA-Kette unmöglich macht.

2'-Desoxythymidin                    AZT

## CORONAVIREN

Coronaviren sind membranumhüllte RNA-Viren. Ihr Genom ist ein RNA-Einzelstrang. Die Replikation der Viren findet im Cytoplasma der Wirtszellen statt. Die Virus-RNA wird nicht in DNA umgeschrieben, sie dient als mRNA zur Synthese der viralen RNA-Polymerase und als Vorlage zur Bildung der komplementären RNA. Diese wiederum ist Matrize zur Synthese neuer Virusgenome und mRNA-Moleküle.

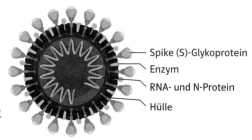

Spike (S)-Glykoprotein

Enzym

RNA- und N-Protein

Hülle

SARS-CoV-2 ist Erreger der Infektionskrankheit COVID-19. Im umhüllten, kugelförmigen Virus-Partikel befindet sich das RNA-Genom. In die Hüllmembran sind Glykoproteine eingelagert. Die Spike-Glykoproteine geben dem Virus ein kronenförmiges Aussehen, sie vermitteln den Eintritt in die Wirtszelle.

## COVID-19

Die Übertragung des Coronavirus verläuft meist über Tröpfcheninfektion. Das Virus befällt Lunge und Atemwege und führt zu grippeartigen Symptomen bis zu schweren, teilweise tödlich verlaufenden Erkrankungen. Dabei kann es viele Organe schädigen wie Niere, Herz, Leber oder Gehirn. Lange nach einer überstandenen Infektion können noch Symptome auftreten: Long Covid.

Durch Mutation entstehen laufend neue Varianten des Coronavirus, die teilweise leichter übertragen werden, eine erhöhte Virulenz und kürzere Inkubationszeit haben. Eine Impfung bietet einen guten Schutz, aber die Impfungen müssen nach einiger Zeit aufgefrischt werden (Booster-Impfung). Wichtigste Zielstruktur für die Wirkung der körpereigenen Abwehr und der Impfstoffe ist das Spike-Protein.

Das Virus hat sich seit 2019 weltweit ausgebreitet und eine Pandemie verursacht.

# VIREN

1. Gegen welches „Dogma" verstößt die Reverse Transkriptase? In welcher Weise?

_____

_____

2. Welche Funktion hat die Reverse Transkriptase in Retroviren?

_____

_____

3. Warum können Viren nicht durch Antibiotika bekämpft werden?

_____

_____

4. Wie wirkt das AIDS-Medikament Azido-Thymidin (AZT)?

_____

_____

# LÖSUNGEN

**1.** Sie verstößt gegen das „Dogma der Molekularbiologie", dass genetische Information immer in Richtung DNA ← RNA ← Protein fließt. Reverse Transkription transkribiert RNA in DNA. **2.** Reverse Transkription ist die Voraussetzung dafür, dass das RNA (aus RNA bestehende) Genom des Virus in die Wirts-DNA eingebaut werden kann. • **3.** Antibiotika hemmen den Stoffwechsel von Mikroorganismen. Da Viren keinen eigenen Stoffwechsel haben, sind Antibiotika unwirksam. • **4.** AZT inhibiert die Reverse Transkriptase durch kompetitive Hemmung und bewirkt zudem Kettenabbrüche.

## BESONDERHEITEN DER BAKTERIEN

Für Genetiker ist die Erforschung der Bakterien informativ, weil ihr Erbmaterial einfach gebaut und organisiert ist und weil sie leicht zu kultivieren sind. In Bezug auf ihren Stoffwechsel sind die Bakterien die vielseitigste und variabelste Gruppe von Organismen: Unter ihnen gibt es aerobe und anaerobe, Saprophyten, Symbionten, Parasiten, chemosynthetisch und fotosynthetisch aktive Arten.

Bakterien kennen keine Sexualität – es gibt weder Meiose noch Befruchtung. Sie können durch parasexuelle Prozesse Erbmaterial austauschen. Dabei kann die DNA auf Bakterien der eigenen Art, aber auch auf Bakterien von anderen Arten übertragen werden.

## DIE ENTDECKUNG DER KONJUGATION

Bei der Konjugation wird Erbmaterial einer Spenderzelle auf eine Empfängerzelle übertragen.

Die Genetiker Lederberg und Tatum isolierten 1946 zwei Mangelmutanten von *E. coli*: Der Stamm *arg* kann Histidin, aber kein Arginin herstellen, Stamm *his* produziert Arginin, aber kein Histidin. Sie mischten Kulturen dieser beiden Stämme. Nach einiger Zeit fanden sie heraus, dass Nachkommen aus dieser Mischkultur auf Minimalmedium wuchsen; sie konnten also sowohl Arginin als auch Histidin herstellen. Diese Fähigkeiten gaben sie an ihre Nachkommen weiter: Sie hatten Erbmaterial ausgetauscht.

## ABLAUF DER KONJUGATION

Bei der Konjugation treten Bakterien über einen schlauchförmigen Fortsatz (Pilus) in Kontakt miteinander. Über den Pilus werden DNA-Stränge oder auch kleine ringförmige DNA-Moleküle, die Plasmide, von einem Donator- auf ein Rezeptor-Bakterium übertragen.

Bakterien mit F-Plasmid (F$^+$), einem kleinen DNA-Ring, sind Spender (Donatoren); Zellen ohne dieses Plasmid (F$^-$) sind Empfänger (Rezeptoren). Baut eine F$^+$-Zelle ihr F-Plasmid in ihr Chromosom ein, so wird sie zur Hfr-Zelle (*high frequency of recombination*). Der Ring des Chromosoms öffnet sich, das Chromosom wird linear. Hfr-Zellen geben bei der Konjugation ihr Chromosom ganz oder teilweise an das F$^-$-Bakterium weiter: Zwei Bakterien (Hfr und F$^-$) legen sich aneinander. Die Hfr-Zelle bildet über einen Pilus eine Plasmabrücke, ein Strang ihrer DNA öffnet sich. Das DNA-Stück beginnt sich an der Schnittstelle zu verdoppeln.
Der Tochterstrang wandert zur Empfänger-Zelle (F$^-$-Zelle) und ersetzt in dieser den homologen Abschnitt des alten Strangs. Wenn sich die Empfängerzelle teilt, erhält eine der Tochterzellen die ursprüngliche Gen-Austattung der Empfängerzelle (z.B. a$^-$b$^-$c$^-$), die andere ist eine Rekombinante (a$^+$b$^+$c$^+$).

GENETIK

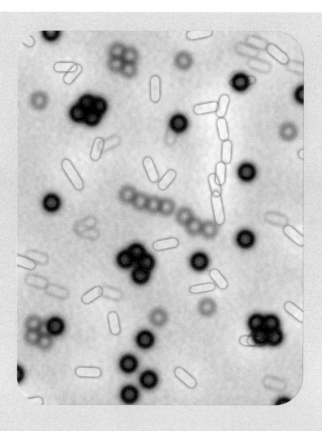

## RESISTENZ UND VERBREITUNG

Gene, die in ihrer DNA die Information für die Resistenz gegen Antibiotika tragen, sind oft Bestandteil von Plasmiden. Harmlose Bakterien, die gegen ein Antibiotikum resistent sind, können ihr Plasmid an pathogene Bakterien weitergeben. Dieser Vorgang spielt vor allem in Krankenhäusern eine wichtige Rolle. Dort treten gehäuft auch multiresistente Stämme auf. So können Bakterien der Art *Staphylococcus aureus* Vereiterungen hervorrufen, die nur mit Antibiotika bekämpft werden können. Die multiresistenten Linien dieser Stämme können nicht mehr bekämpft werden und rufen tödliche Infektionen hervor.

## GENKARTIERUNG

Die Übertragung der Gene bei der Konjugation findet nacheinander statt. Aus der zeitlichen Abfolge der Übertragung kann man ermitteln, in welcher Reihenfolge sich auf der Bakterien-DNA spezielle Gene befinden. Das ursprünglich ringförmige Chromosom des Spender-Bakteriums hat sich geöffnet und wurde linear als F-Plasmid ins Chromosom eingebaut. Die Gene liegen hintereinander auf dem linearen Chromosom des Hfr-Bakteriums und wandern nacheinander in fester Reihenfolge in das Empfänger-Bakterium. Wird die Konjugation früh unterbrochen, so sind nur wenige Gene zum Empfänger gelangt – und zwar diejenigen mit geringem Abstand vom Konjugationsstartpunkt; bei späterer Unterbrechung dagegen sind es viele. Wenn eine Serie gleicher Ansätze zu unterschiedlichen Zeiten geschüttelt wird, so kann man die Reihenfolge der Gene ermitteln.

# BAKTERIEN

1. Bakterien haben keine Sexualität. Welche sexuellen Vorgänge in Eukaryoten fehlen ihnen?

a) _____ b) _____

2. Was trifft zu?

☐ **A** Bei Bakterien gibt es keinen Austausch genetischen Materials.
☐ **B** Bakterien können eigenes genetisches Material auf Bakterien einer anderen Art übertragen.
☐ **C** Konjugation ist ein parasexueller Vorgang.

3. Wie wird eine Bakterienzelle mit F-Plasmid zu einer Hfr-Zelle?

_____

4. In Krankenhäusern treten öfter Bakterien auf, die gegen mehrere Antibiotika resistent sind. Wie kann es zu Multiresistenz kommen?

_____
_____
_____
_____

## LÖSUNGEN

**1.** a) Meiose, b) Befruchtung • **2.** B, C • **3.** Dies geschieht durch Einbau seines F-Plasmids ins Chromosom. • **4.** Durch Plasmide wird die Resistenz von Bakterien einer (harmlosen) Art auf solche einer anderen (pathogenen) Art übertragen. Wenn der Empfänger schon ein Antibiotikum resistent war, kann er damit eine weitere Resistenz erwerben.

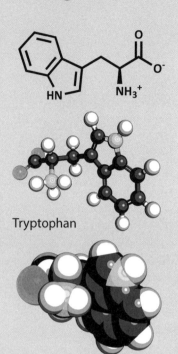

Tryptophan

## REGULATION DER GENAKTIVITÄT

Die Zellen verschiedener Gewebe enthalten die gleichen Gene, stellen aber teilweise unterschiedliche Proteine her. Offensichtlich sind einige Gene aktiv, während andere ruhen. Für die Entwicklung eines Organismus ist es notwendig, dass die Aktivität einzelner Gene exakt aufeinander abgestimmt wird, damit die erforderlichen Proteine zum richtigen Zeitpunkt und in der benötigten Menge zur Verfügung stehen.

## GENREGULATION DURCH ENDPRODUKT-REPRESSION

L-Tryptophan ist eine essenzielle Aminosäure, sie kann vom menschlichen Körper nicht aufgebaut werden. Das Darmbakterium *E. coli* kann Tryptophan (Trp) aus einer einfachen Vorstufe selbst herstellen, tut dies aber nur dann, wenn in seiner Nahrung kein Tryptophan vorhanden ist.

Die fünf Gene, die die zur Synthese nötigen Enzyme codieren, liegen auf dem Chromosom des Bakteriums eng beieinander; sie werden gemeinsam abgelesen, sie bilden eine Transkriptionseinheit. Bei der Transkription entsteht ein mRNA-Molekül, das in fünf Enzym-Proteine übersetzt wird. Schalter ist das Operatorgen; es kontrolliert den Zugang der RNA-Polymerase zu den Strukturgenen. Zusammen mit dem Promotor, der die Ablesehäufigkeit bestimmt, und den Strukturgenen bildet dieser DNA-Abschnitt das trp-Operon. Das Operon kann durch ein Repressor-Protein abgeschaltet werden. Bindet der Repressor an den Operator, so ist der Zugang der RNA-Polymerase zum Promotor blockiert, die Gene werden nicht abgelesen. Der Repressor des Tryptophan-Operons ist nur in Verbindung mit Tryptophan aktiv und an den Operator gebunden. Ist kein Tryptophan vorhanden, so wird der Repressor inaktiv, die Enzymsynthese beginnt.

Die Regulation der Tryptophan-Synthese ist ein Beispiel für eine Endproduktrepression.

**GENETIK**

## JACOB-MONOD-MODELL

François Jacob und Jacques Monod entwickelten 1961 ein Modell für die Regulation der Genaktivität bei *E. coli*. Nach seinen Entdeckern wird das Schema auch als Jacob-Monod-Modell bezeichnet.

Nach diesem Modell wird die Aktivität der Gene auf der Ebene der Transkription reguliert. Neben den Strukturgenen, die für ein Enzym codieren, liegt ein DNA-Abschnitt, den man als Promotor bezeichnet. Am Promotor heftet sich die RNA-Polymerase – das Enzym, das die Synthese der RNA katalysiert – an die DNA und beginnt mit der Transkription. Zwischen Promotor und Strukturgen liegt oft ein weiterer DNA-Abschnitt, der Operator. An den Operator kann sich ein Protein, der Repressor, anlagern, der die Transkription blockiert. Der Repressor z.B. der Trypto-phan-Synthese lagert sich jedoch nur dann an den Operator, wenn er mit einem Tryptophan-Molekül verbunden ist. So wird erreicht, dass bei Anwesenheit von Tryptophan keine Enzyme zur Tryptophan-Synthese hergestellt werden. Das ist ein wichtiger Beitrag zur Ökonomie der Zelle.

Das Repressor-Protein wird von einem Gen codiert, das man Regulator nennt. Das Regulatorgen des *trp*-Repressors liegt in einiger Entfernung vom *trp*-Operon (dem DNA-Abschnitt, auf dem alle Gene zur Tryptophan-Synthese liegen). Regulatorgene werden zwar mit einer niedrigen, aber kontinuierlichen Rate ab-gelesen, einige Repressormoleküle befinden sich also immer in der Zelle.

## GENE IM OPERON

- Promotor: Bindestelle der DNA für die RNA-Polymerase;
- Operator: Bindestelle der DNA für Regulatorproteine zur Regulation der Transkription;
- Strukturgene: Gene, die für Proteine codieren und durch das Operon kontrolliert werden.

## DAS OPERON

Häufig werden mehrere Strukturgene gemeinsam reguliert. Ein solches System aus Promotor, Operator und einer Reihe von Strukturgenen heißt Operon.

## GENREGULATION DURCH SUBSTRATINDUKTION

Das Lac-Operon von *E. coli* ist ein Modellbeispiel für die Regulation abbauender Stoffwechselvorgänge.

Nur wenn dem Bakterium Lactose (Milchzucker) angeboten wird, stellt es die drei Enzyme Z, Y und A für den Abbau der Lactose her. Diese Enzyme werden durch die Gene LacZ, LacY und LacA codiert, die nebeneinander auf dem Chromosom liegen. Zusammen mit dem Promotor- und dem Operator-Gen bilden sie das Lac-Operon.

Wenn Lactose in die Zelle aufgenommen wird, bindet sie an den Lac-Repressor und ändert dessen Form so, dass er von der DNA abfällt. Jetzt kann die RNA-Polymerase auf der DNA entlang wandern; die drei Strukturgene werden abgelesen und übersetzt, die gebildeten Enzyme verarbeiten die Lactose.

Ist die Lactose verbraucht, so nimmt der Repressor seine ursprüngliche Konformation ein und bindet sich an den Operator. Die RNA-Polymerase kann zwar noch an den Promotor binden, sich aber nicht mehr bewegen. Die Transkription unterbleibt, die Enzyme Z, Y und A werden nicht hergestellt. Lactose abbauende Enzyme werden also nur in Anwesenheit von Lactose hergestellt. Es gibt noch eine Bedingung, die erfüllt sein muss, bevor der Lactose-Abbau eingeleitet wird: Die nächstliegende Energiequelle für *E. coli* ist Glucose. Gibt man einem Bakterium sowohl Glucose als auch Lactose, so stoppt es den Abbau der Lactose. Das Lac-Operon wird nur dann aktiv, wenn Lactose die einzige Energiequelle ist.

# GENREGULATION

· · · · · · · · · · · · · · · · · · · · · · · · · · · · · · · · · · · · · · · ·

1. Nennen Sie je ein Beispiel der Regulation abbauender und
   aufbauender Stoffwechselwege.

   a) _____

   b) _____

2. Was ist und wie funktioniert eine Transkriptionseinheit?

   _____

3. Was ist ein Promotor, was ist ein Repressor?

   a) _____

   b) _____

4. Skizzieren Sie das Jacob-Monod-Modell der Genregulation
   bei Bakterien.

   _____

   _____

   _____

   _____

# LÖSUNGEN

· · · · · · · · · · · · · · · · · · · · · · · · · · · · · · · · · · · · · · · ·

**1.** a) Tryptophan-Synthese, b) Lactose-Abbau • **2.** Mehrere Gene, die gemeinsam als ein RNA-Molekül abgelesen werden. Ihre Ablesung wird dann auch gemeinsam reguliert. • **3.** a) Ein Promotor ist der DNA-Bereich, der im Zusammenspiel mit Proteinen die Initiation der Transkription festlegt. b) Ein Repressor ist ein Protein, das an DNA (den Operator) bindet und dadurch die Translation verhindert. • **4.** Promotor, Operator und Strukturgene bilden eine funktionelle Einheit. An den Operator können sich Proteine anlagern, die die Ablesung der Strukturgene steuern. Diese Proteine hemmen oder befördern in Kombination mit einem Stoffwechselprodukt die Bindung der RNA-Polymerase.

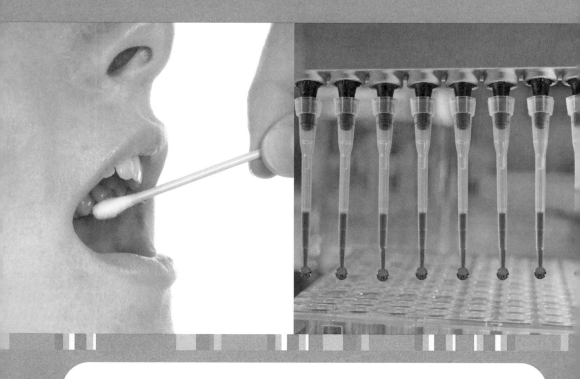

# 4 GENTECHNIK
## Ziele und Risiken

## ZIELE DER GENTECHNIK

Ziele der Gentechnik sind u.a.:

- Erforschung, Herstellung und Prüfung von Medikamenten und Impfstoffen gegen bisher schwer oder nicht therapierbare Krankheiten.

- Lösung lebens- und gesundheitsbedrohender Probleme wie Krebs, Alzheimer-Syndrom, AIDS, Arterioklerose, für die es bisher wenig oder keine Hoffnung gab.

- Schnelle und sichere Diagnose von Erb- und Infektionskrankheiten.

- Untersuchung der Entstehung und Ausbreitung von Infektionskrankheiten und von biochemischen Defekten bei Erbkrankheiten, z.B. bei der Cystischen Fibrose.

- Aufklärung von Entwicklungsvorgängen und Entwicklungsstörungen.

- Lösung von quantitativen und qualitativen Ernährungsproblemen. Die Züchtung von Kulturpflanzen und Nutztieren ist schon immer auf Qualitätsverbesserung, Ertragssteigerung und Verbesserung der Widerstandsfähigkeit ausgerichtet. Die Gentechnik stellt Methoden bereit, diese Ziele effektiver als bisher zu erreichen.

- Biologischer Abbau oder Konzentrierung von Umweltchemikalien durch gentechnisch veränderte Mikroorganismen.

## RISIKEN DER GENTECHNIK

Gentechnik ist auch mit Risiken verbunden:

- Lebewesen mit neukombinierten Eigenschaften könnten zu unerwarteten Konsequenzen für die Umwelt und Störungen des ökologischen Gleichgewichts führen.

- Die Übertragung von Genen durch Pollen auf verwandte Blütenpflanzen kann nicht ausgeschlossen werden. So könnte ein Merkmal, das nur bei der Kulturpflanze erwünscht ist, auf Wildpflanzen übertragen werden und deren Genpools verändern – eine Gefahr, die allerdings bei allen Nutzpflanzen besteht.

- Gefährliche Keime könnten aus Laboren entweichen.

- Transgene Keime könnten missbraucht werden.

- Genforscher könnten den Eigenwert von Tieren und Pflanzen missachten.

- Konzerne könnten die Kontrolle über die Gene vieler Nutzpflanzensorten gewinnen.

An die Sicherheitsstandards der gentechnischen Forschung müssen aufgrund der Risiken sehr hohe Anforderungen gestellt werden.
Probleme ergeben sich auch aus ungelösten ethischen und juristischen Fragen.

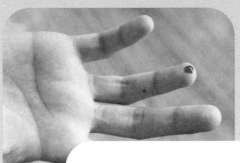

## DIE POLYMERASE-KETTEN-REAKTION (PCR)

Eine technische Anwendung der semikonservativen DNA-Vermehrung ist die Polymerase-Ketten-Reaktion. Sie ermöglicht – ausgehend von einem einzigen DNA Molekül – eine milliardenfache Vervielfältigung eines DNA-Abschnitts.

Oft liegen für eine DNA-Bestimmung nur ein paar Blutstropfen oder ein wenig Speichel vor. Darin sind zu wenige DNA-Moleküle für eine Analyse enthalten. Daher muss ein DNA-Abschnitt vor einer Sequenzanalyse vervielfältigt werden. Die schnellste Methode, ein DNA-Stück identisch zu vermehren, ist die Polymerase-Ketten-Reaktion (*polymerase chain reaction* = PCR). Der Erfinder Kary B. Mullis ging von der Replikation der DNA aus. Dabei wird die DNA in Einzelstränge gespalten, sodass eine DNA-Polymerase komplementäre Nucleotide anlagern und zu einem neuen Strang verbinden kann.

Der PCR-Test ist aktuell die beste Methode zum Nachweis einer Corona-Infektion.

## DAS PRINZIP DER PCR

Die Polymerase-Ketten-Reaktion erlaubt die Vermehrung von doppelsträngigen DNA-Molekülen mithilfe eines Enzyms, das die Reihenfolge der Nucleotide abliest und beide komplementären Stränge dazu synthetisiert: die Taq-Polymerase. Die Auftrennung der doppelsträngigen DNA in Einzelstränge, die Denaturierung, gelingt auch ohne Enzyme, indem man die DNA auf etwa 95 °C erhitzt.

An diesen Einzelsträngen, die als Matrize (*Template*) bezeichnet werden, können nun die komplementären Stränge aufgebaut werden, wenn man die vier Nucleotidbausteine und DNA-Polymerase zusetzt. Man verwendet dazu die hitzestabile Taq-DNA-Polymerase von *Thermus aquaticus*, einem Bakterium, das in heißen Quellen lebt.

## EIN PRIMER ALS ANSATZSTELLE

Die Taq-Polymerase benötigt als Ansatzstelle für die Replikation ein kleines Stück Doppelstrang am 3'-Ende. Dieser Abschnitt wird erzeugt, indem man zwei Primer zugibt. Primer sind kurze, synthetische DNA-Stücke, die jeweils komplementär zu einem bestimmten Abschnitt der beiden DNA-Einzelstränge passen. Sie lagern sich bei ca. 50 °C an. Anschließend wird das Gemisch auf 72 °C geheizt, damit die Taq-Polymerase den komplementären Strang synthetisiert. Die Synthese beginnt am Primer.

Nach diesem ersten Replikationsvorgang werden wieder nacheinander 95 °C, 50 °C und 72 °C eingestellt. Damit wird die DNA erneut verdoppelt.

Durch häufige Wiederholung des Prozesses – typischerweise durchläuft ein Ansatz 25–50 Zyklen – entsteht eine große Anzahl identischer Kopien der eingesetzten DNA. Bei zyklischem Erhitzen und Abkühlen läuft die PCR automatisch ab. Bereits bei zwanzig Wiederholungen, d.h. in einem Zeitraum von nur einer Stunde, erhält man von einem DNA-Doppelstrang $2^{20} = 1048576$ Kopien, in 30 Zyklen etwa eine Milliarde! So liegt genügend Material für weitere Analysen vor.

## DER PCR-ANSATZ

Für einen PCR-Ansatz benötigt man neben der DNA-Matrize:

- zwei Primer (20–30 Nucleotide lange DNA-Einzelstränge),
- vier Nucleosidtriphosphate dATP (= Desoxyadenosintriphosphat), dTTP, dGTP, dCTP,
- eine hitzestabile DNA-Polymerase (Taq-Polymerase),
- $Mg^{2+}$-Ionen, Puffer-Lösung.

Zur Herstellung des Primers wird die Nucleotidabfolge kleiner Bruchstücke an den beiden Enden der DNA-Kette entschlüsselt. Man baut die zu diesen Stücken komplementären Oligonucleotide auf chemischem Weg auf.

## VERLAUF DER PCR

- Bei einer Temperatur von 95 °C („Schmelztemperatur der DNA") wird die DNA-Doppelhelix in zwei Einzelstränge aufgetrennt: Denaturierung der DNA. Bei Temperaturen kurz unter dem Siedepunkt ist die thermische Energie so hoch, dass Wasserstoffbrücken nicht mehr beständig sind (3).

- Bei Temperaturen von 50–60 °C lagern sich die Primer an das zu vervielfältigende DNA-Stück an: Primerhybridisierung (1).

- Bei 72 °C liegt die optimale Temperatur zum Verlängern der Kette: Katalysiert durch die Taq-Polymerase lagern sich an den DNA-Einzelstrang – beginnend am jeweiligen Primer – die Nucleotide an. Sie werden miteinander verknüpft und bilden zusammen eine DNA-Doppelhelix: Elongation (2).

- Bei 95 °C wird diese DNA-Doppelhelix wieder in zwei Einzelstränge aufgetrennt: Denaturierung der DNA. Der nächste Zyklus hat begonnen (3).

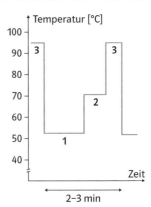

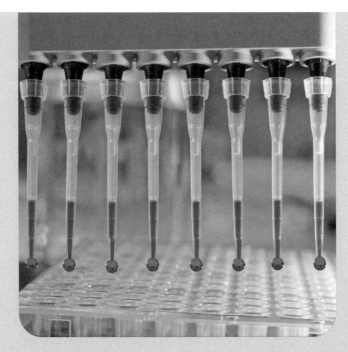

PCR-Amplifikation in der klinischen Diagnostik

## PCR

1. Was ist die Funktion einer Polymerase-Kettenreaktion?

   _____

2. Welche Zutaten werden für einen PCR-Ansatz benötigt?

   _____

   _____

3. Welche Eigenschaft der Taq-Polymerase macht sie für das
   PCR-Verfahren besonders geeignet?

   _____

4. Welche Funktion haben die Primer? Wie werden sie gewonnen?

   _____

   _____

5. Wie viele Kopien einer DNA erhält man nach 30 Zyklen der PCR?

   _____

## LÖSUNGEN

1. Ihre Funktion ist die beliebige Vervielfältigung von DNA-Proben. • 2. DNA-Probe, Primer, Nucleosid-Triphosphate, DNA-Polymerase, $Mg^{2+}$-Lösung, Puffer • 3. Sie ist äußerst hitzestabil. • 4. Sie sind Ansatzstellen für die Replikase; sie werden chemisch synthetisiert. • 5. ca. eine Milliarde

## DER GENETISCHE FINGERABDRUCK

Der genetische Fingerabdruck (*DNA fingerprint*) ist
ein für jedes Individuum einzigartiges Profil. Man nutzt
die Variabilität der Erbsubstanz zur Identifikation
von Personen oder zur Suche nach bestimmten Genen.

## DIE METHODE

Restriktionsenzyme spalten die DNA in Fragmente, die auf ein
Gel gebracht werden und sich im elektrischen Feld voneinander
trennen lassen. Lange Bruchstücke wandern nur ein kurzes Stück,
kurze wandern weiter. Die Fragmente bilden Banden im Gel, die
durch spezielle Methoden sichtbar gemacht werden. Das so erzeugte Bandenmuster kennzeichnet jedes Individuum eindeutig.
Die DNA eines jeden Menschen ergibt unterschiedliche Fragmente.
Weil die Banden nach den Mendelschen Regeln vererbt werden,
kann man die Banden von Eltern und Kindern einander zuordnen.

GENTECHNIK

## DIE DURCHFÜHRUNG

Ein DNA-Profil kann in fünf aufeinanderfolgenden Schritten erstellt und gedeutet werden:

1. Schritt: Mithilfe von Restriktionsenzymen oder durch das PCR-Verfahren werden DNA-Fragmente hergestellt.

2. Schritt: Die DNA-Fragmente werden durch Gel-Elektrophorese aufgetrennt.

3. Schritt: Die DNA wird auf eine Nylon-Membran übertragen und einsträngig gemacht.

4. Schritt: Ausgewählte Fragmente werden sichtbar gemacht.

5. Schritt: Die Bandenmuster werden verglichen und gedeutet.

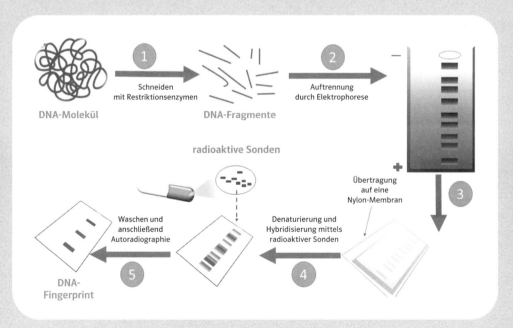

DNA-Molekül — ① Schneiden mit Restriktionsenzymen → DNA-Fragmente — ② Auftrennung durch Elektrophorese → — +

③ Übertragung auf eine Nylon-Membran

radioaktive Sonden

④ Denaturierung und Hybridisierung mittels radioaktiver Sonden

⑤ Waschen und anschließend Autoradiographie → DNA-Fingerprint

## GENETISCHE GRUNDLAGEN
## DES DNA-FINGERABDRUCKS

Die Basenfolge im Genom der Menschen ist zu 99 % bei allen Menschen gleich. Aber im Bereich der Minisatelliten-DNA gibt es eine hohe Variabilität: Hypervariable DNA-Abschnitte kommen etwa fünfzig Mal im Genom des Menschen vor. In diesen Abschnitten gibt es Wiederholungssequenzen, kurze Basenfolgen, die mehrfach wiederkehren – von Mensch zu Mensch in unterschiedlicher Zahl. Ein Mensch kann an einer bestimmten Stelle zwölf haben, ein anderer 30 Wiederholungen. Daher sind diese Wiederholungssequenzen unterschiedlich lang; sie lassen sich also im Gel sehr einfach unterscheiden. Die Wiederholungssequenzen nennt man *variable number tandem repeats* (VNTRs) oder STRs (*short tandem repeats*).

VNTR-Regionen sind DNA-Abschnitte, die nicht in RNA transkribiert werden, sie haben keinen Informationsgehalt. Diese nichtcodierenden Anteile sind persönlichkeitsneutral, von ihnen sind keine Rückschlüsse auf besondere Veranlagungen, Erbkrankheiten, Herkunft oder Charaktermerkmale möglich.

VNTR-Regionen sind kurze Basenfolgen, die sich von Mensch zu Mensch in unterschiedlicher Zahl wiederholen und daher unterschiedlich lang sind. Sie lassen sie sich in der Gel-Elektrophorese sehr einfach unterschieden.

Weil es verschiedene VNTR-Gene gibt, ist die Wahrscheinlichkeit, dass zwei nicht verwandte Personen das gleiche Bandenmuster haben, extrem klein.

GENTECHNIK

## ERSTELLUNG DES BANDENMUSTERS

Um die DNA-Fragmente aufzutrennen und nach ihrer Größe
zu sortieren, nutzt man den Umstand, dass DNA eine Säure ist:
Sie ist elektrisch polar und wandert daher im elektrischen Feld.
Weil die DNA negativ geladen ist, wandert sie im Gel zur positiven Elektrode. Als Trägermedium für die Wanderung der DNA-
Moleküle wird ein Gel aus Polyacrylamid oder Agarose verwendet.
Durch kleine Poren im Gel wandern die DNA-Stränge hindurch,
wenn elektrische Spannung angelegt ist. Je länger die DNA-Stränge
sind, desto langsamer wandern sie. Die Streifen, an denen die
DNA-Stränge im Gel liegen, werden als Banden bezeichnet. Sie
werden durch unterschiedliche Techniken sichtbar: So lassen sich
die DNA-Banden anfärben oder durch Sonden autoradiografisch
nachweisen.

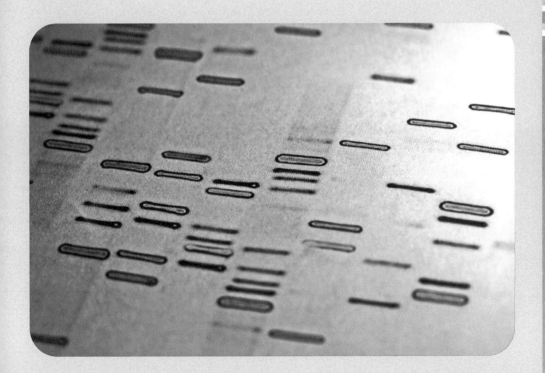

## ERKENNUNG DER FRAGMENTE

Wie findet man nun die Wiederholungssequenzen, die im Gel
versteckt sind wie Stecknadeln im Heuhaufen? Um sie erkennen
und unterscheiden zu können, werden radioaktiv markierte
Oligonucleotide – das sind kurze DNA-Einzelstränge mit ca.
15–25 Basenpaaren – hinzugefügt. Diese Markersonden sind
komplementär zu einer der interessierenden Wiederholungssequenzen und binden ausschließlich an Fragmente, die diese
Wiederholungssequenz enthalten.

Durch Autoradiografie werden die VNTRs sichtbar gemacht:
Wo die Sonde gebunden wird, schwärzt sie durch ihre Strahlung
einen darunter liegenden Röntgenfilm und ruft die charakteris-
tischen Balkenmuster hervor.

Zur Überprüfung des Ergebnisses kann die Sonde abgespült
werden. Mit einer anderen Sonde wird nun eine andere Wiederholungssequenz aufgespürt. In der Gerichtsmedizin prüft man
üblicherweise mit mehreren Sonden, von denen jede für eine
andere Sequenz spezifisch ist.

Tatort

Verdächtiger 1

Verdächtiger 2

Verdächtiger 3

# DNA-FINGERABDRUCK

. . . . . . . . . . . . . . . . . . . . . . . . . . . . . . . . . . . . . . . . . . . . . . . . . . .

1. Beschreiben Sie den Ablauf einer DNA-Profilanalyse.

a) _____

b) _____

c) _____

d) _____

e) _____

2. Was trifft zu?

☐ **A** Das Bandenmuster jedes Individuums ist einmalig.

☐ **B** Je länger DNA-Stücke sind, umso schneller wandern sie
in der Elektrophorese.

☐ **C** Zur Herstellung der Fragmente wird Taq-Polymerase verwendet.

3. Für welche Proteine codieren VNTR-Regionen der DNA?

_____

_____

4. Aus welchem Grund verwendet man bevorzugt VNTR-Regionen
der DNA für den genetischen Fingerabdruck?

_____

_____

## LÖSUNGEN

. . . . . . . . . . . . . . . . . . . . . . . . . . . . . . . . . . . . . . . . . . . . . . . . . . .

**1.** a) Produktion von DNA-Fragmenten, b) Auftrennung der Fragmente durch Gelelektrophorese, c) Übertragung der DNA-Fragmente und Auftrennung in Einzelstränge, d) Erkennbarkeit herstellen (Farben oder radioaktive Markierung), e) Vergleichen und Deuten der Bandenmuster • **2.** A • **3.** VNTR-Regionen werden nicht transkribiert und codieren nicht für Proteine. • **4.** Aus den VNTR-Regionen lassen sich so gut wie keine Eigenschaften des Individuums ableiten.

## ANWENDUNG DER ANTISENSE-TECHNIK

Kartoffeln sind nicht nur ein wichtiges Nahrungsmittel, sondern auch ein bedeutender Lieferant der industriellen Stärkeproduktion. Herkömmliche Kartoffeln produzieren ein Stärkegemisch aus Amylopektin und Amylose. In vielen technischen Anwendungen wird nur das Amylopektin benötigt; eine Trennung des Stärkegemischs ist jedoch sehr aufwändig. Amflora ist eine gentechnisch veränderte Kartoffel, die eine für technische Anwendungen optimierte Amylopektin-Stärke bildet. Der Amylose-Gehalt wurde auf 4 bis 6 % gesenkt. Diese neue Sorte hilft, Material, Energie und Kosten zu sparen, die Belastung der Umwelt wird deutlich reduziert. Die Züchtung der neuen Kartoffelsorte gelang durch Anwendung der „Antisense-Technik".

Amylose

Amylopektin

Die Stärke-Synthase (GBSS) der Kartoffel ist für die Bildung der Amylose verantwortlich. Züchtungsziel war, das Gen, das die Bildung der Stärkesynthase codiert, auszuschalten oder aber die Funktion des Proteins zu stören. Mit herkömmlichen Züchtungsmethoden gelang es bisher nicht, die Bildung der Amylose in der Kartoffel entscheidend zu reduzieren.

## AUSSCHALTUNG EINES GENS

Durch die Antisense-Strategie konnte das Ziel, die Bildung der Stärke-Synthase auszuschalten, erreicht werden. Wenn Zellen ein Protein bilden, dann wird die Information eines Gens als mRNA abgeschrieben (Transkription). Die Ribosomen, übersetzen diese RNA in Protein (Translation).

Die einsträngigen mRNAs sind das Ziel der Antisense-Strategie. Um zu verhindern, dass die Ribosomen die Information der mRNA in ein Protein übersetzen, wird bei der Antisense-Strategie ein komplementäres – gegensinniges (antisense) – Gen in die Pflanzenzelle eingebracht. Dessen mRNA lagert sich als passendes Gegenstück an die mRNA des Proteins an. Den RNA-Doppelstrang (dsRNA) kann die Zelle nicht in Protein übersetzen. Die Information zur Herstellung des Enzyms wird schon im Vorfeld abgefangen. So wird die Aktivität eines Genes verringert oder unterdrückt.

Wichtig ist nun, dass das Antisense-Gen gleichzeitig mit dem Gen für die Stärke-Synthase aktiv wird. Für diese Regulation ist der Promotor verantwortlich. Der Promotor der Stärke-Synthase musste vor das Antisense-Gen gesetzt werden. In eine Kartoffelline, die für die Produktion von Stärke Verwendung findet, brachten Wissenschaftler dieses Gen gemeinsam mit einem Marker-Gen ein. Dieser Marker erlaubt es, unter einer Vielzahl von Zellen diejenigen auszuwählen, die das neue Gen enthalten. Die so gentechnisch veränderten Pflanzen zeigten im Mikroskop, dass ihre Stärkekörner keine Amylose enthalten. Ein einfacher Test kann das beweisen: Stärke, die Amylose enthält, färbt sich in einer jodhaltigen Lösung blau, während Amylopektin allein sich rot färbt.

## RNA-INTERFERENZ

Der Mechanismus der Antisense-Methode ist komplizierter als zunächst vermutet: Heute weiß man, dass der Antisense-Technik der Mechanismus der RNA-Interferenz zugrunde liegt. In der Zelle gibt es den Enzymkomplex *Dicer* – auf deutsch „Häcksler". Diese Enzyme zerlegen doppelsträngige RNA (dsRNA), in kurze RNA-Stücke, die man als siRNA (*small interfering RNAs*) bezeichnet. Ein weiteres Enzym bildet mit einem Strang der siRNA den RISC-Komplex. Dieser bindet an den komplementären Abschnitt der mRNA und zerschneidet sie. Die zerschnittene mRNA ist instabil und wird schnell abgebaut. Die Expression eines Gens ist damit unterbunden. Da dieser Vorgang nach der Transkription stattfindet, wird er als posttranskriptionales Gen-Silencing (PTGS) bezeichnet.

Den Mechanismus der RNA-Interferenz gibt es bei Pflanzen, Pilzen und Tieren. Er dient dazu, nur diejenigen Gene in Proteine zu übersetzen, die in der betreffenden Zelle benötigt werden. Auch zur Abwehr fremder RNA greift die Zelle auf die RNA-Interferenz zurück: Bei der Vermehrung vieler Viren entsteht doppelsträngige RNA. Sie wird in den Zellen als Fremdkörper erkannt und zerlegt. Man vermutet, dass die RNA-Interferenz ein natürlicher Verteidigungsmechanismus der Zellen gegen Angriffe von Viren ist.

Die Aufklärung der Vorgänge rund um die RNA-Interferenz bei Pflanzen, Tieren und Menschen ist Gegenstand zahlreicher Forschungsprojekte. Mit dem Einsatz der RNA-Interferenz lässt sich die Produktion jedes Proteins ausschalten. Durch Zugabe von künstlich hergestellter siRNA, deren Sequenz zu einem ausgewählten Gen passt, kann dieses Gen gezielt ausgeschaltet werden.

# ANTISENSE-TECHNIK

· · · · · · · · · · · · · · · · · · · · · · · · · · · · · · · · · · · · · · · · · · · · ·

1. Was unterscheidet Amylose und Amylopektin? Wie lassen
   sich die beiden Stärkebestandteile im Test nachweisen?

   _____

   _____

2. Was trifft zu?

   ☐ **A** Die Antisense-Technik verhindert die Produktion eines Proteins durch
   Inaktivierung der betreffenden RNA.
   ☐ **B** Bei der Amflora-Kartoffel wird das Protein Stärke-Synthase zerstört.
   ☐ **C** Für technische Anwendungen wird hauptsächlich Amylopektin benötigt.

3. Was ist das Prinzip der Antisense-Strategie?

   _____

   _____

   _____

4. Was versteht man unter RNA-Interferenz?

   _____

   _____

# LÖSUNGEN

· · · · · · · · · · · · · · · · · · · · · · · · · · · · · · · · · · · · · · · · · · · · ·

**1.** Amylose ist eine lineare Kette von Glucose-Einheiten, Amylopektin ist verzweigt. Bei Zugabe von Jodlösung wird Amylose dunkelblau, Amylopektin rot • **2.** A, C • **3.** Um ein Gen unwirksam zu machen, wird ein komplementäres Gen in die Zelle eingeschleust. Bei gleichzeitiger Ablesung lagern sich die gegenläufigen mRNAs zu einem doppelsträngigen RNA-Molekül zusammen, das nicht in ein Protein übersetzt wird • **4.** Doppelsträngige RNA wird in der Zelle zerstückelt, wird dadurch instabil und schnell abgebaut.

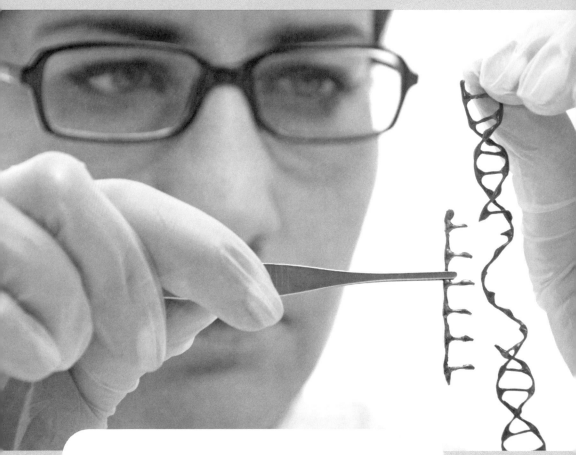

## GENTRANSFER

Die Gentechnik – in Anlehnung an engl. *gene technology* auch
Gentechnologie genannt – ermöglicht die gezielte Veränderung
des Erbgutes von Organismen durch die Addition synthetischer
oder artfremder Gene zu neuen Rekombinanten. Gentransfer
ermöglicht die Herstellung transgener Organismen. Ein Gen wird
aus einem Organismus isoliert, auf einen anderen Organismus
übertragen und in diesem vermehrt. Erbmaterial kann dabei über
Artgrenzen hinweg übertragen werden. Dabei können Struktur-
und Regulatorgene neu kombiniert werden. Die Methoden der
Gentechnik haben zu einem Durchbruch in der biologischen und
medizinischen Grundlagenforschung geführt.

## WERKZEUGE DES GENTRANSFERS

Gentransfer ermöglicht die Herstellung transgener Organismen: Ein Gen wird aus einem Spender-Organismus isoliert, auf einen Wirtsorganismus übertragen und in diesem vermehrt. Das Erbmaterial kann dabei über Artgrenzen hinweg übertragen werden.

Die wichtigsten Werkzeuge der Gentechnik sind Restriktionsenzyme, DNA-Vektoren und geeignete Wirtsorganismen.

Restriktionsenzyme oder Endonucleasen sind Enzyme, die aus der DNA gezielt kurze Stücke ausschneiden. Jedes Restriktionsenzym schneidet die DNA an fest-liegenden Stellen; sie schneiden sequenzspezifisch. Erkennungssequenz des Enzyms EcoRI (Restriktionsenzym 1 aus dem Bakterium *E. coli*) ist die Basenfolge GAATTC. Dies ist eine Palindrom-Sequenz, Strang und Gegenstrang haben – in 5'-3'-Richtung gelesen – dieselbe Abfolge. Die beiden Stränge werden versetzt abgeschnitten, dabei entstehen „klebrige Enden" (*sticky ends*). Treffen zwei dieser klebrigen Enden zusammen, so werden sie durch die Wasserstoffbrücken zwischen den komplemen-tären Basen zusammengehalten. Klebrige Enden trennen sich beim Erwärmen, heften sich beim Abkühlen aber wieder aneinander. Enzyme (Ligasen) schweißen das Rück-grat der Stränge wieder zusammen.

Ein Vektor ist ein Vehikel, eine Träger-DNA, in welche die Fremdgene (die „Passagier-DNA") eingebaut werden, um sie in den Empfänger einzuschleusen. Als Vektoren werden Bakterien und Viren, meist aber Plasmide eingesetzt.

Wirtsorganismen sind die Empfänger der DNA. Der Empfänger vermehrt die Fremd-gene zusammen mit seinem eigenen Erbmaterial und stellt das erwünschte Gen-produkt her: ein Hormon, ein Medikament oder ein Nahrungsmittel. Er kann auch zur Zucht neuer Sorten dienen. Als Wirtsorganismen dienen Bakterien und Pilze (Graue Gentechnik), Pflanzen (Grüne Gentechnik) oder Tiere (Rote Gentechnik).

## GOLDENER REIS

In den Ländern der Dritten Welt, in denen Reis Grundnahrungsmittel ist, ist der Vitamin-A-Mangel weit verbreitet. Man schätzt, dass jedes Jahr 350 000 Kinder durch Vitamin-A-Mangel erblinden.

Forscher der ETH Zürich und der Universität Freiburg im Breisgau haben auf gentechnischem Weg den „Golden Rice" entwickelt, eine Reissorte, die Beta-Karotin, einen wichtigen Vorläufer von Vitamin A, enthält. Damit der Reis Beta-Karotin erzeugen kann, wurden ihm drei neue Gene übertragen: zwei aus Narzissen und eines aus einer Bakterienart (*Erwinia*). Neben den Strukturgenen, die für die Enzyme der Karotin-Synthese codieren, mussten auch spezifische Promotor-Gene ins Reis-Genom eingebracht werden. Sie sorgen dafür, dass die Gene für die Synthese des Beta-Karotins im transgenen Reiskorn aktiv werden.

## GRÜNE GENTECHNIK MIT AGROBACTERIUM

Die Grüne Gentechnik bedient sich häufig DNA-Transfermechanismen, wie sie das Bodenbakterium *Agrobacterium tumefaciens* besitzt. Dieses Bakterium ist der Erreger des Wurzelkropfs, eines Tumors.

Dazu schleust das Bakterium sein Ti-Plasmid in die pflanzliche Zelle ein. Da nur wenige Bereiche des Ti-Plasmids für die Transferfunktion benötigt werden, wird dieses Plasmid als Vektor für Fremd-DNA genutzt. Dazu werden für den Transfer nicht benötigte Gene aus dem Plasmid entfernt. In diese Lücke werden die Fremdgene eingebaut, die in die Pflanzenzelle übertragen werden sollen. Das neu konstruierte Plasmid wird in das Agrobakterium transferiert, das nun seinerseits das Plasmid in die Pflanzenzelle transferiert.

## GRAUE UND GRÜNE GENTECHNIK

1. Was unterscheidet „Golden Rice" von anderen Reissorten?

_____

_____

2. Was trifft zu?

☐ **A** Restrikitionsenzyme schweißen „klebrige Enden" zusammen.

☐ **B** Restriktionsenzyme schleußen Fremdgene in Bakterienzellen.

☐ **C** Restriktionsenzyme schneiden DNA sequenzspezifisch.

3. Was versteht man unter Gentransfer?

_____

4. Was sind die wichtigsten Werkzeuge der Gentechnik?

_____

5. Nennen Sie einige Ziel der Gentechnik.

_____

_____

_____

## LÖSUNGEN

**1.** „Golden Rice" enthält Beta-Karotin, eine Vorstufe von Vitamin A. • **2.** C • **3.** Darunter versteht man die Übertragung eines Gens von einem Spenderorganismus auf einen (evtl. artfremden) Wirtsorganismus. • **4.** Restriktionsenzyme, DNA-Vektoren, geeignete Wirtsorganismen • **5.** Produktion von Hormonen, Vitaminen, Medikamenten; Diagnose und Erforschung von Erbkrankheiten und Entwicklungsstörungen; Abbau von Schadstoffen durch Mikroorganismen

## CRISPR-Cas

CRISPR-Cas ist ein Verfahren, um DNA gezielt zu schneiden
und zu verändern: *genome editing* oder Genom-Editierung.
An der Schnittstelle können einzelne Nucleotide oder ganze
DNA-Abschnitte eingefügt, entfernt oder modifiziert werden.
Das Verfahren funktioniert grundsätzlich bei allen Organismen.

## EIN ABWEHRMECHANISMUS VON BAKTERIEN

Bakteriophagen sind Viren, die Bakterien infizieren und zerstören. Um die
Angreifer abzuwehren, müssen die Bakterien die DNA der Viren zerschneiden
und abbauen. Dazu besitzen sie in ihrem Genom Genabschnitte, CRISPR
(*clustered regularly interspaced short palindromic repeats*) genannt, in denen
sie DNA-Stücke von Phagen wie in einer Bibliothek speichern. Diese dienen
bei einer Infektion als Erkennungssignal und leiten die Zerstörung des Angreifers ein. Nach jeder Virus-Infektion können dem CRISPR neue Sequenzen
hinzugefügt werden, um eine Immunität gegenüber diesen Bakteriophagen
zu generieren.

In der Nachbarschaft von CRISPR liegen CRISPR-assoziierte Gene (Cas),
z.B. cas9, das für das Cas9-Protein codiert. Bei einer Infektion des Bakteriums
wird die DNA der CRISPR-Region abgelesen und in crRNA übersetzt. Diese
dient als Sonde, die das Enzym zu seinem Einsatzort führt und an passende
Zielsequenzen des Angreifers bindet. Das über eine tracrRNA damit verbun-
dene Enzym Cas9 – die Genschere – durchtrennt die Fremd-DNA und macht
sie unschädlich.

## CRISPR-Cas-KOMPONENTEN

Zum CRISPR-Cas9-Komplex gehören drei Komponenten: zwei RNA-
Moleküle (crRNA und tracrRNA) und das Enzym Cas9 (eine Endonuclease).
Die RNA-Moleküle wirken als Sonde, das Enzm Cas9 als Schere.

Die beiden RNA-Moleküle lassen sich zur Guide-RNA (gRNA) fusionieren.
Dies erleichtert den Einsatz von CRISPR-Cas9 in der Forschung.

## CRISPR-TECHNOLOGIE

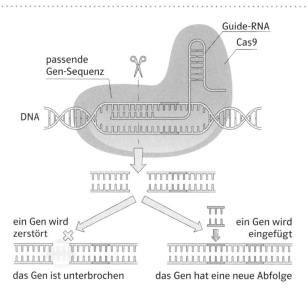

CRISPR-Cas läuft in drei Schritten ab:

- **Ziel finden:** Mithilfe der crRNA findet das CRISPR-System die DNA-Sequenz, die verändert werden soll. Die crRNA fungiert als Erkennungssequenz, sie passt genau zur DNA des Ziels. Die crRNA verbindet sich mit der tracrRNA. Der Komplex crRNA/tracrRNA bildet eine stabile haarnadelförmige Struktur aus, die an das Schneideenzym Cas9 bindet und diese zur Schneidestelle führt.

- **Schneiden:** Das an den CRISPR-Abschnitt gekoppelte Cas9-Protein zerschneidet den DNA-Doppelstrang an der vorbestimmten Stelle im Erbgut. Dadurch entsteht dort ein Doppelstrangbruch.

- **Reparieren:** Die zelleigenen Reparatursysteme fügen den durchtrennten DNA-Strang wieder zusammen. Im Zuge der Reparatur kann man DNA-Bausteine ausschneiden, austauschen oder neu einfügen. Um ein Stück einzufügen, wird ein DNA-Abschnitt hinzugegeben, der an beiden Enden jeweils überlappende Sequenzen für eines der beiden Enden der Schnittstelle aufweist.

Die Bereiche von CRISPR, die für die Erkennungssequenz in der crRNA codieren, können gentechnisch verändert werden. Wird diese DNA dann in Guide-RNA-Sequenzen übersetzt, so wird es möglich, fast jede beliebige DNA-Sequenz präzise zu schneiden.

## DIE MÖGLICHKEITEN VON CRISPR-Cas

CRISPR-Cas ist inzwischen Standardmethode in Laboren geworden und hat die klassische Gentechnik weitgehend verdrängt. Sie ist präziser, effizienter und kostengünstiger als bisherige Methoden. Mit CRISPR lässt sich DNA gezielt mit zuvor unerreichter Genauigkeit schneiden und verändern. Gene können präzise eingefügt, entfernt oder ausgeschaltet werden. Das gilt für einzelne Basen und für ganze Genabschnitte.

Damit DNA an einer beliebigen Stelle geschnitten werden kann, muss die entsprechende Gensequenz bekannt sein und ein passendes Guide-RNA-Molekül hergestellt werden. An der Schnittstelle können Forscher dann ein neues DNA-Stück einsetzen und so Gene ein- und ausschalten.

CRISPR-Cas besitzt ein Potenzial für ganz unterschiedliche Anwendungen – von der Grundlagenforschung über Pflanzen- und Tierzüchtung bis hin zur Therapie vieler Krankheiten. Mit CRISPR-Cas lassen sich Pflanzen ertragreicher, nährstoffreicher und resistenter machen und sie können schneller und besser an das veränderte Klima angepasst werden. Bisher unheilbare Krankheiten könnten heilbar und Erbkrankheiten ausgerottet werden. In der HIV- und Malariaforschung wird es bereits eingesetzt.

In Europa fallen mit CRISPR-Cas gezüchtete Pflanzen und Tiere noch immer unter die Gesetze für gentechnisch veränderte Organismen (GVO). In der EU wird an einer Neuregelung gearbeitet.

## DIE ENTDECKUNG VON CRISPR-Cas

Das Potenzial der Genschere CRISPR entdeckte die französische Biologin Charpentier im Jahr 2012 eher zufällig, als sie Bakterien untersuchte. Charpentiers Entdeckung ist eine der bemerkenswertesten Erfolgsgeschichten der Wissenschaft. Gemeinsam mit der US-Amerikanerin Jennifer A. Doudna erhielt Charpentier 2020 den Nobelpreis für Chemie.

# GENOME EDITING

1. Welche Schritte laufen bei der CRISPR-Cas-Reaktion nacheinander ab?

2. Wie werden die durch Cas9 zerschnittenen DNA-Moleküle repariert?

- ☐ **A** Das Enzym Cas9 kann sowohl schneiden als auch zusammenfügen.
- ☐ **B** Die Schnittstelle wird durch crRNA überbrückt.
- ☐ **C** Reparatursysteme der Zelle fügen die Schnittstellen zusammen.

3. Welche Aufgabe hat beim CRISPR-Cas-System das Enzym Cas9?

4. Wie können Bakterien ihr Gedächtnis für fremdes Erbgut erweitern?

5. Inwiefern kann man CRISPR-Cas mit dem Immunsystem der Tiere vergleichen?

## LÖSUNGEN

**1.** Ziel-Sequenz finden, DNA schneiden, DNA-Stücke zusammenfügen. • **2.** C • **3.** Das Enzym Cas9 zerschneidet den DNA-Doppelstrang. • **4.** In ihrem Genom, im Bereich CRISPR, speichern sie DNA-Abschnitte von Phagen. • **5.** Das CRISPR-Cas-System verschafft den Bakterien Resistenz gegen das Eindringen fremden Erbguts, z.B. von Viren oder Plasmiden, ähnlich wie das Immunsystem fremde Substanzen (Antigene) bekämpft.

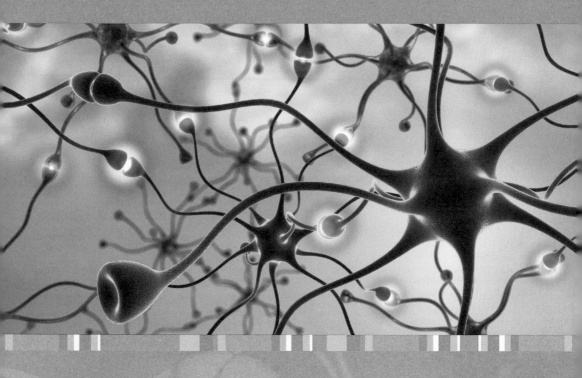

## DAS NERVENSYSTEM

Das Nervensystem ist das komplexeste System des menschlichen Körpers. Hoch spezialisierte Zellen ermöglichen es, Information aufzunehmen, zu codieren, sie schnell und genau weiterzuleiten und sie zu verarbeiten. Das Nervensystem steuert die Reaktionen des Körpers auf die Umwelt und regelt innere Funktionen, von der Muskelbewegung über das Schmerzempfinden bis zum Erlernen von Fähigkeiten und Fakten. Es realisiert die Reizbarkeit und Erregbarkeit – grundlegende Eigenschaften des Lebens.

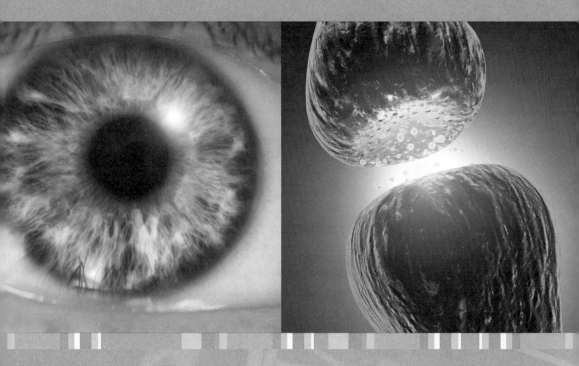

## NERVENZELLEN

Nervenzellen (Neurone) bilden den wichtigsten Bestandteil des Gehirns und sind in vieler Hinsicht die außergewöhnlichsten Zellen, die das Leben hervorgebracht hat. Die meisten Neurone des Gehirns sind winzig klein, manche nicht größer als ein paar Millionstel Meter im Durchmesser, aber ihre Zahl ist ungeheuer groß. Ihre Hauptaufgabe besteht darin, Information zu verarbeiten und an andere Neuronen weiterzuleiten. Damit bilden sie die Grundlage für alle Sinnes- und Verhaltensleistungen.

Jede Nervenzelle hat eine andere, ihr eigene Gestalt. Als typische Nervenzelle gilt die multipolare Nervenzelle, die im Vorderhorn des Rückenmarks vorkommt. Nervenzellen sind spezialisiert auf die Aufnahme von Reizen, zur Erzeugung, Leitung und Verrechnung von Erregung.

Zum Nervensystem gehören auch die Gliazellen. Sie bilden ein Stützgerüst für Nervenzellen und sorgen durch ihre Umhüllung für deren elektrische Isolierung. Auch sind sie an Stofftransport und Flüssigkeitsaustausch beteiligt.

## AUFBAU DER NERVENZELLE

Die multipolare Nervenzelle ist gegliedert in einen Zellkörper und Fortsätze.

Zentral liegt der Zellkörper (das Perikaryon / Soma der Nervenzelle). Der ca. 250 µm große Zellkörper enthält den Zellkern. Am Zellkörper findet die Informationsverarbeitung statt.

Damit möglichst viele Informationen aufgenommen werden können, ist die Oberfläche des Zellkörpers durch feine, reich verzweigte Verästelungen stark vergrößert. Das Neuron kann 10 000 und mehr Fortsätze bilden. Man nennt die feinen Fortsätze Dendriten.

Dendriten dienen vor allem der Aufnahme von Erregung, die sie an den Zellkörper weiterleiten. Mit den Dendriten nimmt die Nervenzelle Informationen aus ihrer Umwelt auf.

Der größere Fortsatz ist das Axon. Es kann bis zu 1 m lang sein. Der kegelförmige Ursprungsbereich des Axons ist der Axonhügel. Oft sind Axone von einer isolierenden Hülle umgeben, den Schwann'schen Zellen (Markscheide, Myelinscheide).

Die Verbindungsstelle des Axons zur nachfolgenden Zelle ist die Synapse. Eine Synapse besteht aus dem synaptischen Endknöpfchen der einen Nervenzelle, dem synaptischen Spalt und der Membran einer anderen Nervenzelle, einer Muskel- oder einer Drüsenzelle.

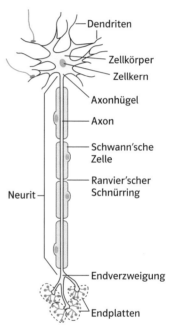

Dendriten
Zellkörper
Zellkern
Axonhügel
Axon
Schwann'sche Zelle
Ranvier'scher Schnürring
Neurit
Endverzweigung
Endplatten

Schema einer multipolaren Nervenzelle

## MARKHALTIGE NERVENFASERN

Viele Nervenfasern haben eine Markscheide aus Myelin, die in bestimmten Abständen (etwa alle 1–3 mm) von den Ranvier'schen Schnürringen unterbrochen ist. Diese Einschnürungen sind die Grenzen von jeweils zwei Schwann'schen Zellen, die sich in der Embryonalzeit mehrmals um die Axone wickeln, sodass eine Hülle von lamellenartigem Aufbau entsteht. Der Vorteil der markhaltigen Nervenfasern liegt in der viel größeren Leitungsgeschwindigkeit der Erregung (saltatorische Erregungsleitung → S. 145), da die Entstehung eines neuen Aktionspotenzials auf die kleine Membranfläche des Schnürrings beschränkt ist, der vom Ionenstrom eines benachbarten Ranvier'schen Schnürrings erreicht und erregt werden kann. Somit findet das zeitintensive und Energie verbrauchende Entladen der Axonmembran nur hier statt.

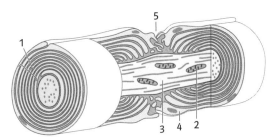

Die Abbildung zeigt ein Blockbild einer markhaltigen/myelinisierten Nervenfaser. Zentral liegt ein Ranvier'scher Schnürring (5).

1. Myelinhülle

2. Mitochondrium des Axons

3. Axoplasma/Axon

4. Plasma der Schwann'schen Zelle

5. Ranvier'scher Schnürring

## VERSCHIEDENE TYPEN VON NERVENZELLEN

| multipolare Nervenzelle | bipolare Nervenzelle | pseudounipolare Nervenzelle | Pyramidenzelle | Purkinjezelle |

Die Vielfalt der Formen von Nervenzellen beruht vor allem auf der Zahl und Anordnung der Dendriten:

- Die multipolaren Vorderhornzellen der grauen Substanz des Rückenmarks haben viele Dendriten.

- Bipolare Zellen der Netzhaut haben nur einen Dendriten.

- Pseudounipolare Neurone ziehen von der Haut zum Rückenmark.

- Pyramidenzellen sind multipolare Nervenzellen des Großhirns.

- Purkinjezellen sind große multipolare Neurone mit stark verästeltem Dendritenbaum in der Rinde des Kleinhirns.

# NERVENZELLE

1. In welche Bereiche lässt sich die multipolare Nervenzelle gliedern?

a) _____   b) _____   c) _____

2. Was ist und woraus besteht eine Synapse?

_____

3. Was ist korrekt?

☐ **A** Ranvier'sche Schnürringe sind Grenzen zwischen Schwann'schen Zellen.
☐ **B** Marklose Nervenfasern leiten Erregung viel schneller als markhaltige.
☐ **C** Multipolare Nervenzellen sind Bestandteil des Rückenmarks.

4. Wie lang können Axone werden?

☐ **A** 0,1 mm
☐ **B** 2 cm
☐ **C** 100 cm

5. Das Prinzip der Oberflächenvergrößerung ist allgegenwärtig in der Biologie. Wo finden Sie es am Neuron?

_____

_____

# LÖSUNGEN

**1.** a) Zellkörper, b) Axon, c) Dendriten • **2.** Verbindungsstelle eines Axons zur nachfolgenden Zelle; Endknöpfchen der Nervenzelle, synaptischer Spalt, Membran der nächsten Zelle • **3.** A, C • **4.** C • **5.** Dendriten vergrößern die Oberfläche des Neurons, um mehr Kontakte mit anderen Nervenzellen zu ermöglichen.

## DAS RUHEPOTENZIAL

Im Ruhezustand liegt über der Membran des Neurons eine Spannung, das Ruhepotenzial.

Die wesentlichen Voraussetzungen für das Ruhepotenzial sind:

- eine semipermeable (selektiv durchlässige) Membran, die im Ruhezustand für Kalium-Ionen gut, für andere Ionen wenig durchlässig ist;

- eine ungleiche Ionenverteilung zu beiden Seiten dieser Membran, die durch die Arbeit der Natrium-Kalium-Pumpen zustande kommt.

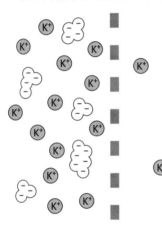

Das Ruhepotenzial kann vereinfacht als Kalium-Diffusionspotenzial beschrieben werden. Der Beitrag, den andere Ionen zum Ruhepotenzial leisten, ist vergleichsweise gering und wird hier vernachlässigt. In der Nervenzelle besteht ein hoher Überschuss an Kalium-Ionen gegenüber dem Außenmedium.

Einige dieser (positiv geladenen) Kalium-Ionen diffundieren durch die Zellmembran nach außen. Die (negativ geladenen) organischen Anionen können die Zellmembran nicht passieren, sie bleiben in der Zelle. Es entsteht also eine Spannung zwischen der positiv geladenen Außenseite der Membran und der negativ geladenen Innenseite.

Diese Spannung bewirkt, dass Kalium-Ionen nach innen strömen. Es stellt sich ein dynamisches Gleichgewicht zwischen Aus- und Einstrom der Kalium-Ionen ein. Die Membranspannung, die in diesem Gleichgewichtszustand herrscht, ist das Ruhepotenzial. Das Zellinnere weist gegenüber dem Außenmedium eine Spannung von etwa $-60\,mV$ auf, die Ruhespannung oder das Ruhepotenzial.

## BEDINGUNGEN DES RUHEPOTENZIALS

Wie andere Zellen ist das Neuron durch eine Biomembran gegen seine Umgebung abgegrenzt. Durch Kanäle in dieser Membran kann die Zelle mit ihrer Umgebung Stoffe austauschen. Diese Kanäle können als passive Kanäle (Transport ohne Aufwendung von Energie) oder als aktive Kanäle fungieren (unter Aufwand von Energie). Sie können für unpolare Teilchen, aber auch für geladene Teilchen ausgebildet sein; im letzteren Fall nennt man sie Ionenkanäle. Die meisten Ionenkanäle arbeiten streng selektiv; sie lassen nur bestimmte Ionen passieren.

Es gibt $K^+$-Kanäle, $Na^+$-Kanäle, $Cl^-$-Kanäle und $Ca^{2+}$-Kanäle. Entweder ist der Durchmesser der Kanalpore zu eng für größere Moleküle oder Ionen bzw. die Polypeptidketten, die die Pore auskleiden, weisen geladene Bereiche auf. Diese wirken wie elektrostatische Barrieren.

# ENTSTEHUNG DES RUHEPOTENZIALS

Betrachten wir im Gedankenexperiment einen ungeladenen Ausgangszustand der Membran: Die Konzentration an positiven und negativen Ladungen ist auf beiden Seiten gleich, d.h. beide Räume sind elektrisch neutral. Die jeweiligen Ionensorten sind aber unterschiedlich verteilt: Im Zellplasma dominieren $K^+$-Ionen und organische (Protein-)Ionen, in der Interzellularflüssigkeit herrschen $Na^+$-Ionen und $Cl^-$-Ionen vor. Die Ionen sind also ungleich verteilt.

Um das Zustandekommen des Membranpotenzials zu verstehen, müssen wir zwei Gradienten für jeweils eine Ionensorte ($K^+$ oder $Na^+$) betrachten:

Betrachten wir zunächst die Diffusion der Kalium-Ionen:
- Der chemische Gradient (Diffusionsgradient) für $K^+$ ist von innen nach außen gerichtet und führt zu einem $K^+$-Ausstrom aus der Zelle.
- Der elektrische Gradient für $K^+$ ist dem Diffusionsgradienten entgegengesetzt und bewirkt einen $K^+$-Einstrom.

Mit jedem $K^+$-Ion verlässt eine positive Ladung die Nervenzelle und eine negative Ladung bleibt zurück. Die negativ geladenen Protein-Anionen können wegen ihrer Größe die Plasmamembran nicht passieren. $K^+$-Ionen strömen so lange aus der Zelle, bis sich ein Gleichgewicht zwischen dem nach außen diffundierenden $K^+$ und dem diesem Diffusionsbestreben entgegengesetzten elektrischen Gradienten ausgebildet hat. Die Verschiebung von Ionen über die Zellmembran verursacht eine Aufladung der Membran. Die Membran kann als Kondensator beschrieben werden: Wenn ein $K^+$-Ion aus der Zelle strömt, wird auf der Außenseite eine überschüssige positive Ladung erscheinen, der an der Innenseite eine überschüssige negative Ladung entspricht. Dieses Potenzial ist dem weiteren Ausstrom von $K^+$-Ionen, dem Diffusionspotenzial entgegengesetzt.

Das Gleiche gilt für die Diffusion von $Na^+$-Ionen, allerdings mit zwei Einschränkungen:
- Die ruhende Membran ist für $Na^+$-Ionen 500- bis 1000-mal weniger durchlässig als für $K^+$-Ionen,
- die Diffusion der $Na^+$-Ionen ist der $K^+$-Ionen-Diffusion entgegengesetzt.

Wäre das Ruhepotenzial ein reines $K^+$-Gleichgewichtspotenzial, so läge es bei $-85\,mV$. Da aber das $Na^+$-Gleichgewichtspotenzial dem $K^+$-Gleichgewichtspotenzial entgegengesetzt ist, liegt das Membranpotenzial um $-70\,mV$.

# RUHEPOTENZIAL

. . . . . . . . . . . . . . . . . . . . . . . . . . . . . . . . . . . . . . . . . . . . . .

1. Was ist das Ruhepotenzial und was sind seine wesentlichen Voraussetzungen?

_____

_____

2. Charakterisieren Sie knapp das Kalium-Diffusionspotential.

_____

3. Was trifft zu?

☐ A Die Membran der Neuronen ist für Kationen frei passierbar.
☐ B Proteinmoleküle können die Membran nicht passieren.
☐ C Im Ruhezustand herrschen im Zellplasma Kalium-Ionen, in der Interzellularflüssigkeit Natrium-Ionen vor.

4. Welche Gradienten sind für das dynamische Gleichgewicht der Kalium-Ionen beidseits der Axonmembran verantwortlich?

_____

_____

## LÖSUNGEN

. . . . . . . . . . . . . . . . . . . . . . . . . . . . . . . . . . . . . . . . . . . . . .

**1.** Das Ruhepotenzial ist die Spannung über der unerregten Membran eines Neurons. Voraussetzungen: Eine im Ruhezustand für Kalium-Ionen gut, für andere Ionen schlecht durchlässige semipermeable Membran sowie eine ungleiche Verteilung der Ionen auf beiden Seiten der Membran. **2.** Die Axonmembran ist selektiv für K⁺-Ionen durchlässig. Aufgrund des Konzentrationsgefälles diffundieren K⁺-Ionen nach außen. Protein-Anionen bleiben im Axon zurück. Durch die Ladungstrennung wird das Zellplasma gegenüber der Umgebung negativ geladen. **3.** B, C • **4.** Der chemische Gradient (Diffusionsgradient) und der elektrische Gradient sind dafür verantwortlich.

## SPANNUNGSVERLAUF BEIM AKTIONSPOTENZIAL

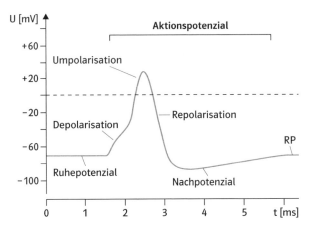

Ein Aktionspotenzial ist eine kurzfristige Umpolarisierung der Membran.
Ein eng umgrenzter Membranbereich wird umpolarisiert: Er ist innen positiv,
außen negativ geladen. Innerhalb von einer Millisekunde wird die Membran
repolarisiert. Nach einer kurzen, schwachen Hyperpolarisation (Nachpoten-
zial) wird das Ruhepotenzial wieder hergestellt.

Aktionspotenziale kommen sowohl am Axon der Nervenzellen als auch an
Muskelzellen vor.

## DAS AKTIONSPOTENZIAL

Wird eine Nervenzelle erregt – durch einen Reiz von außen oder durch eine andere Nervenzelle –, so ist an der Membran eine kurzzeitige Umpolung messbar. Sie dauert etwa eine Millisekunde und lässt das Membranpotenzial von $-70$ bis $-80\,mV$ auf etwa $+30\,mV$ ansteigen.

Das Innere des Axons ist jetzt gegenüber der Umgebung positiv geladen: Auf einem gereizten Axon-Abschnitt haben sich Protein-Kanäle geöffnet, die $Na^+$-Ionen ungehindert durchtreten lassen. Sowohl das Konzentrations-gefälle als auch das elektrische Feld bewirken einen schnellen Einstrom von $Na^+$-Ionen ins Axon, sodass sich bald auf der Innenseite der Membran mehr positiv geladene Teilchen befinden als außen. Die Membran ist um-polarisiert: Ein Aktionspotenzial ist entstanden.

Die Höhe des Aktionspotenzials ist unabhängig von der Stärke des Reizes. Ein Reiz verursacht entweder ein Aktionspotenzial in voller Höhe oder das Ruhepotenzial bleibt bestehen. Eine dritte Möglichkeit gibt es nicht: Das Aktionspotenzial ist ein Alles-oder-Nichts-Ereignis.

Nach kurzer Zeit schließen sich die $Na^+$-Kanäle wieder. Zeitlich verzögert öffnen sich spannungsgesteuert die $K^+$-Kanäle. $K^+$-Ionen strömen nach außen und stellen das Ruhepotenzial wieder her (Repolarisation). Für eine kurze Zeit verharren die $Na^+$-Kanäle in ihrer inaktiven Konformation (Refraktärzeit), erst danach kehren sie in den geschlossenen Zustand zurück. Wenn das Ruhepotenzial wiederhergestellt ist, können sich die $Na^+$-Kanäle erneut öffnen.

Die Natrium-Kalium-Pumpe pumpt fortwährend eingedrungene Natrium-Ionen aus der Zelle heraus und gleichzeitig Kalium-Ionen nach innen. Das ursprüngliche Konzentrationsungleichgewicht der Ionen wird wieder-hergestellt.

## IONENKANÄLE

Ionenkanäle sind hoch selektiv, sie lassen nur bestimmte Ionen passieren.

Engstellen im Kanal, elektrisch geladene Aminosäurereste in den Poren, die Ladung und Durchmesser der Ionen sind hierbei entscheidend.

Man unterscheidet spannungsgesteuerte und chemisch gesteuerte Kanäle:

Bei spannungsgesteuerten Ionenkanälen führt eine Veränderung des elektrischen Felds zur Öffnung. Die Natriumkanäle der Axonmembran werden durch Depolarisierung der Membran geöffnet. Solange über der Membran das Ruhepotenzial liegt, sind sie geschlossen. Wird das Ruhepotenzial abgeschwächt, öffnen sich die Kanäle. Hat der $Na^+$-Einstrom begonnen, wird die Membran weiter depolarisiert. Weitere Kanäle öffnen sich.

$Na^+$-Kanäle können drei Zustände annehmen: geschlossen, offen oder inaktiv. Auch Kalium- und Calciumkanäle der Axonmembran öffnen sich spannungsgesteuert.

Die spannungsgesteuerten Ionenkanäle leiten passiv: Die Ionenbewegung folgt dem Konzentrationsgefälle. Aktiv sind die Natrium-Kalium-Pumpen: Sie bewegen Ionen gegen das Konzentrationsgefälle unter Energieaufwand durch die Membran.

Chemisch gesteuerte Kanäle werden durch die Bindung von Transmittersubstanzen geöffnet. Sie spielen vor allem in Synapsen eine Rolle.

# AKTIONSPOTENZIAL

1. Wie verändern sich die Werte der Spannung über der Membran bei Umpolung?

   _____

2. Welche Vorgänge bewirken die Spannungsänderung?

   _____

3. Was trifft auf ein Aktionspotenzial zu?

   ☐ **A** Seine Höhe ist unabhängig von der Stärke des Reizes.
   ☐ **B** Es dauert einige Sekunden.
   ☐ **C** Es stellt eine typische Sinuskurve dar.

4. Was bedeutet Repolarisation?

   _____

5. Warum ist das Axon während der Refraktärphase nicht erregbar?

   _____

# LÖSUNGEN

**1.** Die Spannung über der Axonmembran steigt innerhalb von 1 msec von ca. − 70 mV auf etwa + 30 mV an. • **2.** Einstrom von Natrium-Ionen in die Zelle • **3.** A • **4.** die Wiederherstellung des Ruhepotenzials • **5.** In dieser Phase sind die Na⁺-Kanäle inaktiv.

## ERREGUNGSLEITUNG IST EINE KETTENREAKTION

Während eines Aktionspotenzials verändert sich das Membranpotenzial nur in der unmittelbaren Umgebung der gereizten Stelle. Die Natrium-Kanäle des Axons sind spannungsgesteuert. Solange über der Membran das Ruhepotenzial liegt, bleiben sie geschlossen. Überschreitet jedoch die Erregung den für das jeweilige Neuron typischen Schwellenwert, so registrieren benachbarte Ionenkanäle, dass sich die Spannung über der Zellmembran verändert hat. Sie öffnen ihre Poren, die Durchlässigkeit der Membran für Natrium-Ionen im bisher unerregten Membranabschnitt erhöht sich schlagartig. Ein Aktionspotenzial entsteht. Da die Kanäle entlang einer Nervenfaser dicht an dicht liegen, pflanzt sich das Signal als Kettenreaktion rasch fort.

Jedes Aktionspotenzial ist der auslösende Reiz für das Entstehen neuer Aktionspotenziale an benachbarten Membranstellen. Die Fortleitung des Aktionspotenzials geschieht durch ständige Neubildung. Auf diese Weise wandert die Erregung ohne Abschwächung über das Axon. Die Größe des Aktionspotenzials von 100 bis 120 Millivolt bleibt über die volle Länge der Nervenfaser hinweg unverändert, weil der Alles-oder-Nichts-Impuls bei seiner Wanderung von der Zellmembran ständig wieder aufgebaut wird.

## ERREGUNGSLEITUNG IST GERICHTET

Etwa eine Millisekunde nach dem Öffnen werden die Natrium-Kanäle spontan inaktiviert. Die Kanäle sind nun für Natrium-Ionen unpassierbar und für kurze Zeit auch nicht bereit, sich wieder zu öffnen. Solange die Kanäle inaktiviert sind, ist also die Membran nicht erregbar. Das Axon befindet sich in der absoluten Refraktärphase.

Auf die absolute Refraktärzeit folgt eine relative Refraktär-phase. Für etwa zwei Millisekunden ist die Erregungsschwelle der Axonmembran erhöht, nur eine starke Depolarisierung kann ein Aktionspotenzial auslösen.

Die Refraktärzeit sorgt dafür, dass die Erregung nur in der einmal eingeschlagenen Richtung weiterfließen kann. Sie gewährleistet den gerichteten Verlauf der Erregungsleitung und begrenzt die maximale Frequenz der Aktionspotenziale.

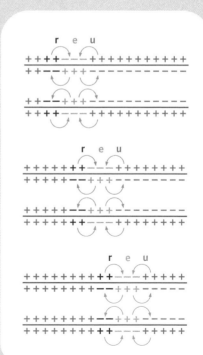

Im Spannungsfeld (grün) zwischen erregten (grün) und ruhenden (grau) Membranabschnitten werden ruhende Membranbereiche depolarisiert. Refraktäre Membranbereiche (schwarz) reagieren nicht.

## LEITUNGSGESCHWINDIGKEIT

Dicke Axone leiten mit höheren Geschwindigkeiten als dünne aufgrund des günstigeren Verhältnisses zwischen Membranfläche ($2\pi r \cdot l^*$) und leitendem Volumen ($\pi r^2 \cdot l^*$). Daher haben wirbellose Tiere sehr dicke Axone, wo sie eine hohe Leitungsgeschwindigkeit realisieren.

\* $l$ = Länge eines Axonabschnitts

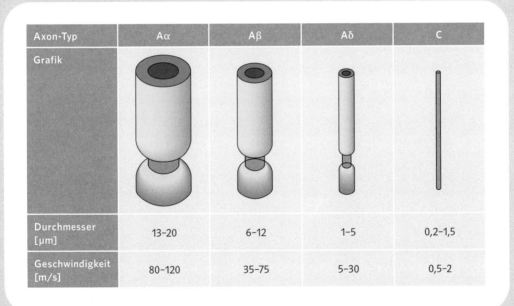

| Axon-Typ | Aα | Aβ | Aδ | C |
|---|---|---|---|---|
| Grafik | | | | |
| Durchmesser [µm] | 13–20 | 6–12 | 1–5 | 0,2–1,5 |
| Geschwindigkeit [m/s] | 80–120 | 35–75 | 5–30 | 0,5–2 |

## SALTATORISCHE ERREGUNGSLEITUNG

Bei den höheren Wirbeltieren, also auch beim Menschen, sind die meisten Axone mit einer Myelinscheide ummantelt. Dies betrifft nicht nur Motoneurone, wie die menschlichen Arm- und Beinnerven, die zu den großen Muskeln ziehen, sondern auch die meisten Fasern innerhalb des Zentralnervensystems. Der hohe Fettanteil des Myelins lässt die sogenannte weiße Substanz in Gehirn und Rückenmark glänzend weiß erscheinen.

Die Myelinscheide wirkt wie eine elektrische Isolationsschicht. Nur an den Ranvier'schen Schnürringen lässt sie einen Kontakt zwischen der Axonmembran und der extrazellulären Flüssigkeit zu. Hierdurch wird die Leitungsgeschwindigkeit des Axons enorm gesteigert. Der durch eine Depolarisation ausgelöste Stromfluss kann nicht durch die isolierende Myelinscheide dringen und erregt die Membran nur an den Ranvier'schen Schnürringen, den freiliegenden Membranteilen zwischen den isolierenden Myelinscheiden. Lediglich an den Schnürringen wird das Nervensignal aktiv verstärkt. Das Überspringen der myelinisierten Bereiche wird saltatorische Erregungsleitung genannt. Durch die saltatorische Erregungsleitung wird die Leitungsgeschwindigkeit etwa um den Faktor 20 gegenüber einem unmyelinisierten Axon gleicher Dicke beschleunigt.

Saltatorische Erregungsleitung beschleunigt nicht nur die Fortleitung eines Signals, sie spart auch Energie. Im myelinisierten Bereich muss die Natrium-Kalium-Pumpe nicht aktiv werden.

## BEDEUTUNG DER MYELINSCHEIDE

Die Rolle der Myelinscheide wird besonders deutlich, wenn sie geschädigt ist, wie beispielsweise bei Multipler Sklerose, einer der häufigsten Nervenerkrankungen. Durch den Zerfall der Myelinscheiden verlangsamt sich die Erregungsleitung, die Bewegungskoordination ist gestört.

## LEITUNGSGESCHWINDIGKEIT UND ENERGIEVERBRAUCH

Im myelinfreien Axon ist die Signalleitung nur durch eine erhebliche Vergrößerung des Axondurchmessers zu beschleunigen: So leitet zum Beispiel ein myelinisiertes Axon mit einem Durchmesser von 12 μm (wie beim Frosch) ein Signal mit einer Geschwindigkeit von 25 Metern pro Sekunde. Eine ähnliche Geschwindigkeit erreicht auch ein markloses Riesenaxon des Tintenfisches. Dieses ist allerdings mehr als 40-mal so dick und verbraucht die 5000-fache Energie für die Erregungsleitung.

Das Riesenaxon hat einen deutlich höheren Energieverbrauch: Durch die ständige Arbeit der Natrium-Kalium-Pumpen ist die Erregungsleitung sehr energiebedürftig. Die markhaltige Nervenfaser spart Energie trotz höherer Leitungsgeschwindigkeit. Im myelinisierten Bereich muss die Natrium-Kalium-Pumpe nicht in Aktion treten, deren Arbeit ist auf die Schnürringe – also sehr kleine Abschnitte des Axons – begrenzt.

# ERREGUNGSLEITUNG

1. Welcher Sachverhalt liegt der Erregungsleitung zugrunde?

   _____

2. Was versteht man unter Refraktärphase?

   _____

3. Was trifft nicht zu?

   ☐ **A** Das Aktionspotenzial schwächt sich bei der Weiterleitung ab.
   ☐ **B** Nach einem Aktionspotenzial sind die Natrium-Kanäle kurzfristig inaktiv.
   ☐ **C** Die Refraktärzeit bewirkt die Erregungsleitung in einer Richtung.

4. Warum ist die saltatorische Erregungsleitung energiesparend?

   _____

5. Bei welcher Nervenerkrankung wird die Myelinscheide geschädigt?
   Was sind die Folgen?

   _____

# LÖSUNGEN

**1.** Ein Aktionspotenzial löst in unmittelbarer Nachbarschaft ein neues Aktionspotenzial aus. **2.** die kurzzeitige Inaktivierung und Unerregbarkeit der Natrium-Kanäle • **3.** A • **4.** Nur in den kurzen Bereichen der Schnürringe müssen die Natrium-Kalium-Pumpen aktiv sein. • **5.** Bei Multipler Sklerose verlangsamt sich die Bewegungsleitung, die Bewegungskoordination ist gestört.

## DIE NATRIUM-KALIUM-PUMPE

Ruhe- und Aktionspotenzial beruhen auf der ungleichen
Verteilung von Ionen zu beiden Seiten der Zellmembran.
Dieses Ungleichgewicht kommt durch die Arbeit der
Natrium-Kalium-Pumpe zustande.

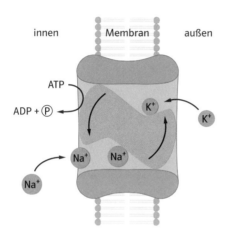

## DIE NA$^+$/K$^+$-ATPase

Die Natrium-Kalium-Pumpe wird auch als Natrium-Kalium-ATPase bezeichnet, denn der Transport der Natrium- und Kalium-Ionen ist unbedingt mit der Hydrolyse von ATP zu ADP und P$_i$ gekoppelt. ATP (Adenosintriphosphat) ist also der Energielieferant der Pumpenmoleküle. Wenn – etwa durch Vergiftung der Atmungskette – kein ATP mehr vorhanden ist, kommt es unmittelbar zum Stillstand der Ionenpumpen.

Die Natrium-Kalium-ATPase ist ein Transmembranprotein. Auf ihrer cytoplasmatischen Seite (Innenseite) befinden sich selektive Bindungsstellen für Na$^+$ und ATP, auf der Außenseite befinden sich zwei Bindungsstellen für Kalium-Ionen. In der Regel transportiert das Enzym durch Konformationsänderungen drei Na$^+$-Ionen nach außen und zwei K$^+$-Ionen nach innen. Es handelt sich also um einen Gegentransport oder Antiport. Da beide Transporte gegen den Konzentrationsgradienten erfolgen, erfordern sie viel Energie. Sie benötigen bis zu 70 % des Gesamtenergieverbrauches einer aktiven Nervenzelle.

Pro Sekunde transportiert die ATPase etwa 300 Natrium-Ionen und 200 Kalium-Ionen durch die Membran. Die meisten Nervenzellen besitzen pro 1 μm$^2$ Membranoberfläche (das ist eine Fläche von 0,001 · 0,001 mm) zwischen 100 und 200 solcher Ionenpumpen; an bestimmten Stellen kann dieser Wert zehnmal höher sein. Das bedeutet, dass eine einzige kleine Nervenzelle etwa eine Million Natrium-Kalium-Pumpen besitzt, die pro Sekunde bis zu 200 Millionen Natrium-Ionen aus der Zelle heraustransportieren können.

## CYANIDE UND ERREGUNGSLEITUNG

Blausäure und ihre Salze, die Cyanide, sind starke Gifte; bei einem erwachsenen Menschen beträgt die tödliche Dosis etwa 140 Milligramm $CN^-$. Cyanid ist ein Atemgift, durch die Hemmung der Atmungskette kommt die Zellatmung schnell zum Erliegen. Die Wirkung beruht auf Komplexbildung des Cyanids mit dem Eisen des Cytochroms a der Atmungskette.

Werden Cyanid-Ionen einer Nervenfaser zugeführt, so sinkt die Erregbarkeit schnell ab, das Ruhepotenzial wird schwächer und verschwindet.

## DIE WIRKUNG VON CYANID

Wirkt Cyanid auf ein Neuron, so wird die Atmungskette in den Mitochondrien vergiftet. Die Mitochondrien können kein ATP mehr herstellen. Die Vorräte an ATP in der Zelle sind sehr klein, die Natrium-Kalium-Pumpe arbeitet mit hohem Energieverbrauch. Ohne ATP kommt sie zum Stillstand. Auch wenn keine Aktionspotenziale ausgelöst werden, wird das Ionenungleichgewicht zwischen intra- und extrazellulärem Raum des Axons durch Leckströme abgebaut. Die Membranspannung sinkt langsam ab und verschwindet.

Solange über dem Membran des Axons noch eine Membranspannung vorhanden ist, ist die Membran erregbar. Erst wenn diese unter einen kritischen Wert gesunken ist, können keine Aktionspotenziale mehr ausgelöst oder geleitet werden.

Begründung: Die Erregbarkeit der Nervenzelle beruht auf der ungleichen Verteilung der Kationen zu beiden Seiten der Membran. Diese Ionenverteilung wird durch die Natrium-Kalium-Pumpe aufrechterhalten. Ist die Energiezufuhr unterbrochen, arbeitet die Pumpe nicht mehr. Die mit den Aktionspotenzialen verknüpften Ionenströme durch die Membran bauen das Ionenungleichgewicht schnell ab, die Membran ist nicht mehr erregbar.

# DIE NATRIUM-KALIUM-PUMPE

1. Warum kann man die Natrium-Kalium-Pumpe als Antiporter bezeichnen?

_____

_____

_____

2. Bei welchem Stoffwechselprozess wird das ATP regeneriert, das bei der Arbeit der Natrium-Kalium-Pumpe hydrolisiert wird?

_____

3. Wie ändert sich die Konzentration der Kalium-Ionen im Neuron, wenn in der Zelle kein ATP mehr synthetisiert wird?

_____

_____

_____

4. Was trifft auf die Natrium-Kalium-Pumpe zu?

☐ A Die Natrium-Kalium-Pumpe arbeitet spannungsgesteuert.

☐ B Die Pumpe hält die Ungleichverteilung der Ionen über der Membran aufrecht.

☐ C Cyanide hemmen die Arbeit der Pumpe, indem sie den Nachschub von ATP blockieren.

## LÖSUNGEN

1. Natrium- und Kalium-Ionen werden in entgegengesetzter Richtung durch die Membran transportiert. • 2. Bei der Atmung (Zellatmung) • 3. Ohne ATP kann die Natrium-Kalium-Pumpe nicht mehr arbeiten. Die Konzentration der Kalium-Ionen sinkt, weil sowohl bei der Repolarisation als auch durch Leckströme Ionen nach außen diffundieren. • 4. B, C

## ENTDECKUNG DER CHEMISCHEN ÜBERTRAGUNG

Der Pharmakologe Loewi erhielt 1936 den Nobelpreis für Medizin für einen bahnbrechenden Versuch: Er präparierte das schlagende Herz eines Frosches mit den zuführenden Nerven und brachte es in eine Nährlösung. Als er den Vagus – einen Gehirnnerv – reizte, sank die Frequenz des Herzschlags. Anschließend brachte Loewi ein anderes Froschherz in diese Lösung und beobachtete, dass sich auch dessen Schlagfrequenz erniedrigte. Aus diesem Versuchsergebnis konnte Loewi ableiten, dass ein Nerv durch die Vermittlung chemischer Stoffe eine Muskelbewegung (hier die des Herzens) beeinflussen kann.

Verallgemeinert kann man folgern, dass die Erregungsübertragung vom Nerv zum Muskel auf der Freisetzung eines chemischen Stoffes (eines Transmitters) beruht.

## AUFBAU EINER NEUROMUSKULÄREN SYNAPSE

Die motorische Endplatte ist die Verbindungsstelle zwischen einer motorischen Nervenzelle und einer Muskelzelle. Sie dient der Steuerung (Innervation) der Muskulatur. Es handelt sich also um eine spezialisierte Synapse, deren ovale, zur Muskulatur hingewandte Oberfläche 4 bis 40 µm im Durchmesser groß ist.

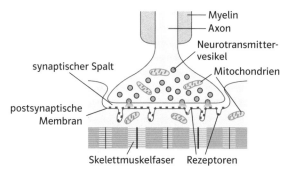

Typischerweise teilt sich ein motorisches Axon vor seinem Ende in viele Kollateralen, die alle als motorische Endplatten enden. Da diese alle gemeinsam erregt werden, sobald ein Aktionspotenzial im Axon ankommt, werden sie als funktionelle motorische Einheit zusammengefasst. Die Größe einer motorischen Einheit entscheidet, wie viele Muskelfasern sich gleichzeitig kontrahieren.
Je differenziertere Bewegungen ein Muskel ausführt, desto kleiner sind die hier anzutreffenden motorischen Einheiten.

## DIE NEUROMUSKULÄRE SYNAPSE

Wenn das Aktionspotenzial die Endigungen des Axons erreicht, erlischt es, löst aber einen anderen Prozess aus, die synaptische Übertragung:

1. Das in den Axon-Endknopf einlaufende Aktionspotenzial führt zu einem Calcium-Ionen-Einstrom. Dieser bewirkt, dass zahlreiche Vesikel, 100 bis 200 kleine membranumhüllte Bläschen, zur präsynaptischen Membran wandern. Sie entleeren ihren Inhalt, Tausende von Botenstoffmolekülen (die Transmittersubstanz Acetylcholin), in den synaptischen Spalt.

2. Die Acetylcholin-Moleküle diffundieren sehr rasch durch den synaptischen Spalt. Sie binden an Rezeptoren in der Membran der nachgeschalteten Muskelzelle – der subsynaptischen Membran. Der Acetylcholin-Rezeptor der Skelettmuskelzellen ist ein Natrium-Kalium-Kanal, der sich bei Anlagerung des Botenstoffs Acetylcholin öffnet. Natrium-Ionen strömen ein, Kalium-Ionen gleichzeitig nach außen. Durch den elektrischen Strom wird die Membran depolarisiert. Die Differenz zwischen der Ruhespannung und der sich einstellenden Membranspannung bezeichnet man als Endplattenpotenzial (EPP).

3. Das Endplattenpotenzial breitet sich passiv in die benachbarten postsynaptischen Membranbereiche des Muskels aus und führt dort zur Bildung eines Muskel-Aktionspotenzials, das über die Muskelfaser läuft.

4. Acetylcholin wird durch ein im Spaltraum vorhandenes Enzym, die Acetylcholinesterase, zu den unwirksamen Spaltprodukten Cholin und Essigsäure gespalten. Die Ionenkanäle schließen sich dadurch sehr rasch wieder.

5. Essigsäure und Cholin wandern zurück in den Axon-Endknopf, werden dort erneut zu Acetylcholin verknüpft und in den Vesikeln gespeichert.

6. Da die Vesikel nur im Axon-Endknopf vorhanden sind, die chemisch gesteuerten Ionenkanäle dagegen nur in der subsynaptischen Membran, kann die Erregung nur in einer Richtung – vom Axon zur Muskelfaser – geleitet werden. Die Synapse wirkt als Ventil.

## KREISLAUF DES ACETYLCHOLINS

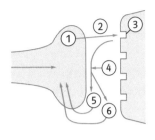

1. Ausschüttung aus den präsynaptischen Bläschen
2. Diffusion durch den synaptischen Spalt
3. Reaktion mit den Rezeptoren der postsynaptischen Membran
4. Hydrolyse durch die Cholinesterase
5. und 6. Wiederaufnahme von Ethansäure und Cholin in die Präsynapse

## SYNAPSENGIFTE

Synapsengifte haben eine große Bedeutung für die Erforschung der Ionenkanäle und der Erregungsleitung.

| Name des Giftes | Wirkungsort | Wirkung an der Synapse | Wirkung im Körper |
|---|---|---|---|
| Curare (Pfeilgift) | subsynaptische Rezeptoren für Acetylcholin | blockiert den Rezeptor für Acetylcholin, keine Öffnung der Ionenkanäle | Lähmungen der Skelettmuskulatur, Atemlähmung |
| Atropin | subsynaptische Rezeptoren für Acetylcholin | blockiert Synapsen des Herzens, der Eingeweide, der Irismuskeln im Auge | Blockade des Parasympathicus, Erweiterung der Pupillen, der Bronchien |
| Nikotin | Subsynapse, nikotinerger Acetylcholin-Rezeptor | in niedrigen Dosen Stimulierung der sympathischen Ganglien | Verengung von Blutgefäßen |
| Alkylphosphat (E 605) | synaptischer Spalt: blockiert Acetylcholinesterase | Dauerstimulation der Acetylcholin-Rezeptoren | andauernde Erregung, Krämpfe, Atemlähmung |
| Botulinum-Toxin, Botox (Clostridium botulinum) | synaptische Bläschen | keine Weiterleitung von Aktionspotenzialen, kein $Ca^{2+}$-Einstrom | Muskulaturhemmung (Zwerchfell) |
| Tetanustoxin (Clostridium tetani) | präsynaptische Vesikel | blockiert Transmitter-Ausschüttung hemmender Synapsen | Krämpfe und Lähmungserscheinungen, (Wund-)Starrkrampf |

Wirkung einiger Synapsengifte

# SYNAPSE

**1. Welche Bestandteile umfasst die motorische Endplatte?**

a) _____  b) _____  c) _____

**2. Skizzieren Sie den Ablauf der neuromuskulären Reizübertragung.**

a) _____

b) _____

c) _____

d) _____

e) _____

**3. Was trifft auf die Synapsengifte zu?**

☐ **A** Nikotin erregt parasympathische Ganglien.

☐ **B** Atropin bewirkt die Erweiterung von Pupillen und Bronchien.

☐ **C** Botulinum-Toxin hemmt die Weiterleitung von Aktionspotenzialen.

**4. Synapsen werden manchmal als „Gleichrichter" bezeichnet.**
**Welche Eigenschaften verleihen der Synapse diese Funktion?**

_____

_____

# LÖSUNGEN

**1.** a) Axon-Endknopf, b) synaptischer Spalt, c) postsynaptische Membran (Membran der Muskelzelle) • **2.** a) Das Aktionspotenzial führt zu Ca$^{2+}$-Ionen-Einstrom, b) Ausschüttung von Acetylcholin aus den präsynaptischen Bläschen in den synaptischen Spalt, c) Diffusion der Acetylcholin-Moleküle durch den synaptischen Spalt und ihre Bindung an Rezeptoren der Muskelzellmembran unter Depolarisierung (Endplatten-Potenzial), d) Auslösung eines Muskel-Aktionspotenzials, e) Acetylcholin wird nun enzymatisch in seine Bausteine gespalten und damit inaktiviert; Rücknahme von Essigsäure und Cholin in den Axon-Endkopf. • **3.** A, B, C • **4.** Nur die Präsynapse schüttet Transmitter aus; nur die Subsynapse (Postsynapse) hat Rezeptoren für die Transmitter. Die Erregung kann den Spalt nur in eine Richtung durchqueren.

## DROGEN

Nach Definition der Weltgesundheitsorganisation ist jeder Wirkstoff, der physische und/oder psychische Funktionen in einem lebenden Organismus zu verändern vermag, eine Droge. Zu den Drogen zählt man legale Drogen wie Alkohol, Nikotin und Medikamente und illegale Drogen wie Heroin, Kokain und Haschisch. Das Betäubungsmittelgesetz (BtMG) nennt weit über 200 Stoffe und Zubereitungen, die aus pflanzlichen oder chemischen Grundstoffen gewonnen werden.

Häufig werden Drogen zunächst zur Herbeiführung eines Rauschs, einer Bewusstseinserweiterung aufgenommen. Später werden sie konsumiert, weil der Betroffene abhängig geworden ist. Abhängigkeit bzw. Sucht ist der gewohnheitsmäßige und zwanghafte Gebrauch von Drogen. Merkmale einer Sucht sind die vermeintliche Unfähigkeit, ohne den Suchtstoff zu leben, und das starke Bedürfnis nach einer immer höheren Dosis. Jede Droge birgt das Risiko, davon abhängig zu werden.

# DROGEN ALS SYNAPSENGIFTE

Viele Drogen beeinflussen oder blockieren Vorgänge an den Synapsen, sie wirken ähnlich wie bekannte Synapsengifte:

| Wirkungsort | Wirkungsweise | Beispiele |
| --- | --- | --- |
| Präsynapse | Blockierung der Transmitter-ausschüttung | Botulinum-Toxin, Tetanus-Toxin |
| | völliges Entleeren der Vesikel | Gift der Schwarzen Witwe |
| | Modulation der Neurotransmitter-ausschüttung | Opiate (Morphium, Heroin), Amphetamine |
| | Hemmung der Wiederaufnahme des Transmitters | Kokain |
| Synaptischer Spalt | Hemmung des Transmitter-spaltenden Enzyms | organische Phosphate (E 605) |
| Postsynapse | Agonist des Transmitters | Nikotin, LSD, Cannabisprodukte: Haschisch und Marihuana, Amphetamine (Ecstasy), Mescalin |
| | Antagonist des Transmitters | Curare (Pfeilgift), Bungarotoxin (ein Schlangengift), Atropin (Gift der Toll-kirsche), Koffein, Alkohol (Ethanol bzw. dessen Abbauprodukt Ethanal) |
| | Modulation der postsynaptischen Rezeptoren | Valium, Barbiturate |

Alkohol ist die am meisten verbreitete Droge weltweit und produziert auch die höchsten gesellschaftlichen Folgekosten.

## DIE WIRKUNG VON KOKAIN

Kokain

- stimuliert das sympathische Nervensystem; bei höherer Dosierung treten Symptome wie Nervosität, Angstzustände und paranoide Stimmungen auf;

- es beschleunigt den Puls und steigert den Blutdruck, erhöht die Körpertemperatur und weitet die Pupillen;

- ruft extreme Wachheit und ein Gefühl von Kraft und Tatendrang hervor;

- unterdrückt Schmerzen, Hunger, Durst und Müdigkeit;

- ist euphorisierend, hebt das Selbstbewusstsein und vermittelt Hochstimmung;

- wirkt berauschend und erzeugt Halluzinationen.

Die anregenden Wirkungen sind allerdings kurz; sie münden in Müdigkeit, Angst und Aggressionsneigung. Schon nach einer halben Stunde kann der Euphorie ein depressiver Zusammenbruch folgen. Dauerkonsum bewirkt Delirien, Depression, Bewusstseinstrübung und eine starke psychische Abhängigkeit.

Kokainmissbrauch führt zu psychischer und physischer Abhängigkeit von der Droge. Bei fortgesetztem Konsum führt Kokain zu einer veränderten Produktion von Neurotransmittern, z.B. von Dopamin. Die Folgen einer Kokainsucht sind lebensgefährliche Gesundheitsschäden wie Herz-Kreislauf-Störungen oder Herzattacken.

## DIE WIRKUNGSWEISE VON KOKAIN

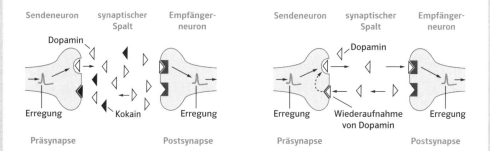

Die Grafiken zeigen die Erregungsübertragung an einer Synapse, deren Transmitter das Dopamin ist.

Die rechte Grafik zeigt, dass die Präsynapse bei Erregung Dopamin ausschüttet, das durch den synaptischen Spalt diffundiert, mit Rezeptoren der postsynaptischen Membran reagiert und dort eine Erregung auslöst. Die präsynaptische Membran nimmt das Dopamin wieder auf und speichert es für zukünftige Erregungsübertragungen.

Bei Anwesenheit von Kokain (linke Grafik) ist die Erregungsübertragung zunächst die gleiche: Dopamin wird ausgeschüttet, diffundiert und erregt die postsynaptische Membran. Allerdings ist die Aufnahme des Transmitters in die Präsynapse gestört, der Transmitter verbleibt im Spalt und kann immer wieder mit den Rezeptoren der Postsynapse reagieren. Bei wiederholten Impulsen an der Präsynapse steigt die Konzentration des Dopamins an, die Postsynapse wird wiederholt oder sogar dauernd stimuliert.

Die stimulierende Wirkung des Kokains ist durch eine erhöhte Transmitter-Konzentration im synaptischen Spalt zu erklären. Diese hat eine stärkere Depolarisation der postsynaptischen Membran und damit eine stärkere Erregung der nachgeschalteten Nervenzelle zur Folge.

## ZENTRALE SYNAPSEN

Das menschliche Nervensystem ist ein komplexes Netz aus einigen Milliarden Nervenzellen.

Ein Neuron kann Erregungen von bis zu 100 000 anderen Neuronen erhalten (Konvergenz), andererseits seine Erregung an ebenso viele andere Neurone übermitteln (Divergenz). Synapsen zwischen Neuronen (neuro-neuronale Synapsen) in Gehirn und Rückenmark bezeichnet man als zentrale Synapsen.

Zentrale Synapsen sind Stellen, an denen die Erregung von einem Neuron auf ein anderes Neuron übertragen wird.

Nervenfasern anderer Neuronen enden gewöhnlich auf Dendriten des nächsten Neurons, man bezeichnet sie als axo-dendritische Synapsen. Manche Endknöpfchen enden auf dem Soma der Empfängerzelle, sie sind axo-somatisch. Seltener endet ein Axon am Axon einer anderen Zelle und bildet eine axo-axonale Synapse.

In ihrem Aufbau entsprechen zentrale Synapsen etwa den neuromuskulären Synapsen, auch sie übertragen die Erregung durch chemische Transmitter.

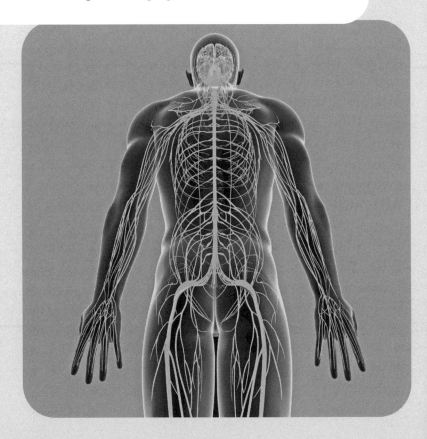

## POSTSYNAPTISCHE POTENZIALE

Die Membran postsynaptischer Neurone wird durch die Wirkung mancher Transmitter depolarisiert – es entsteht ein exzitatorisches (erregendes) postsynaptisches Potenzial (EPSP). Durch andere Transmitter kann sie jedoch hyperpolarisiert werden, ein inhibitorisches postsynaptisches Potenzial entsteht (IPSP).

## DER ABLAUF POSTSYNAPTISCHER POTENZIALE

Postsynaptische Potenziale (PSPs) sind variabel: Ihre Höhe hängt von der ausgeschütteten Transmittermenge ab. Von der Synapse bis zum Ursprung des Axons wird ein PSP ohne Verstärkung weitergeleitet. Die dabei auftretenden Leitungsverluste sind umso größer, je weiter die Synapse vom Axon-Ursprung entfernt ist.

Postsynaptische Potenziale folgen nicht dem Alles-oder-Nichts-Gesetz.

Ein EPSP steigt ungefähr 2–3 ms an und fällt dann im Verlauf von 10–12 ms wieder ab. Postsynaptische Potenziale breiten sich unter Abschwächung bis zum Axonhügel aus. Der Axonhügel ist die impulsauslösende Region des Neurons. Hier entscheidet sich, ob ein Aktionspotenzial ausgelöst wird oder nicht. Nur überschwellige Potenziale werden in Aktionspotenziale umgesetzt.

## SUMMATION

Neurone im Gehirn müssen oft Erregungen miteinander verrechnen, die an vielen tausend Synapsen eintreffen. Dabei ist die Höhe jeder Potenzialänderung auch von der vorherigen Größe des Membranpotenzials abhängig.

Das Verfahren dieser Verrechnung kann man mit einfachen Experimenten simulieren:

- Versuche zur zeitlichen Summation: Mehrere Impulse treffen kurz hintereinander ein. Die so hervorgerufenen Änderungen des Membranpotenzials überlagern sich und können gemeinsam am Axonhügel ein Aktionspotenzial auslösen, auch wenn jedes einzelne unterschwellig ist. Voraussetzung ist die Aufeinanderfolge mehrerer EPSPs innerhalb weniger Millisekunden.

- Versuche zur räumlichen Summation an erregenden Synapsen: Mehrere Impulse treffen an verschiedenen zentralen Synapsen gleichzeitig ein. Die an den einzelnen Postsynapsen erzeugten postsynaptischen Potenziale breiten sich über die Membran des Neurons aus und überlagern sich. Ist die Summe der Potenziale überschwellig, so entsteht am Axonhügel ein Aktionspotenzial. Voraussetzung der räumlichen Summation ist die gleichzeitige Erregung mehrerer Synapsen an einem Neuron.

- Versuche zur Verrechnung erregender und inhibitorischer Synapsen: EPSPs und IPSPs werden an verschiedenen Orten des Neurons gleichzeitig ausgelöst und summiert.

## ZEITLICHE UND RÄUMLICHE SUMMATION

In zentralen Synapsen führt erst die gleichzeitige oder schnell aufeinanderfolgende Tätigkeit mehrerer Synapsen zu einem überschwelligen EPSP und damit zu fortgeleiteter Erregung: zeitliche Summation.

An jedem Neuron liegen sehr viele Synapsen. An diesen Synapsen gleichzeitig erzeugte postsynaptische Potenziale breiten sich über die Membran des Neurons aus und überlagern sich. Ist die Summe der Potenziale überschwellig, so entsteht am Axonhügel ein Aktionspotenzial: räumliche Summation.

Synapsen sind also nicht nur Kontaktstellen; sie sind auch die Rechenelemente des Nervensystems. Die Membran des Zellkörpers kann beliebig viele lokale Potenzialänderungen (EPSPs und IPSPs) addieren. Wenn die Summe das Schwellenpotenzial überschreitet, wird ein Aktionspotenzial ausgelöst. Das Ergebnis der Addition ist also immer eine Alles-oder-Nichts-Reaktion des Axons.

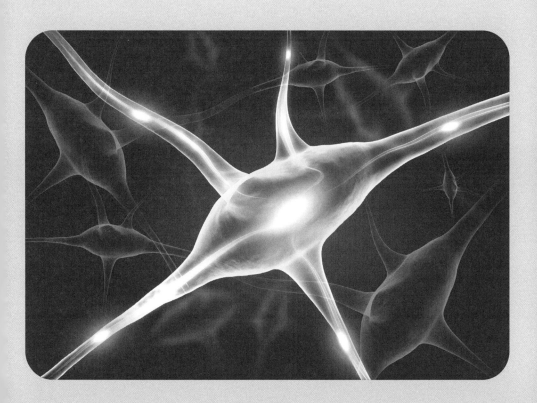

## EXPERIMENT ZUR ZEITLICHEN SUMMATION

In einem Experiment wird ein Axon A durch einen Reizgenerator mit drei aufeinanderfolgenden kurzen Impulsen elektrisch erregt. Vier Messanordnungen zeichnen die Reaktion dieses Axons (Oszilloskop 1) sowie einer nachgeschalteten Nervenzelle D (Oszilloskope 2–4) auf.

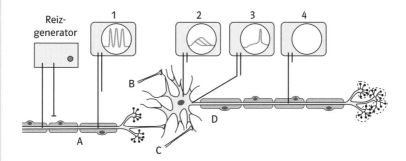

An den Dendriten der Zelle D wird durch Reizung der Zelle A ein exzitatorisches postsynaptisches Potenzial (EPSP) ausgelöst, dessen Verlauf an der Membran des Zellkörpers am Oszilloskop 2 verfolgt werden kann:

- Der Verlauf der Potenzialänderung am Zellkörper folgt nicht dem Alles-oder-Nichts-Gesetz, es ist gradiert.

- Die Dauer eines EPSPs am Soma ist deutlich länger als die eines Aktionspotenzials.

- Kurz hintereinander ausgelöste EPSPs werden addiert.

- Wenn am Axonhügel ein überschwelliges EPSP ankommt, so wird ein Aktionspotenzial ausgelöst (siehe Oszilloskop 3).

- Oszilloskop 4 würde dann auch ein typisches Aktionspotenzial anzeigen:

# DROGEN UND VERRECHNUNG

1. Nennen Sie je eine Droge, die an der angegebenen Stelle ihre Wirkung ausübt.

a) Präsynapse: _____

b) synaptischer Spalt: _____

c) Postsynapse: _____

2. Nennen Sie drei Unterschiede zwischen einem postsynaptischen Potenzial (PSP) und einem Aktionspotenzial (AP).

_____

_____

3. Was trifft auf postsynaptische Potenziale zu?

☐ A Sie dauern einige Millisekunden.
☐ B Sie folgen dem Alles-oder-Nichts-Gesetz.
☐ C Sie können addiert werden.

4. An welcher Stelle des Neurons starten Aktionspotenziale?

_____

## LÖSUNGEN

1. a) Präsynapse: Kokain (hemmt die Transmitter-Wiederaufnahme); b) synaptischer Spalt: E 605 (hemmt transmitterspaltendes Enzym); c) Postsynapse: Cannabis (Agonist des Transmitters) • 2. PSPs sind variabel, APs folgen dem Alles-oder-Nichts-Gesetz; PSPs dauern länger, sie werden unter Abschwächung geleitet, die Depolarisierung ist geringer. • 3. A, C • 4. Sie starten am Axonhügel (Ursprungskegel).

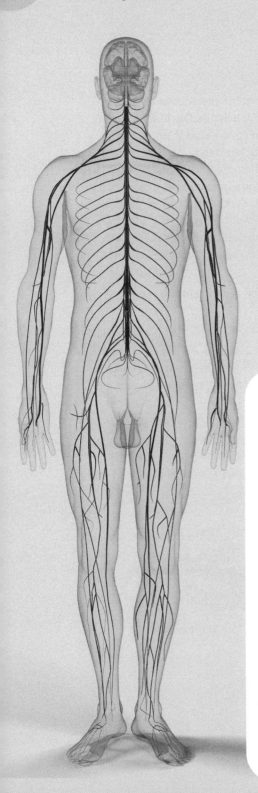

## DAS NERVENSYSTEM

Das Nervensystem setzt sich aus den Neuronen und Gliazellen des Körpers zusammen. Seine Hauptaufgaben sind:

- Aufnehmen und Verarbeiten von Sinnesreizen der Außenwelt und die Reaktion auf diese Reize;

- Steuerung innerer Prozesse wie Atmung und Verdauung.

## AUFBAU DES NERVENSYSTEMS

- Gehirn und Rückenmark bilden das Zentralnervensystem (ZNS). Im ZNS liegen die meisten Zellkörper der Nervenzellen. Ansammlungen von Zellkörpern bilden die graue Substanz; Bündel von markhaltigen Nervenfasern machen die weiße Substanz aus.

- Die aus Gehirn und Rückenmark austretenden Nerven stellen das periphere Nervensystem (PNS) dar. Man zählt zwölf Paare von Hirnnerven und 31 Paare von Spinal- oder Rückenmarksnerven.

Das periphere Nervensystem umfasst

- Afferenzen oder sensible Bahnen, das sind Fasern, die von der Peripherie zum Zentrum leiten, und

- Efferenzen oder motorische Bahnen, deren Fasern die Nachrichten vom Zentrum zum Körper leiten.

## DAS RÜCKENMARK

Das Rückenmark eines Menschen ist 40–50 cm lang, sein Durchmesser entspricht etwa dem des Daumens. Es liegt im Wirbelkanal der Wirbelsäule. Das Rückenmark ist, wie das Gehirn, von drei Häuten umgeben: der harten Rückenmarkshaut, der Spinngewebehaut und der weichen Rückenmarkshaut. Zwischen den beiden letzteren befindet sich die Gehirn-Rückenmarksflüssigkeit. Zwischen den Wirbelkörpern verlassen die Spinalnerven das Rückenmark. Beim Menschen sind es einunddreißig Paare. In der vorderen Wurzel eines jeden Spinalnervs ziehen motorische Fasern zu den Erfolgsorganen. Die Zellkörper der Neuriten liegen im Vorderhorn der grauen Substanz. Die sensiblen oder afferenten Fasern von den Sinneszellen des Körpers treten über die hintere Wurzel ein. Dabei handelt es sich um pseudounipolare Nervenzellen, deren Zellkörper in den Spinalganglien liegen.

Das Rückenmark hat vorne und hinten je eine Längsfurche. Im Zentrum liegt der Rückenmarkskanal.

Er ist von der im Querschnitt schmetterlingsförmigen grauen Substanz umgeben. In den Vorderhörnern der grauen Substanz liegen die Zellkörper der motorischen Neurone. Ihre Axone bilden die vorderen Wurzeln der Spinalnerven. In den Hinterhörnen liegen sensible Neurone. Hier werden viele der durch die hintere Wurzel eintretenden Fasern umgeschaltet.

Die weiße Substanz wird vorwiegend von markhaltigen Nervenfasern aufgebaut, die nach oben und unten verlaufen oder als Spinalnerven austreten. Fast alle Bahnen wechseln in ihrem Verlauf die Körperseite – manche im Rückenmark, andere erst im Gehirn. Daher haben Schädigungen der linken Gehirnhälfte Ausfallerscheinungen auf der rechten Körperseite zur Folge.

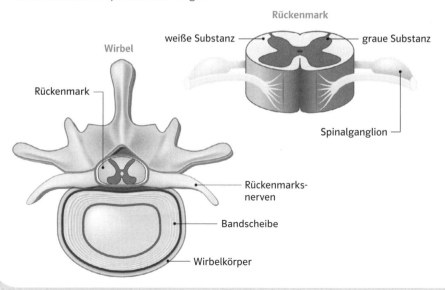

Rückenmark

weiße Substanz — graue Substanz

Wirbel

Rückenmark —

Spinalganglion —

Rückenmarks-nerven

Bandscheibe

Wirbelkörper

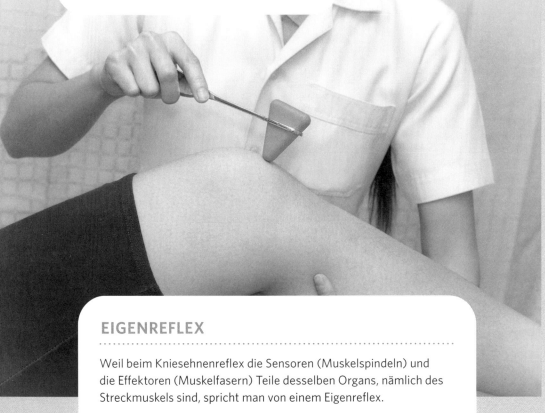

## REFLEX

Schlägt man einer Versuchsperson, die mit frei hängendem Unterschenkel sitzt, auf die Kniesehne, so schnellt fast augenblicklich der Unterschenkel nach vorne: Diese Reaktion bezeichnet man als Kniesehnenreflex.

Ein Reflex ist eine unwillkürliche Antwort auf einen Reiz.

## EIGENREFLEX

Weil beim Kniesehnenreflex die Sensoren (Muskelspindeln) und die Effektoren (Muskelfasern) Teile desselben Organs, nämlich des Streckmuskels sind, spricht man von einem Eigenreflex.

Beim Eigenreflex fließt die Erregung zurück zu dem Organ, von dem sie ausging, allerdings mit umgekehrtem Vorzeichen: Die Dehnung wird als Verkürzung reflektiert, daher der Name „Reflex". Durch den Eigenreflex kann die Muskellänge konstant gehalten werden, auch wenn Störungen von außen kommen.

Ein Reflex, an dem nur eine zentrale Synapse beteiligt ist, wird als monosynaptischer Reflex bezeichnet.

## FREMDREFLEX

Berührt man die Bauchhaut eines Menschen, so zieht sich die Bauchmuskulatur zusammen. Beim Bauchdeckenreflex liegen die Sensoren in der Haut, Effektor ist ein quergestreifter Muskel des Rumpfes. Beim Fremdreflex liegen Sensor und Effektor in unterschiedlichen Organen. Ein Fremdreflex ist ein Reflex, der einen Effekt an einer anderen Stelle als der reizauslösenden hervorruft. Im Reflexbogen der Fremdreflexe sind zwischen afferente und efferente Neurone mehrere Synapsen eingeschaltet, daher werden sie auch polysynaptische Reflexe genannt. Über Zwischenneurone kann ein sensibles Neuron mehrere Motoneurone gleichzeitig aktivieren.

## FREMDREFLEX

Fremdreflexe sind teilweise Schutzreflexe: Bauchdeckenreflex, Husten- und Niesreflexe, Lidschluss-, Tränen- und Pupillenreflex. Andere sind für die Nahrungsaufnahme von Bedeutung: Schluck- und Speichelsekretionsreflex, bei Kleinkindern der Saugreflex.

## SCHEMA EINES FREMDREFLEXES

Bei Bestreichen der Fußsohle mit einer Nadel führen die Zehen eine Greifbewegung aus. Diese Bewegung erfolgt reflektorisch, man bezeichnet sie als Fußsohlenreflex oder Plantarreflex.

Das Schema zeigt den Weg der nervösen Verschaltung:

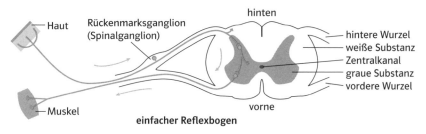

Haut — Rückenmarksganglion (Spinalganglion) — hinten — hintere Wurzel — weiße Substanz — Zentralkanal — graue Substanz — vordere Wurzel — Muskel — vorne — **einfacher Reflexbogen**

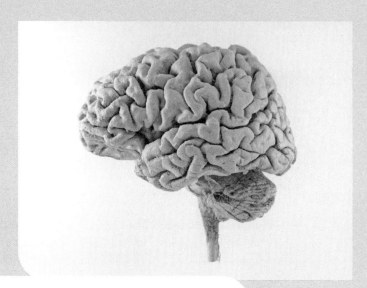

## DAS GEHIRN DES MENSCHEN

Das Gehirn des Menschen teilt man für eine erste Orientierung
in drei Hauptregionen ein:

Das Vorderhirn umfasst Großhirn und Zwischenhirn. Das
Großhirn macht 80 bis 85 % des gesamten Hirnvolumens aus.
Die beiden Hemisphären überdecken die übrigen Gehirnteile.

Das Kleinhirn besteht wie das Großhirn aus zwei Hemisphären,
deren Oberfläche eng gefurcht ist. Die Rinde aus grauer Substanz
ist dick und kompliziert aufgebaut. Über die Brücke ist es mit
dem Großhirn verbunden.

Als Stammhirn oder Hirnstamm fasst man das verlängerte
Mark oder Hinterhirn, die Brücke und das Mittelhirn zusammen.

Das Gehirn ist von drei Häuten umgeben. Der mit Flüssigkeit
gefüllte Zentralkanal des Rückenmarks setzt sich im Gehirn fort.
Dort erweitert er sich zu den vier Gehirnventrikeln.

## GLIEDERUNG DES GROSSHIRNS

Das Großhirn des Menschen besteht aus zwei spiegelbildlichen Halbkugeln (Hemisphären), die durch ein dickes Bündel von Nervenfasern, den Balken oder das *Corpus callosum*, verbunden sind. Jede der Hemisphären ist in vier Lappen unterteilt.

Die Zellkörper der Neurone befinden sich zum größten Teil in der Großhirnrinde, dem Cortex. Die Rinde ist 2–3 mm dick, sie wird von sechs Lagen unterschiedlich aussehender Neuronen gebildet. Ihre Oberfläche ist stark gefurcht, was eine erhebliche Vergrößerung bewirkt.

Das Mark des Großhirns ist schneeweiß (weiße Substanz). Es besteht aus markhaltigen Nervenfasern, die die Zellkörper der Rinde miteinander und mit der Peripherie verbinden.

Kommissuren sind Fasern, die gleichartige Teile der beiden Hemisphären miteinander verbinden. Sie verlaufen größtenteils durch den Balken.

Assoziationsfasern verknüpfen verschiedene Bereiche einer Hemisphäre.

Projektionsbahnen sind Bündel von Axonen, die das Gehirn mit den Sinnes- und Erfolgsorganen des Körpers verbinden.

Die sensiblen Fasern, die von den Sinnesorganen kommen, im Hirnstamm und meist auch noch im Thalamus umgeschaltet werden, enden zum größten Teil in den sensorischen Rindenfeldern, die auch als sensorische Projektionsfelder bezeichnet werden.

## DAS VEGETATIVE NERVENSYSTEM

Zum vegetativen Nervensystem gehören die Bahnen, die zu Drüsen, zum Herz und zur glatten Muskulatur ziehen und die zugehörigen Zentren in Gehirn und Rückenmark.

Atmung, Blutkreislauf, Verdauung, Exkretion, die Funktion der Geschlechtsorgane und die Regulation des Stoffwechsels und der Körpertemperatur sind Körperfunktionen, die zur Aufrechterhaltung des Lebens notwendig sind und weitgehend unabhängig von unserem Bewusstsein und Willen verlaufen. Alle diese Funktionen werden vom vegetativen Nervensystem gesteuert. Der Name „autonomes Nervensystem" drückt aus, dass das System in der Regel ohne willentliche Kontrolle arbeitet. Das vegetative Nervensystem steht jedoch mit Gehirn und Rückenmark in enger Verbindung. Sinneseindrücke, Gedanken und Stimmungen wirken sich auf die Arbeit der inneren Organe aus.

## SYMPATHICUS UND PARASYMPATHICUS

Das vegetative System steuert die Organe nach dem antagonistischen Prinzip. Es besteht aus zwei Komponenten, dem sympathischen und dem parasympathischen System.

Während der Sympathicus bei Belastung des Organismus, bei Angriff, Flucht und Leistungssteigerung (*fight or flight*) aktiviert wird, steuert der Parasympathicus die Schonung des Organismus, Ruhe und Erholung (*rest and digest*). Entsprechend werden Organe wie Herzmuskel und Atmungsorgane durch den Sympathicus aktiviert, durch den Parasympathicus gehemmt; die Tätigkeit der Verdauungsorgane dagegen vom Parasympathicus gesteigert, durch den Sympathicus vermindert.

Reizt man einen zum Herzen ziehenden Nerv des Sympathicus, so kann man eine Zunahme der Herzschlagfrequenz beobachten. Die Axone des Sympathicus haben also einen erregenden Einfluss auf die Herzmuskeln. Wiederholt man den gleichen Versuch, reizt diesmal aber einen Nerv des Parasympathicus, so kann man das Gegenteil beobachten. Die Herzschlagfrequenz nimmt deutlich ab. Offensichtlich haben die Axone des Parasympathicus einen hemmenden Einfluss auf die Herzmuskelzellen.

# NERVENSYSTEM

· · · · · · · · · · · · · · · · · · · · · · · · · · · · · · · · · ·

1. Was unterscheidet die graue Substanz von der weißen Substanz im Zentralnervensystem?

_____

_____

2. Erläutern Sie das antagonistische Prinzip im vegetativen Nervensystem am Beispiel des Herzen.

_____

3. Was ist eine Projektionsbahn?

_____

_____

_____

4. Welche Funktion hat die starke Furchung von Groß- und Kleinhirn?

_____

# LÖSUNGEN

· · · · · · · · · · · · · · · · · · · · · · · · · · · · · · · · · ·

**1.** Die weiße Substanz besteht aus Bündeln von markhaltigen Nervenfasern, die graue Substanz aus Zellkörpern von Nervenzellen. • **2.** Der Sympathicus steigert die Herzfrequenz, der Parasympathicus hemmt sie. • **3.** Es ist ein Bündel von Neuriten, die das Gehirn mit den Sinnes- und Erfolgsorganen des Körpers verbinden. • **4.** Die Furchung dient der Oberflächenvergrößerung.

## DAS AUGE DES MENSCHEN

Das Auge des Menschen hat einen Durchmesser von rund 24 mm.

Drei Schichten bauen den Augapfel auf:

- Die weiße Augenhaut (Lederhaut, Sklera) ist die feste Hülle des Auges. Sie ist die Ansatzstelle für die Augenmuskeln.

- Die Aderhaut (Choroidea) ist reich durchblutet. Sie ernährt die Netzhaut.

- Die Netzhaut oder Retina ist das Sinnesepithel des Gesichtssinns, sie dient der Erregungsbildung sowie der Verrechnung und Leitung der Information. Sie besteht aus dem Pigmentepithel und dem Neuroepithel. Die Retina entsteht als Ausstülpung des Gehirns. Neben den Lichtsinneszellen enthält sie verarbeitende Neurone.

## AUFBAU DER RETINA

Über den Sinneszellen liegen Nervenzellen in zwei Schichten, dazwischen liegen Netze von verbindenden Fasern.

- Ganglienzellen (1) fassen die Erregungen der Rezeptoren zusammen. Ihre Neuriten ziehen zum Gehirn.

- Amakrinzellen (2) verknüpfen verschiedene Ganglienzellen.

- Bipolarzellen (3) verbinden die Synapsenschichten der Netzhaut.

- Horizontalzellen (4) bilden Synapsen mit benachbarten Sinneszellen.

- Stäbchen (5) sind Lichtsinneszellen, die das Hell-Dunkel-Sehen bei geringen Lichtintensitäten vermitteln.

- Zapfen (6) vermitteln das Farbensehen.

- Das Pigmentepithel (7) absorbiert Lichtstrahlen und isoliert die Sensoren optisch.

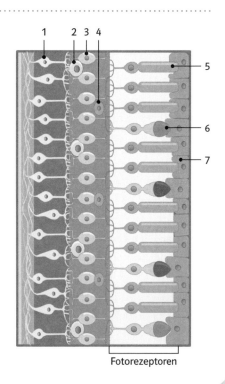

Fotorezeptoren

## DIE RETINA

Die Retina besteht aus Lichtsinneszellen und Nervenzellen. Die Zellen sind in drei Schichten angeordnet:

* Fotorezeptoren: Stäbchen sind Lichtsinneszellen, die das Hell-Dunkel-Sehen bei geringen Lichtintensitäten (skotopisches Sehen) vermitteln. Die Zapfen vermitteln das Farbensehen (photopisches Sehen). Im Auge des Menschen sind – wie bei allen Wirbeltieren – die Lichtsinneszellen nicht dem Licht zugewandt. Das Licht muss die beiden anderen Zellschichten durchdringen, bevor es die Rezeptoren erregen kann. Man bezeichnet die Netzhaut der Wirbeltiere als inverse Retina.

* Ganglienzellen fassen die Erregungen der Stäbchen und Zapfen, mit denen sie verbunden sind, zusammen. Sie reagieren auf die Belichtung der Sensoren ihres rezeptiven Feldes, indem sie ihre Impulsfrequenz steigern oder senken. Ihre Axone bilden den Sehnerv. Die Amakrinen verknüpfen verschiedene Ganglienzellen.

* Zwischen Fotorezeptoren und Ganglienzellen liegt die Schicht der Bipolarzellen. Sie verbinden die Rezeptoren mit den Ganglienzellen. Durch belichtete Zapfen werden sie teilweise hyperpolarisiert, teilweise depolarisiert. Horizontalzellen bilden Synapsen mit benachbarten Sinneszellen und hemmen die Nachbarn einer belichteten Zelle. Sie spielen eine wichtige Rolle bei der lateralen Hemmung (→ S. 184).

Während die Zapfen der Sehgrube (Fovea) meist über eine Bipolarzelle mit einer Ganglienzelle verbunden sind (direkte Schaltung), sind am Rande der Netzhaut viele Rezeptoren (etwa 15–30 Stäbchen) mit einer Bipolarzelle, mehrere Bipolarzellen mit einer Ganglienzelle verbunden (konvergente Schaltung).

Alle mit einer Ganglienzelle verbundenen Zellen – Stäbchen, Zapfen, Bipolarzellen – bilden eine rezeptive Einheit. Je mehr Zellen zu einer solchen Einheit zusammengefasst sind, d.h. je größer das rezeptive Feld ist, desto gröber wird das Raster, das die betreffende Netzhautstelle auflösen kann. Die 130 Mio. Stäbchen der Netzhaut sind auf eine Million Ganglienzellen verschaltet.

## FOTOREZEPTOREN

In der Retina des Menschen befinden sich zwei Typen von Fotorezeptoren: rund 120 Mio. langgestreckte Stäbchen und 7 Mio. kürzere, dicke Zapfen.

Nach der Duplizitätstheorie des Sehens haben die beiden Rezeptortypen unterschiedliche Funktionen:

- Stäbchen dienen dem Sehen in der Dämmerung, sie vermitteln nur Grauabstufungen.

- Zapfen sind bei hellem Tageslicht aktiv, mit ihrer Hilfe können wir Farben unterscheiden. Beim Menschen gibt es drei Zapfentypen, die jeweils ein anderes Pigment tragen und in einem anderen Bereich des sichtbaren Spektrums ihre höchste Empfindlichkeit haben.
  S-Zapfen (*short wavelength*) absorbieren den kurzwelligen, blauen Bereich des sichtbaren Farbspektrums, ihr Absorptionsmaximum liegt bei einer Wellenlänge von etwa 420 nm (blauviolett).
  M-Zapfen (*medium wavelength*) sind Grünrezeptoren. Ihr Absorptionsmaximum liegt bei 534 nm.
  L-Zapfen (*long wavelength*) haben ihr Absorptionsmaximum im gelbgrünen Bereich bei 563 nm. Da sie die Wahrnehmung von rotem Licht übernehmen, bezeichnet man sie als Rotrezeptoren.

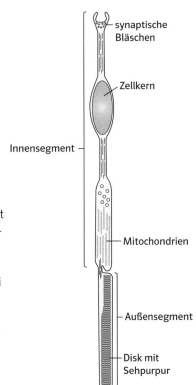

synaptische Bläschen

Zellkern

Innensegment

Mitochondrien

Außensegment

Disk mit Sehpurpur

## BELEGE DER DUPLIZITÄTSTHEORIE

Für die Duplizitätstheorie gibt es eine Reihe von Belegen:

1. Tiere mit überwiegend nächtlicher Lebensweise haben eine reine Stäbchenretina, sie sind farbenblind, z.B. Igel, Maulwurf und Eulen. Tiere, die nur bei Tag aktiv sind (Eidechsen, Tagraubvögel), haben Zapfenretinen.

2. In der Dämmerung können wir keine Farben unterscheiden („Bei Nacht sind alle Katzen grau").

3. Die ungleiche Verteilung von Stäbchen und Zapfen auf der Netzhaut spiegelt sich in der ungleichen Sehschärfe bei Helligkeit und Dämmerlicht wieder.

4. Die direkte elektrische Ableitung von Stäbchen und Zapfen bei Farblicht ergab, dass Stäbchen einheitlich, Zapfen unterschiedlich reagieren.

5. Während alle Stäbchen denselben Farbstoff tragen, hat man drei verschiedene Zapfen-Pigmente nachgewiesen.

## DAS STÄBCHEN – EINE LICHTSINNESZELLE

Ein Beispiel für eine Lichtsinneszelle ist ein Stäbchen aus der Netzhaut des Menschen. Das Stäbchen hat einen Durchmesser von etwa 3 μm. Es ist in ein Außensegment und ein Innensegment gegliedert.

Das Innensegment enthält den Zellkern, die Mitochondrien und weitere Organelle.

Das Außensegment ist ein dünnes Röhrchen, in dem etwa 2000 Membranscheibchen (Disks) in Form einer Geldrolle dicht gestapelt sind.

Die Membran der Scheibchen besteht – wie jede Biomembran – aus zwei Proteinschichten und einer Lipidschicht. Als Besonderheit enthält sie in hoher Konzentration den Sehpurpur, das Rhodopsin.

## DER SEHFARBSTOFF RHODOPSIN

Rhodopsin ist eine Verbindung aus dem Farbstoff 11-cis-Retinal, der Licht absorbieren kann, und dem Protein Opsin.

Das Retinal-Molekül besitzt ein System konjugierter Doppelbindungen, das es dem Molekül ermöglicht, Lichtenergie zu absorbieren. Bei Belichtung ändert das Retinal seine Struktur. Das 11-cis-Retinal lagert sich um zu all-trans-Retinal. Dabei streckt sich das Molekül, das Protein Opsin geht in seine angeregte Form über:

$$[\text{Opsin}]\text{-11-cis-Retinal} \xrightarrow{\text{Licht}} [\text{Opsin*}]\text{-trans-Retinal}$$

In wenigen Millisekunden zerfällt das Rhodopsin in mehreren Schritten, das Retinal trennt sich vom Opsin:

$$\text{Rhodopsin} \rightarrow \text{Opsin} + \text{all-trans-Retinal}$$

Diese Primärreaktion des Sehvorgangs ist als Bleichung des Sehfarbstoffs zu beobachten. Das Auge baut den verbrauchten Sehfarbstoff wieder auf: Das trans-Retinal wird zu Retinol (Vitamin A) reduziert. Aus diesem wird das 11-cis-Retinal zurückgewonnen und wieder an das Opsin gebunden.

Als Folge der Veränderungen der Rhodopsin-Moleküle ändert sich die Permeabilität der Sehzellmembran für Ionen und damit auch das Membranpotenzial.

Das Rezeptorpotenzial breitet sich über die Membran der Lichtsinneszelle bis zur Synapse aus und regt die nachgeschaltete Nervenzelle an.

Zur Ergänzung des Rhodopsinvorrats muss Vitamin A mit der Nahrung aufgenommen werden. Bei Mangel kann die Rhodopsin-Neubildung zum Erliegen kommen, die Folge ist Nachtblindheit.

## REZEPTORPOTENZIAL

Im Dunkeln sind die Natriumkanälchen der Außensegmente geöffnet. Durch einen andauernd hohen Einstrom von Natrium-Ionen in das Außensegment ist die Membran des Stäbchens auf etwa – 30 mV depolarisiert. Es befinden sich mehr positive Ionen außerhalb als innerhalb der Zelle.

Als Folge des Zerfalls der Rhodopsin-Moleküle ändert sich die Permeabilität der Sehzellmembran für Natrium-Ionen und damit auch das Membranpotenzial: Das aktivierte Rhodopsin veranlasst über eine intrazelluläre Signalkaskade die Natrium-kanäle, sich zu schließen. Die Membranspannung steigt; das Stäbchen wird auf – 60 bis – 90 mV hyperpolarisiert. Der Verlauf dieser Hyperpolarisierung wird als Rezeptorpotenzial bezeichnet.

Das Rezeptorpotenzial breitet sich über die Membran der Lichtsinneszelle bis zur Synapse aus. Bei Dunkelheit schüttet das Stäbchen viele Transmittermoleküle aus, bei Belichtung nimmt die Transmitter-Ausschüttung, je nach Höhe des Sensorpotentials, ab.

Die Bipolarzellen werden im Dunkeln durch die kontinuierliche Ausschüttung des Transmitters Glutamat durch die Stäbchen gehemmt. Wenn bei Belichtung die Transmitterfreisetzung sinkt, geben die Bipolaren die Erregung an die Ganglienzellen und somit an den Sehnerv weiter. Das Sensorpotenzial der Bipolarzellen ändert sich graduell und übermittelt so die Information abhängig von der Lichtstärke.

## ADAPTATION

Adaptation ist die Anpassung des Auges an wechselnde Beleuchtungsverhältnisse: Der hellste Arbeitsbereich unseres Auges verhält sich zum dunkelsten wie $10^9 : 1$.

Die Augen der Katzen sind hoch spezialisiert: Die Pupillen können sich sehr weit öffnen, die Retina besitzt besonders viele Stäbchen, das einfallende Licht wird durch eine reflektierende Pigmentschicht, das „*tapetum lucidum*", verstärkt.

## MÖGLICHKEITEN DER ADAPTATION

Das Auge hat verschiedene Möglichkeiten zu adaptieren:

1. Die einzelnen Stäbchen passen sich der Leuchtdichte der Umwelt an. Licht schließt nicht nur die $Na^+$-Kanäle, sondern auch die $Ca^{2+}$-Kanäle in der Membran des Stäbchens. Wenn bei Belichtung der Calcium-Spiegel in der Zelle sinkt, nimmt die Lichtempfindlichkeit ab.

2. Nervöse Schaltungen in der Netzhaut können verändert werden. Das erregende Zentrum der rezeptiven Felder erweitert sich auf Kosten des hemmenden Umfelds. Das Umfeld kann schließlich ganz verschwinden, sodass alle Sensoren der rezeptiven Einheit erregend sind. Außerdem ändert sich die zeitliche Summation. Das zeitliche Auflösungsvermögen nimmt ab.

3. Die Lichtrezeption geht bei der Anpassung an Dunkelheit von den Zapfen auf die Stäbchen über. Auf diesem Übergang beruht das Purkinje-Phänomen: Im Dämmerlicht erscheinen uns blaue Gegenstände heller als orangerote, die bei Tag gleich hell sind, weil Stäbchen und Zapfen unterschiedliche spektrale Empfindlichkeiten haben.

4. Die Pupillengröße ändert sich reflektorisch.

5. Bei manchen Wirbeltieren beobachtet man Bewegungen von Rezeptoren. Stäbchen versinken sich bei Starklicht im Pigmentepithel.

## AUGE, LICHTREZEPTOREN

· · · · · · · · · · · · · · · · · · · · · · · · · · · · · · · · · · ·

1. Welche Rolle spielt das Vitamin A beim Sehvorgang?

   _____

2. Wie ändert sich die Membranspannung des Stäbchens
   bei Belichtung?

   _____

3. Was besagt die Duplizitätstheorie des Sehens?

   _____

4. Welche Vorgänge laufen bei der Reizung einer Lichtsinneszelle
   durch einen Lichtreiz ab?

   _____

   _____

   _____

## LÖSUNGEN

· · · · · · · · · · · · · · · · · · · · · · · · · · · · · · · · · · ·

**1.** Aus Vitamin A (Retinol) regeneriert das Auge den Sehfarbstoff 11-cis-Retinal. **2.** durch Hyperpolarisation auf –60 bis –90 mV **3.** In der Retina gibt es zwei Arten von Fotorezeptoren: Stäbchen und Zapfen. Stäbchen sind auf das Sehen bei Dämmerung spezialisiert, Zapfen auf das Farbensehen. **4.** Umlagerung von cis-Retinal in all-trans-Retinal; Zerfall des Rhodopsins in Retinal und Opsin; Änderung der Permeabilität der Sehzellmembran und dadurch Auslösung eines Rezeptorpotenzials; Anregung der nächsten Nervenzelle (der Bipolarzellen).

## AUGE UND SEHBAHN

Die Sehbahn ist die neuronale Verbindung des Auges mit dem Gehirn. Die ersten Umschaltungen der Sehbahn erfolgen schon in der Netzhaut. Die Rezeptoren der Netzhaut (Stäbchen und Zapfen) bilden das erste Neuron der Sehbahn. Von hier wird die Erregung auf die bipolaren Nervenzellen – das zweite Neuron der Sehbahn – weitergeleitet, die sie an die Ganglienzellen der Netzhaut – das dritte Neuron – weitergeben. Die Axone der Ganglienzellen verlassen das Auge in der Papille („blinder Fleck") und sammeln sich im Sehnerv (*Nervus opticus*). Jeder Sehnerv besteht aus rund einer Million Fasern. In der Sehnervenkreuzung (*Chiasma opticum*) überkreuzen sich 50 % aller Fasern. Fasern der linken wie der rechten Gesichtsfelder beider Augen ziehen gemeinsam im optischen Trakt zum Thalamus. Hier werden die Fasern auf das vierte Neuron der Sehbahn umgeschaltet. Dessen Axone verlaufen als Sehstrang zur primären Sehrinde im Hinterhauptslappen der Großhirnrinde. Einige Fasern des Sehnervs ziehen ohne Umschaltung vom Thalamus zum Mittelhirn. Diese Anteile sind für die Akkomodation, den Pupillenreflex und die Richtungsbewegungen der Augen zuständig.

## SCHÄDIGUNGEN DER SEHBAHN

Schädigungen der Sehbahn führen zu Ausfällen des Gesichtsfeldes. Deshalb wird zur Diagnostik das Gesichtsfeld untersucht. Auch das Aussehen der Pupille wird beurteilt. Der tatsächliche Nachweis einer Sehbahnschädigung und ihrer Lokalisation wird aber über bildgebende Verfahren erbracht. Dazu wird ein Computertomogramm oder ein Kernspintomogramm angefertigt.

Schädigungen der Sehbahn können verschiedene Ursachen haben. Dabei kommt es entweder zu einer Mangelversorgung mit Blut oder zu einem zu starken Druck auf die Sehbahn.

# UNTERBRECHUNGEN DER SEHBAHN

Durchblutungsstörungen, Blutungen, Tumore und Verletzungen können die Sehbahn – die Verbindung zwischen Auge und Gehirn – unterbrechen. Zur Diagnostik einer solchen Sehbahnläsion wird zunächst das Gesichtsfeld der betroffenen Person untersucht, aus den Ausfällen kann man auf den Ort der Unterbrechung schließen.

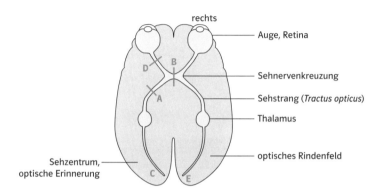

rechts

Auge, Retina

Sehnervenkreuzung

Sehstrang (*Tractus opticus*)

Thalamus

optisches Rindenfeld

Sehzentrum, optische Erinnerung

Im Fall A wurde der linke Ast der Sehbahn hinter der Sehnervenkreuzung (des optischen Trakts) geschädigt. Eine Person mit dieser Schädigung A sieht mit beiden Augen, kann aber jeweils nur noch Dinge auf der rechten Seite wahrnehmen, für Ereignisse auf der linken Hälfte ihres Gesichtsfelds ist sie blind.

Im Fall B wurde die Sehnervenkreuzung durch einen Medianschnitt durchtrennt: Bahnen vom linken Auge ziehen weiter zur linken Hemisphäre, die vom rechten Auge zur rechten Hemisphäre, die kreuzenden Fasern fallen aus. Eine Person mit dieser Schädigung hat die „Scheuklappenblindheit". Sie erkennt Gegenstände in der Mitte ihres Sehfeldes, randlich stehende Dinge werden durch eine schnelle Augenbewegung erfasst oder bleiben unbemerkt.

Bei Fall C sind die optischen Erinnerungsfelder des Großhirns beidseitig ausgefallen: Die Erregungen von den Augen gelangen in die primäre optische Rinde, können aber nicht mit Erinnerungen verknüpft werden. Eine Person mit dieser Schädigung ist unfähig, einen gesehenen Gegenstand zu erkennen oder eine Person zu identifizieren, obwohl sie sehen kann. Man spricht von Seelenblindheit (optischer Agnosie).

Bei D ist der Sehnerv zwischen dem linken Auge und der Sehnervenkreuzung unterbrochen. Eine Person mit dieser Schädigung D sieht mit dem linken Auge nicht, obwohl beide Augen vollkommen intakt sind.

Bei einer Läsion wie im Fall E ist das optische Rindenfeld (die primäre Sehrinde) der rechten Hemisphäre zerstört. Augen und Sehbahn sind intakt. Trotzdem reagiert jemand mit einer solchen Schädigung nur auf Ereignisse, die sich im Gesichtsfeld links von seiner Nase abspielen; was auf der rechten Seite liegt, wird nicht bemerkt.

## DIE REZEPTIVE EINHEIT

Die Erregungen der zu einer rezeptiven Einheit gehörenden Rezeptoren werden nicht einfach addiert. Häufig sind die Zellen im Zentrum des rezeptiven Feldes durch erregende Synapsen mit der Ganglienzelle verbunden, die Zellen am Rande des Feldes dagegen über hemmende Synapsen: laterale Hemmung oder laterale Inhibition. Bei gleichmäßiger Beleuchtung des ganzen Feldes ist die Ganglienzelle nicht oder nur wenig erregt. Sie spricht erst dann an, wenn das Feld ungleichmäßig beleuchtet ist. Die Wahrnehmung eines Objektes beruht stärker auf seinem Kontrast als auf der von ihm aufs Auge einfallenden Lichtmenge. Es ist die gegensätzliche Reaktion von Zentrum und Umfeld, die zur Kontrastverstärkung führt.

Im Zentralnervensystem ist die laterale Hemmung ein allgemeines Prinzip. Sie tritt in vielen Schaltkreisen auf. Das Ergebnis der lateralen Hemmung ist die Kontrastverstärkung und damit die Herausbildung von Gestaltgrenzen, die als Grundlage der Orientierung dienen können.

Hermannsches Gitter:
An den Kreuzungsstellen des Gitters erscheinen graue Flecken. Die Täuschung wird mit dem Phänomen der lateralen Hemmung erklärt, die in den Kreuzungen stärker ist als in den Straßen.

NERVEN, SINNE, HORMONE

## REZEPTOREN

Sensoren oder Rezeptoren sind Energiewandler.
Exterosensoren nehmen Reize aus der Umwelt auf, man findet
sie im Auge, im Ohr, auf der Zunge, in der Nase und der Haut.
Entero- oder Propriosensoren informieren das Nervensystem
über Zustände im Körper. Beispiele sind die $CO_2$-Rezeptoren im
Thalamus und die Muskelspindeln. Vater-Pacini-Körperchen in
der Haut sind Exterosensoren, in inneren Organen wirken sie
als Propriosensoren.

## CODIERUNG DURCH REZEPTOREN

Jedes Aktionspotenzial hat eine unveränderliche Amplitude und eine konstante
Leitungsgeschwindigkeit. Unterschiedlich starke Reize werden durch die Zahl der
Impulse pro Zeiteinheit angezeigt. Auf eine Erhöhung der Reizintensität antwortet
das Axon mit einer höheren Impulsfrequenz.
Maßeinheit für Frequenzen ist das Hertz ($1\,Hz = 1\,sec^{-1} = 1/sec$). Das Axon arbeitet
mit einem Impulsfrequenzcode. Bei einer Frequenz von 100 Hz leitet ein Axon
100 Impulse pro Sekunde.

Sensoren übersetzen die Reizintensität in eine Impulsfrequenz. Man kann sie nach
ihrem Adaptationsverhalten in drei Typen einteilen:

Tonische Rezeptoren geben während der gesamten Dauer eines Reizes Signale
weiter. Länger andauernde Reize werden als Impulsfolgen angezeigt. Je stärker
der Reiz ist, desto höher ist die Impulsfrequenz: tonische Codierung. Die meisten
Rezeptoren übersetzen die Reizintensität logarithmisch in die Impulsfrequenz.

Phasische Rezeptoren reagieren nur auf Veränderungen. Sie signalisieren Anfang
und Ende eines Reizes durch je eine kurze Impulsserie. Nicht Zustände sondern
Veränderungen werden gemeldet. Beispiele sind die Riech- und Tastsinneszellen.

Phasisch-tonische Rezeptoren zeigen einen neu einsetzenden Reiz durch eine sehr
hohe Impulsfrequenz an. Bleibt der Reiz für längere Zeit gleich stark, so nimmt die
anfänglich hohe Frequenz rasch ab auf ein konstantes Niveau. Dieses „Ermüden"
von Sinneszellen nennt man Adaptation. Phasisch-tonische Codierung beobachtet
man bei Lichtrezeptoren, Geschmack- und Temperatursinneszellen und beim
Schmerzsinn.

## DIGITALE UND ANALOGE CODIERUNG

Ein Code ist eine Vorschrift, mit der Nachrichten oder Befehle zur Übertragung oder Weiterverabeitung für ein Zielsystem umgewandelt werden.

Digitaler Code: Eine Information wird weitergegeben als Folge einzelner Zeichen (Zahlen, Buchstaben, Spikes). Dazu muss die Information in einzelne Quanten zerlegt werden. Bei der digitalen Verarbeitung von Informationen spielen Binärcodes eine große Rolle: ja oder nein, Aktionspotenzial oder kein Aktionspotenzial.

Analoger Code: Eine analog codierte Information wird repräsentiert durch eine physikalische Größe (Stoffmenge, Spannung), die sich kontinuierlich verändert. Die Information wird proportional zu ihrem Betrag auf dem Träger abgebildet.

## CODEWECHSEL

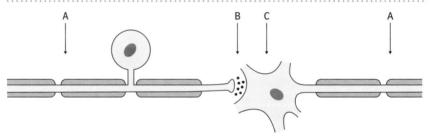

Das Erregungsniveau wird im Axon (A) durch die Frequenz der Aktionspotenziale codiert. Der Impulsfrequenzcode ist ein digitaler Code.

Dendriten und Zellkörper (C) verwenden analog codierte Signale: Die Höhe der EPSPs und IPSPs entspricht der jeweiligen Erregung. Auch die Synapse (B) benutzt analoge Signale: Die Menge des ausgeschütteten Transmitters steht in unmittelbarem Zusammenhang mit der Stärke des Reizes.

In jeder Synapse wird digital codierte Information in ein analog codierendes System umgeformt. Im Axonhügel werden die analogen Signale wieder zu digitalen Signalen verwandelt:

| Axon Impulsfrequenz digital | → | Synapse Transmittermenge analog | → | Zellkörper EPSP analog | → | Axon Impulsfrequenz digital |

Dieser ständige Wechsel des Codes, die „duale Qualität der Codierung", macht das Nervensystem so flexibel.

# SEHBAHN UND CODIERUNG

1. Woraus besteht eine rezeptive Einheit der Netzhaut und welche Funktion hat sie?

   _____

2. Was ist die Sehbahn und aus welchen Komponenten besteht sie?

   _____

3. Was trifft auf Sensoren zu?

   ☐ A Tonische Rezeptoren geben während der ganzen Reizdauer unabhängig von der Reizstärke Signale mit gleicher Impulsfrequenz ab.
   ☐ B Phasische Rezeptoren reagieren nur auf Veränderungen.
   ☐ C Phasisch-tonische Rezeptoren zeigen Adaptation.

4. Beschreiben Sie die Codierung eines länger andauernden, gleichbleibenden Reizes durch phasisch-tonische Rezeptoren.

   _____

   _____

# LÖSUNGEN

**1.** Sie besteht aus Fotorezeptoren und Bipolarzellen; sie führt eine erste Verrechnung eingehender Erregungen durch. • **2.** Die Sehbahn ist die neuronale Verbindung des Auges mit dem Gehirn. Sie besteht aus Sehzellen (1. Neuron), Bipolarzellen (2. Neuron), Ganglienzellen (3. Neuron) mit Axon (über Sehnerv, Sehnervenkreuzung und Sehstrang) zum Thalamus. 4. Neuron mit Axon zur primären Sehrinde im Großhirn. • **3.** B, C • **4.** Zu Beginn des Reizes gibt der Rezeptor Aktionspotenziale mit sehr hoher Impulsfrequenz ab. Bleibt der Reiz für einige Zeit gleich, so nimmt die Frequenz ab auf ein konstantes Niveau.

## HORMONE SIND SIGNALÜBERMITTLER

Hormone sind biochemische Botenstoffe. Sie werden von spezialisierten Hormondrüsen gebildet und erreichen ihre Zielzellen über die Blutbahn. Hormone ermöglichen den Zellen, miteinander zu kommunizieren. Die Sekretion der Hormone wird durch Regelkreise mit negativer Rückkopplung gesteuert.

Hormone liegen in sehr geringen Konzentrationen im Blut vor, spielen jedoch eine zentrale Rolle im Körper. Sie koordinieren den Stoffwechsel, das Wachstum, die Reproduktion und weitere Vorgänge im Körper.

Zu den Hormondrüsen zählen die Zirbeldrüse (Epiphyse), die Hirnanhangdrüse (Hypophyse), die Schilddrüse (Thyroidea) und die Nebenschilddrüsen (Parathyreoideae), die Bauchspeicheldrüse (Pankreas), die Nebennieren (Glandulae suprarenales), die Eierstöcke (Ovaria) sowie die Hoden (Testes).

## HORMONSYSTEM DES MENSCHEN

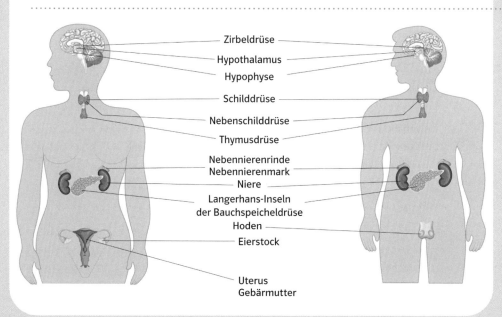

Zirbeldrüse
Hypothalamus
Hypophyse
Schilddrüse
Nebenschilddrüse
Thymusdrüse
Nebennierenrinde
Nebennierenmark
Niere
Langerhans-Inseln
der Bauchspeicheldrüse
Hoden
Eierstock
Uterus
Gebärmutter

## AUFBAU DER HORMONE

Hormone kann man in hydrophile (wasserlösliche, polare) und lipophile (fettlösliche, unpolare) Stoffe einteilen:

Peptidhormone – Ketten von Aminosäuren – sind hydrophil. Zu ihnen gehören Insulin, Glucagon und Somatotropin.

Steroidhormone leiten sich vom Cholesterin ab und sind lipophil. Dazu zählen Testosteron, Cortisol, Östrogene.

Lipophil sind auch die Schilddrüsenhormone Thyroxin (T4) und Trijodthyronin (T3), sie sind jodhaltige Aminosäuren.

Lipophile Hormone können die Zellmembran ungehindert passieren. Innerhalb der Zelle befinden sich im Cytoplasma oder im Zellkern Rezeptoren. Die Hormone bilden mit den Rezeptoren Komplexe aus, die im Zellkern Transkription und Translation beeinflussen und so die Genexpression steuern.

Peptidhormone können die Zellmembran nicht durchdringen. Die Hormonrezeptoren liegen auf der Zelloberfläche. Als Folge der Bindung des Hormons an den Rezeptor ändert sich dessen Konformation. Die Konformationsänderung löst im Zellinneren eine Kettenreaktion aus, bei der sekundäre Botenstoffe (*second messengers*) das Signal in das Zellinnere weiterleiten.

Gewebshormone wie die Prostaglandine werden direkt an die Zellen des Nachbargewebes abgegeben.

## HYPOPHYSENHORMONE

An der Basis des Gehirns liegt die Hypophyse. Sie ist mit einem kurzen Stiel am Hypothalamus befestigt und mit ihm durch ein Netzwerk von Nervenfasern und Blutgefäßen verbunden. Die Hypophyse spielt eine zentrale Rolle im endokrinen System; man kann sie als „Dirigenten der Hormondrüsen" bezeichnen.

Der Hypophysenvorderlappen produziert zwei Gruppen von Hormonen:

- Das Wachstumshormon (somatotropes Hormon) wirkt direkt auf den Körper. Es regt den Stoffwechsel und das Wachstum an.

- Die glandotropen Hormone (Thyreotropin TSH, Adrenocortico-tropin ACTH) steuern andere Hormondrüsen: Sie regen diese an, Hormone zu bilden und auszuschütten.

Im Hypophysenhinterlappen werden von Nervenzellen des Hypo-thalamus gebildete Hormone (Neurohormone) gespeichert und ins Blut gegeben.

## DER THYREOTROPE REGELKREIS

Die Regulation der Schilddrüsenhormone unterliegt dem Regelhormon TSH (Thyreoidea stimulierendes Hormon oder Thyreotropin):

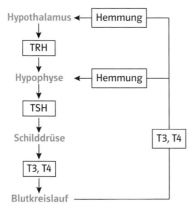

- TSH wird von der Hypophyse (Hirnanhang-drüse) gebildet.

- TSH wandert von der Hypophyse zur Schild-drüse und löst dort die Ausschüttung der Schilddrüsenhormone T3 und T4 aus.

- Die Schilddrüsenhormone ihrerseits drosseln die TSH-Produktion in der Hypophyse. So wird durch negative Rückkoppelung die Bereitstellung der Schilddrüsenhormone in der erforderlichen Konzentration reguliert.

## HORMONE DER SCHILDDRÜSE

Die Hormone T3 (Trijodthyronin) und T4 (L-Thyroxin) werden in der Schilddrüse produziert. Die Schilddrüsenhormone sind an zahlreichen Stoffwechselfunktionen maßgeblich beteiligt und dienen der Aufrechterhaltung eines einwandfrei funktionierenden Organismus. Durch Regulierung des Grundumsatzes sorgen sie dafür, dass der Körper die für seine Leistungsfähigkeit notwendige Energie erhält. Sie steuern auch die Verwertung von Nährstoffen, beeinflussen die Körpertemperatur und das Herz-Kreislauf-System, steuern Stimmung und Konzentration und beeinflussen die Fruchtbarkeit. Bei einer Unterfunktion oder Entfernung der Schilddrüse müssen die Hormone lebenslang zugeführt werden.

Thyroxin    Trijodthyronin

## ERKRANKUNGEN DER SCHILDDRÜSE

Krankheiten, die im Zusammenhang mit Schilddrüsenhormonen auftreten, sind auf Fehler in den Regelkreisen zurückzuführen:

- Bei Schilddrüsenüberfunktion (Hyperthyreose) läuft der Organismus auf Hochtouren. Anzeichen sind Schwitzen, Herzklopfen und -rasen, Durchfall, Gewichtsverlust und Nervosität. Auffallend sind die hervortretenden Augen.

- Bei Unterfunktion (Hypothyreose) nimmt der Patient zu, friert leicht, ist häufig müde und kann unter Verstopfung leiden. Möglich ist eine Kropfbildung (Struma) im unteren Bereich des Halses.

## GLUCOSE UND INSULIN

Glucose (Traubenzucker) wird im Dünndarm aus der Nahrung ins Blut aufgenommen. Nach einer kohlenhydratreichen Mahlzeit steigt der Blutzuckerspiegel kurzfristig an, um dann schnell wieder auf den Normwert zwischen 80 und 120 mg/100 ml zu sinken.

Sobald der Blutzuckerspiegel ansteigt, geben die Langerhans-Inseln der Bauchspeicheldrüse das Hormon Insulin ans Blut ab. Die Membran aller Zellen trägt an ihrer Oberfläche Rezeptoren, die das Insulin binden und mit einer Erhöhung der Glucose-Permeabilität antworten. Glucose wird vermehrt aus dem Blut aufgenommen und in den Zellen zu Glykogen kondensiert. Glykogen ist im Gegensatz zur Glucose osmotisch inaktiv und daher als Speicherform des Zuckers geeignet.

Insulin stimuliert und koordiniert die Vorratshaltung im Körper. Es steuert auch die Speicherung von Fett, regt die Proteinsynthese an, hemmt den Abbau von Proteinen und erhöht die Rückresorption der Glucose in der Niere. Es sorgt dafür, dass der Körper in Zeiten des Überflusses Nährstoffe speichert. Das „Speicherhormon" oder „Hormon des Überflusses" sorgt für Depots von Kohlehydraten, Fetten und Proteinen, auf die der Körper zurückgreifen kann, wenn die Nahrung knapp wird.

## DIE BAUCHSPEICHELDRÜSE

Die Bauchspeicheldrüse (Pankreas) vereinigt in sich zwei Organe mit unterschiedlicher Funktion:

Der größte Teil der Zellen produziert den Bauchspeichel, der wichtige Verdauungsenzyme enthält (vor allem Proteinasen wie Trypsin oder Chymotrypsin). Die Enzyme werden in den Zwölffingerdarm abgegeben.

Die Langerhans-Inseln geben die Hormone Insulin, Glucagon und Somatostatin an kleine Venen ab, durch die das Blut zur Leber fließt.

Insulin ist ein Protein-Hormon, das in der Lage ist, den Blutzuckerspiegel im Körper zu senken. Mangelnde oder fehlende Insulinproduktion in den Inselzellen der Bauchspeicheldrüse führt zu Diabetes.

## DIE „ZUCKERKRANKHEIT" DIABETES

Unter dem Namen Diabetes mellitus oder „Zuckerkrankheit" wird eine Anzahl von Krankheiten zusammengefasst, bei denen absoluter oder relativer Insulinmangel vorliegt:

Diabetes Typ 1 wird durch den absoluten Mangel an Insulin verursacht. Dieser Diabetestyp heißt deshalb auch insulinabhängiger Diabetes mellitus. Meist beginnt die Erkrankung schon im Kindes- und Jugendalter, aber auch im fortgeschrittenen Alter kann sich Diabetes Typ 1 entwickeln.

Diabetes Typ 1 ist eine Autoimmunkrankheit. Sie ist derzeit nicht heilbar, lässt sich aber gut behandeln. Patienten müssen lebenslang Insulin injizieren. Für jeden Diabetiker ist es wichtig, seinen Glucosespiegel im Blut gut einzustellen, um eine Unterzuckerung – Hypoglykämie – zu verhindern und um Folgeerkrankungen zu vermeiden.

Spätfolgen eines unbehandelten Diabetes sind Schäden an den Blutgefäßen. Arteriosklerose kann zu Hirn- oder Herzinfarkten führen. Schäden in den Kapillaren zerstören Netzhaut und Nieren. Unbehandelt führt die Krankheit in den schwersten Fällen zum Koma und zum Tode. Eine rechtzeitige Behandlung ermöglicht ein leistungsfähiges, erfülltes und langes Leben.

Beim Diabetes Typ 2 ist die Insulin-Wirkung an den Zielzellen geschwächt, eine Insulinresistenz liegt vor. Durch negative Rückkoppelung bildet die Bauchspeicheldrüse als Folge der Insulinresistenz mehr Insulin. Nach einiger Zeit sind die insulinproduzierenden Zellen erschöpft; die Insulinausschüttung nimmt ab. Auslöser ist meist ein ungünstiger Lebensstil.

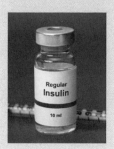

## HYPOGLYKÄMISCHER SCHOCK

Hohe Insulingaben erniedrigen den Blutzuckerspiegel stark und können zum hypoglykämischen Schock führen: Die Haut des Diabetikers wird blass, sie ist nass vom Schweiß. Die Pupillen weiten sich, die Muskel zittern oder verkrampfen sich. Ein Stückchen Zucker kann in diesem Zustand das Leben des Diabetikers retten.

## SYMPTOME DES DIABETES

Das erste auffällige Symptom bei Insulinmangel ist der erhöhte Blutzuckerspiegel. Steigt dieser auf über 170 mg/100 ml, so wirkt die Niere als Überlaufventil: Zucker wird im Urin ausgeschieden. Der einfachste Nachweis der Zuckerkrankheit ist der Nachweis von Zucker im Harn durch Teststreifen. Die Diagnose erfolgt durch den Glucose-Toleranztest.

Bei Insulinmangel tritt kein Zucker aus dem Blut in die Zellen über. Diese decken ihren Energiebedarf durch Abbau von Fett und Proteinen. Beim erhöhten Fettabbau fallen Ketosäuren und Ketone an, die ins Blut übertreten und eine Ketoacidose hervorrufen. Das Blut wird übersäuert. Bei der Neutralisierung und Ausscheidung der Säuren verliert der Körper große Mengen von Natrium- und Kalium-Ionen.

## THERAPIE DES DIABETES

Bei konventioneller Therapie spritzen Diabetiker ein- bis zweimal täglich Langzeitinsulin. Vor den Mahlzeiten kann zusätzliches Insulin einen Blutzuckeranstieg ausgleichen.

Bei der Insulinpumpen-Therapie geben kleine, am Körper getragene Geräte laufend Insulin ins Unterhautgewebe ab. Bei Bedarf kann der Nutzer zusätzliches Insulin freisetzen.

Früher standen zur Behandlung des Diabetes nur Insuline zur Verfügung, die aus Bauchspeicheldrüsen von Schlachttieren gewonnen wurden und die sich vom Insulin des Menschen etwas unterscheiden. Heute wird Insulin von gentechnisch veänderten Bakterien gewonnen, denen Insulin-codierende Gene eingebaut wurden. Dieses Insulin entspricht exakt dem in der Bauchspeicheldrüse des Menschen hergestellten (Humaninsulin).

# HORMONE

1. Welche Ausstattung der Zellen ermöglicht die Wirkung von Insulin?

_____

2. Wo wird Insulin im menschlichen Körper hergestellt?

_____

3. Wie wird die Konzentration der Schilddrüsenhormone im Blut reguliert?

_____

_____

4. Was ist der grundlegende Unterschied zwischen Diabetes Typ 1 und Typ 2?

_____

_____

_____

## LÖSUNGEN

**1.** Alle Zellen tragen Insulin-Rezeptoren. • **2.** in den (Beta-Zellen der) Langerhans-Inseln der Bauchspeicheldrüse • **3.** Durch den thyreotropen Regelkreis: Die Hypophyse schüttet TSH aus, das in der Schilddrüse die Sekretion von Thyroxin (T4) und Trijodthyronin (T3) anregt. Die Schilddrüsenhormone hemmen die Ausschüttung von TSH. • **4.** Diabetes Typ 1 ist eine Autoimmunkrankheit. Es wird kein Insulin produziert. Bei Diabetes Typ 2 ist die Wirkung des Insulins an den Zellen gestört (Insulinresistenz). Es wird zu wenig Insulin gebildet.

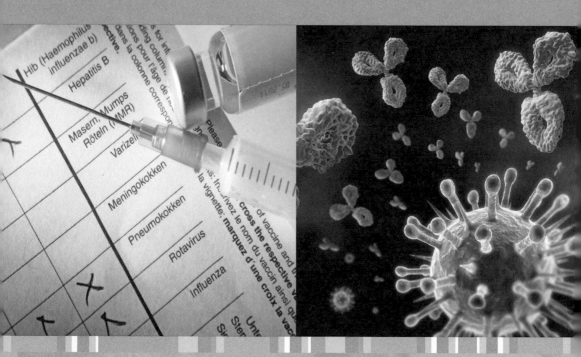

# 6 IMMUNBIOLOGIE
## Das Immunsystem

## DAS IMMUNSYSTEM

Das Immunsystem ist das Abwehrsystem von Lebewesen gegenüber fremden Substanzen oder anderen Lebewesen.

Es unterscheidet zwischen eigenen und fremden Strukturen: eigene werden toleriert, fremde bekämpft. Das Immunsystem reagiert gezielt auf Antigene wie Bakterien, Viren, Pilze und Parasiten.

Das menschliche Immunsystem besteht aus Immunorganen (z. B. Lymphknoten, weißes Knochenmark), Immunzellen und spezialisierten Proteinen (Antikörpern). Es ist Träger der Immunantwort unseres Körpers

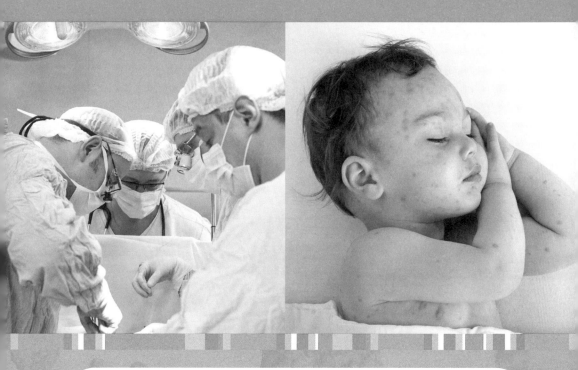

## KOMPONENTEN DES IMMUNSYSTEMS

Das menschliche Immunsystem arbeitet in mehreren Stufen. Haut und Schleim-
häute sind Teil des unspezifischen Immunsystems. Sie stellen Barrieren dar, die
das unkontrollierte Eindringen von Antigenen in den Körper verhindern.

Die spezifische Immunreaktion muss im Laufe des Lebens erworben werden.
Eingedrungene Antigene werden spezifisch erkannt und gezielt unschädlich
gemacht. Das spezifische Immunsystem arbeitet mit zwei Subsystemen:

Die zelluläre Immunantwort geht von
spezialisierten Immunzellen (T-Lymphocyten) aus, die frei im Blut und in der
Lymphe zirkulieren oder ortsständig in
verschiedenen Geweben vorkommen.

Die humorale Immunantwort basiert
auf den von den B-Lymphocyten abge-
sonderten und gelöst im Blutplasma und
in der Lymphflüssigkeit zirkulierenden
Plasmaproteinen, z.B. den Antikörpern.

Antigene sind Substanzen, die eine Immunantwort auslösen. Der Bereich des Antigens, an den sich ein Antikörper bildet, ist ein Epitop.

## IMMUNREAKTION

Die Antwort des Immunsystems auf Antigene bezeichnet man als Immunreaktion oder Immunantwort.

## HUMORALE ABWEHR

Bakterien werden besonders von der humoralen Antwort des Immunsystems bekämpft. Die humorale Antwort besteht aus drei Phasen:

1. Erkennungsphase: Ein fremdes Bakterium tritt in den Körper ein und gelangt über Blutstrom oder Lymphe in ein lymphatisches Organ. Die Antigenerkennung erfolgt in den peripheren lymphatischen Organen (Milz, Lymphknoten u.a.), wohin Antigen-präsentierende Zellen Fremdantigene transportiert haben. Trifft eine B-Zelle ein Antigen, dessen Epitope auf ihren Rezeptor passen, so nimmt sie dieses auf und verdaut es. Bruchstücke des Antigens verbindet sie mit MHC-Rezeptoren und präsentiert sie. Diese Kombination zieht eine passende aktivierte T-Helferzelle an, die Lymphokine ausschüttet. Die Lymphokine erlauben es der B-Zelle, sich zu teilen.

2. Differenzierungsphase: Der aktivierte B-Lymphozyt lässt einen Klon von Tochterzellen entstehen, die sich innerhalb weniger Tage zu Plasmazellen entwickeln. Der Zell-Klon stellt Millionen Antikörpermoleküle her, die alle die gleiche Form und Spezifität haben und gibt sie an den Blutstrom ab. Die Produktion von Antikörpern hält so lange an, bis die Plasmazelle von einer T-Unterdrückerzelle das Signal zum Produktionsstop erhält.

3. Effektorphase: Wenn sich der Antikörper mit dem Antigen verbindet, ist dieses zur Zerstörung markiert. Einige der Zellen des Zellklons differenzieren sich zu Gedächtniszellen, die über Jahre hinweg im Blutstrom zirkulieren.

## ANTIKÖRPER

Ein Antikörper ist ein Protein, das nach dem Schlüssel-Schloss-Prinzip spezifisch an eine körperfremde Struktur – ein Antigen – binden kann. Ein Antikörper (Immunglobulin Ig) ist aus vier Ketten aufgebaut: zwei identischen schweren Ketten und zwei identischen leichten Ketten, die durch Disulfidbrücken miteinander verbunden sind. Jeder Antikörper besitzt eine spezifische Antigenbindungsstelle. Die Spezifität beruht auf den variablen Teilen der Aminosäuresequenz einzelner Ketten des jeweiligen Antikörperproteins: den Antigen-Bindungsstellen.

Antikörper sind entweder an die Membran einer Zelle gebunden oder sie sind frei im Blut oder der Lymphe. Der Stamm des Y-förmigen Antikörpers (Fc-Fragment) kann den Antikörper an andere Teile des Immunsystems zu heften.

## TYPISCHER ANTIKÖRPER

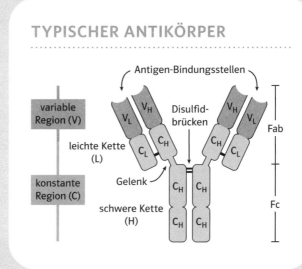

## DIE ANTIGEN-ANTIKÖRPER-BINDUNG

In seiner variablen Region (V) hat jeder Antikörper eine Antigen-Bindungsstelle (Fab). Sie passt zum Epitop, der molekularen Struktur des Antigens, die die Immunantwort auslöst, und das Antigen festhält. Die Antigen-Antikörper-Reaktion beruht auf der Anziehung gegensätzlich geladener Ionen, der Wechselwirkung zwischen polaren und unpolaren Gruppen sowie auf Van-der-Waals-Kräften. Weil jedes Antigen mehrere Epitope aufweist, und an einen der unzähligen Antikörper bindet, gibt es für jedes beliebige Antigen, das in den Körper eindringt, passende Antikörper.

## VIRUSINFEKTION

Viren können sich nur innerhalb von Wirtszellen vermehren. Wenn sie sich in eine Zelle eingenistet haben, sind sie für die Antikörper und das Komplementsystem nicht mehr erreichbar. In der Wirtszelle liegen Erbmaterial und Proteine der Viren in Zellkern und Zellplasma verteilt vor – sie bieten der Abwehr ein unscharfes Ziel.

## EINE ERSTE ABWEHR

Schon unmittelbar nach der Infektion scheidet die virusinfizierte Zelle Interferone aus. Interferon veranlasst gesunde Zellen dazu, ein Enzym zu produzieren, das der Infektion weiterer Zellen entgegenwirkt.

Außerdem mobilisiert das Interferon die natürlichen Killerzellen. Sie zerstören infizierte Zellen. Innerhalb von ein bis zwei Tagen nach der Infektion erreicht ihre Aktivität den Höhepunkt. Diese natürlichen Abwehrmechanismen schaffen den Zeitgewinn, bis die spezifische Antwort in Gang kommt.

Die humorale Abwehr kann die Viren treffen, bevor sie in eine Zelle eingedrungen sind. B-Lymphocyten vermehren sich, wandeln sich zu Plasmazellen um und produzieren Antikörper.

Diese können so an ein Virus binden, dass die Anheftung des Virus an die Zelle verhindert wird. Diese Abwehr ist bei Primärinfektionen wenig wirksam, bei Sekundärinfektionen kommt die humorale Antwort sehr schnell und kann den Organismus wirkungsvoll schützen.

## DIE ZELLULÄRE ABWEHR

Wenn das Virus in die Zelle eingedrungen ist, ist es der humoralen Abwehr entzogen; nun kommt die zelluläre Abwehr ins Spiel; sie ist langsamer, aber in ihrer Bedeutung zentral. Die zelluläre Abwehr beginnt, wenn ein Makrophage das Antigen aufnimmt, verdaut und kurze Teilstücke davon – Epitope – auf einem MHC-Rezeptor präsentiert.

Cytotoxische T-Zellen ($T_C$-Lymphocyten) erkennen infizierte Zellen an den MHC-Rezeptoren, die durch Virusbruchstücke verändert sind. Sie treten in intensiven Kontakt mit einer Zielzelle. Dabei setzen sie Cytokine frei, die die Vermehrung des Virus hemmen, durchlöchern mit dem Protein Perforin die Membran der infizierten Zelle und geben ihr Signale, sich selbst zu töten. Enzyme dringen durch die Poren ins Zellinnere und lösen die Apoptose aus, einen programmierten Selbstmord der Zelle.

Der Tod der Wirtszelle unterbricht den Vermehrungszyklus des Virus. Die freigesetzten Viruspartikel sind noch nicht reif und können benachbarte Zellen nicht infizieren. Makrophagen und Granulozyten räumen den Zelldetritus auf. Nun kommen Mechanismen ins Spiel, welche die Abwehrreaktion wieder herunterfahren. Dabei sind neben den Unterdrücker-T-Zellen wieder Cytokine von besonderer Bedeutung.

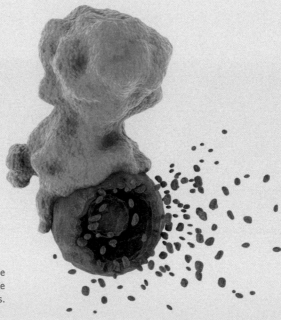

Eine cytotoxische T-Zelle löst bei einer infizierten Zelle den Zelltod (Apoptose) aus.

IMMUNBIOLOGIE

## DAS IMMUNOLOGISCHE GEDÄCHTNIS

Wenn die Immunreaktion erfolgreich war, wird das Immunsystem die Viren eine bestimmte Zeit nach der Infektion überwältigt haben und die Krankheit ist unter Kontrolle. Allerdings hinterlässt die zelluläre Immunabwehr im allgemeinen Gewebeschäden, da viele Körperzellen zerstört wurden.

Bei der Vermehrung der T-Lymphocyten entstehen auch T-Gedächtnis-zellen ($T_M$-Zellen), die im Kreislauf zirkulieren, um bei neuerlichem Kontakt mit demselben Antigen schnell zu reagieren. Eine weitere Infektion mit denselben Keimen kann dadurch viel schneller bekämpft werden.

Langsam wächst die Zahl der Unterdrücker-T-Zellen ($T_S$-Lymphocyten). Diese schalten die Immunantwort schließlich ab.

## MANCHE VIREN SIND HOCH VARIABEL

Viele Viren – z.B. Influenza-Viren – besitzen eine hohe Variabilität in ihren Epitopen und sie verändern diese Strukturen rasch. Sie bilden durch Mutation und Rekombination laufend neue Stämme.

Gegen derartige Viren ist die erworbene Immunität in der Regel wenig wirksam, da bei jedem neuen Virusstamm eine zusätzliche Immunität erworben werden muss. Die schnelle Veränderung der Epitope lässt die Immunabwehr ins Leere laufen.

Aufgrund der Variabilität ist eine jährliche Anpassung des Impfstoffes an die jeweils aktuell vorkommenden Influenza-Stämme und eine jährliche Impfung notwendig.

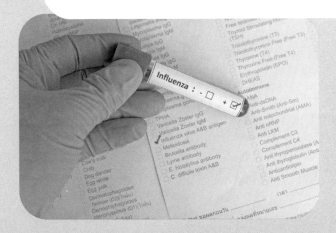

## AKTIVE IMMUNISIERUNG

Das immunologische Gedächtnis ermöglicht die Schutzimpfung gegen einige Infektionskrankheiten. Ein Impfstoff enthält charakteristische Antigene von Krankheitserregern. Die Impfung löst die Primärreaktion des Immunsystems und die Bildung von Gedächtniszellen aus. Bei einer späteren Infektion ist der Körper durch die schnelle und starke Sekundärreaktion vor Erkrankung geschützt.

Totimpfstoffe sind abgetötete Bakterien, inaktivierte Viren, veränderte Bakteriengifte (Toxoide) oder Spaltprodukte der Erreger oder ihrer Gifte. Für eine wirksame Immunisierung benötigt man größere Rationen dieser Vakzine. Wesentlich geringere Mengen benötigt man für die Immunisierung mit Lebendimpfstoffen.

Lebendimpfstoffe bestehen aus lebenden Bakterien oder vermehrungsfähigen Viren, die keine Krankheit auslösen können, weil sie durch Vorbehandlung abgeschwächt wurden oder weil es sich lediglich um Verwandte pathogener Keime handelt. Nach der Impfung vermehren sie sich, erzeugen nur schwache oder gar keine Krankheitssymptome, lösen jedoch eine Reaktion des Immunsystems aus. Gegen Pocken werden Kuhpocken-Viren geimpft, gegen Polio (Kinderlähmung) in Zellkulturen gezüchtete Viren.

Toxoide, abgeschwächte Toxine (Gifte) von Erregern, können die Bildung von Antikörpern auslösen, die die Giftstoffe neutralisieren (Antitoxine). Gegen Diphtherie, Keuchhusten und Tetanus wird mit gereinigten, durch Formaldehyd abgeschwächten Toxoiden geimpft.

RNA-Impfstoffe bestehen aus mRNA, die durch eine geeignete Verpackung (z. B. Nanopartikel) in Körperzellen eingeschleust wird. Durch Translation der RNA produzieren die Zellen das gewünschte Antigen, das auf der Zelloberfläche präsentiert wird.

Sichere Impfstoffe werden heute mit gentechnischen Methoden hergestellt. Spezifische Gene werden isoliert und in die DNA von Mikroorganismen eingebaut. Die genetisch veränderten Mikroben stellen das gewünschte Antigen in großen Mengen her.

## IMPFPLAN

Bei uns werden Kinder nach einem Impfplan gegen bedrohliche Krankheiten geimpft, die hier vorkommen.

Daneben gibt es Indikationsimpfungen für Personen, die durch besondere Umstände mit Erregern in Kontakt kommen können. Dabei handelt es sich z.B. um Pflegekräfte, die Infizierte betreuen, oder Reisende, die sich gegen Tropenkrankheiten wie Cholera, Typhus oder Gelbfieber impfen lassen.

## AUFFRISCHUNGSIMPFUNG

Gegen manche Krankheiten erzielt eine einmalige Impfung noch keinen wirksamen Impfschutz (z.B. Diphtherie, Keuchhusten und Tetanus). Darum wird wiederholt geimpft. Manche Impfungen bieten einen lebenslangen Schutz (z.B. gegen Masern).

Wie lange der Impfschutz anhält, hängt wesentlich vom Impfstoff ab. Totimpfstoffe schützen im Allgemeinen nicht so lange wie Lebendimpfstoffe.

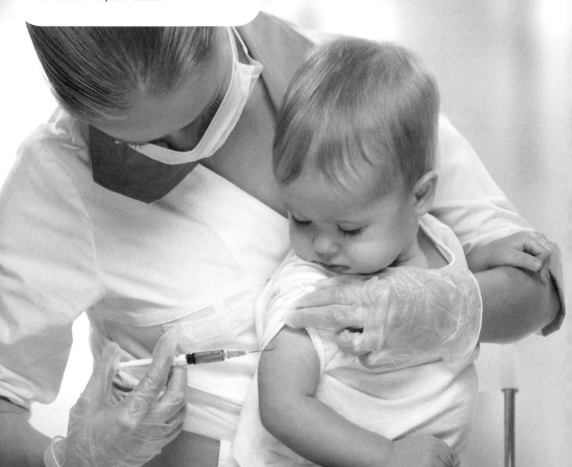

IMMUNBIOLOGIE

## MASERN

Der Erreger der Masern ist das Morbilli-Virus. Masern werden durch Tröpfcheninfektion übertragen. Beim Husten, Niesen und Sprechen entstehende Tröpfchen können auch über mehrere Meter Entfernung hinweg eine Infektion auslösen. Zwischen Ansteckung und Ausbruch der Krankheit vergehen meist zehn bis zwölf Tage. Zwei bis drei Tage nach Krankheitsbeginn kommt es zu einem Ausschlag, der hinter den Ohren beginnt und sich über Hals, Gesicht, Schultern, Rumpf und die Extremitäten ausbreitet. Weitere drei bis vier Tage später klingt der Ausschlag ab und das Fieber lässt nach. Eine wirksame Behandlung der Masern ist nicht bekannt.

Nicht selten führen die Masern zu gefährlichen Komplikationen. In 1–6 % der Fälle kommt es zu einer Lungenentzündung, die tödlich verlaufen kann. Die Masern-Enzephalitis, eine Entzündung des Gehirns, tritt in einem von 3300 Fällen auf; auch hier ist ein tödlicher Ausgang möglich. Auch wenn die Enzephalitis überstanden ist, bleiben häufig Schäden zurück.

Dank intensiver Impfprogramme sind Nord- und Südamerika, Skandinavien, viele Länder Osteuropas und einige Staaten im Süden Afrikas frei von Masern. In Ländern mit niedrigen Impfraten – in Deutschland, Italien, Frankreich und Japan – kommt es hingegen immer wieder zu Masernepidemien. In Deutschland erkranken jedes Jahr mehrere Hundert Menschen an Masern. Nicht nur Kinder, sondern auch Jugendliche und junge Erwachsene sind betroffen. In Entwicklungsländern sterben 30 bis 50 % der Erkrankten an den Folgen einer Maserninfektion, in Mitteleuropa „nur" etwa einer von 500 bis 1000 Masernpatienten. Diese Zahl ist unbefriedigend hoch. Ausreichende Impfraten könnten das verhindern. Für eine Senkung der Masernhäufigkeit sind Impfraten von über 95 % bis zum Ende des zweiten Lebensjahres notwendig.

In Deutschland gilt seit 1. 3. 2020 das Masernschutzgesetz. Es sieht u. a. vor, dass alle Kinder ab dem vollendeten ersten Lebensjahr beim Eintritt in eine Kita oder die Schule einen Impfschutz gegen Masern vorweisen müssen.

## MASERNIMPFUNG

Gegen Masern geimpfte Kinder haben teilweise Antikörper in Blut und Lymphe, immer aber Gedächtniszellen in ihrem Immunsystem, die spezifisch gegen Masernerreger wirken. Bei einer Infektion mit diesen Viren reagiert das Immunsystem wie bei einer Sekundärinfektion: Spezifische Antikörper werden sehr schnell gebildet, das Virus wird bekämpft, bevor es eine Krankheit auslöst.

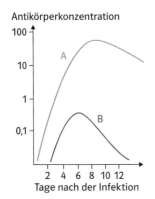

Die Kurve A zeigt die Antikörperkonzentration nach einer Maserninfektion bei geimpften, die Kurve B, die bei nicht geimpften Kindern. (Die Antikörperkonzentration ist mit logarithmischem Maßstab eingetragen).

## IMPFSCHUTZ

Familie, Nachbarschaft, Freundeskreis und die Gesellschaft sind durch eine hohe Durchimpfungsrate geschützt: Maserninfektionen werden seltener, Häufigkeit und Schwere von Epidemien können abnehmen oder ausbleiben. Menschen, die aufgrund von anderen Krankheiten oder allergischen Reaktionen nicht geimpft werden können, profitieren indirekt von diesem Impfschutz. Nur wenn weltweit sehr viele Kinder geimpft werden, können die Masern ausgerottet werden.

Nicht alle Personen haben nach einer ersten Impfung einen lebenslänglichen Schutz. Die zweite Impfung kann diese Lücke schließen. Außerdem wird durch eine zweite Impfung ein Booster-Effekt erzielt, der evtl. die Schutzdauer erhöht.

# ABWEHR UND IMMUNISIERUNG

1. Welche Phasen kann man bei der humoralen Abwehr unterscheiden? Beschreiben Sie sie knapp.

a) _____

b) _____

c) _____

2. Welche Aussagen treffen zu?

☐ **A** Bakterielle Antigene werden von B-Zellen aufgenommen und zerkleinert, dann Bruchstücke davon präsentiert.

☐ **B** Plasmazellen produzieren Antikörper.

☐ **C** Eine Infektion durch Viren bewirkt die Produktion von Interferon.

3. Was ist nicht korrekt?

☐ **A** Cytotoxische T-Zellen zerstören von Viren befallene Körperzellen.

☐ **B** Unterdrücker-T-Zellen beenden die Immunantwort.

☐ **C** Die zelluläre Immunantwort kennt kein immunologisches Gedächtnis.

4. Warum ist eine Infektion mit Masern besonders gefährlich?

_____

_____

## LÖSUNGEN

**1.** a) Erkennungsphase: Antigen reagiert mit Lymphocyten; b) Differenzierungsphase: aktivierte Lymphocyten vermehren sich und werden zu Plasmazellen, die Antikörper produzieren; c) Effektorphase: Antikörper reagieren mit Antigenen • **2.** A, B, C • **3.** C • **4.** Masern können zu dauerhaften Schädigungen und tödlichen Komplikationen führen.

## HUMANES IMMUNDEFIZIENZ-VIRUS (HIV)

1983 isolierte eine Arbeitsgruppe unter Leitung des Wissenschaftlers Montagnier ein bis dahin unbekanntes Retrovirus aus Lymphknoten eines Erkrankten. Es wurde im Laufe des Jahres 1984 als Auslöser der AIDS-Erkrankung bestätigt und erhielt später den Namen Humanes Immundefizienz-Virus (HIV).

AIDS ist die Abkürzung für die englische Bezeichnung *acquired immune deficiency syndrome* = erworbene Abwehrschwäche.

AIDS wird durch das HIV (*human immunodeficiency virus*) ausgelöst, das Zellen des Immunsystems und Nervenzellen befällt und zu einer lebensbedrohlichen Abwehrschwäche führt.

Durch das HI-Virus wird die Infektionsabwehr so weit geschwächt, dass schwere Erkrankungen durch opportunistische Erreger – Bakterien, Viren, Pilze, Einzeller – auftreten, die beim Gesunden in der Regel vom Immunsystem erfolgreich bekämpft werden und daher zu keinen Krankheitserscheinungen führen. Oft kommt es auch zur Entwicklung bösartiger Tumoren.

## STADIEN DER ERKRANKUNG

Es werden mehrere Stadien einer HIV-Infektion unterschieden:

- Der Infektion folgt die akute HIV-Krankheit, die sich meist durch flüchtige, einem grippalen Infekt ähnelnde Krankheitserscheinungen zeigt.

- Die Inkubationszeit verläuft meist ohne Symptome. Lymphknotenschwellungen können auftreten oder Müdigkeit, Gewichtsverlust, Fieber und Durchfall. Das Virus kann in diesem Stadium weitergegeben werden. Antikörper können im Blut nachgewiesen werden; der Betroffene ist HIV-positiv.

- Das manifeste Immunschwäche-Syndrom ist durch eine Abwehrschwäche charakterisiert. Erst in diesem Stadium spricht man von AIDS.

## EIN ANGRIFF AUF DAS IMMUNSYSTEM

Zielzellen des HIV im menschlichen Körper sind in erster Linie die Lymphocyten, bevorzugt die T-Helferzellen. Infizierte Zellen übernehmen die Produktion des Virus und sterben dabei ab. Dadurch wird die Herstellung und Abgabe von Antikörpern gestört, so dass andere Infektionskrankheiten nicht bekämpft werden können.

Bei einer Person, die mit dem HI-Virus infiziert ist, wurde einige Jahre lang die Konzentration der T-Zellen und der Viren gemessen. Die Kurve gibt die Untersuchungsergebnisse wieder.

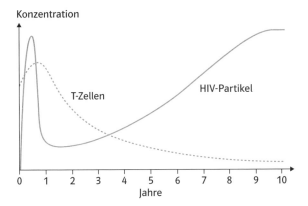

Sobald das Virus in den Körper eingedrungen ist, startet die humorale Abwehr. Der Infektion folgt die akute HIV-Krankheit, die sich meist durch flüchtige, einem grippalen Infekt ähnelnde Krankheitserscheinungen zeigt. Erst nach einigen Wochen bis Monaten ist die Antikörperkonzentration hoch genug, dass sie effektiv und messbar wird. Bis dahin kann sich das Virus ungehindert vermehren. Die Inkubationszeit verläuft meist ohne Symptome.

## DER WEITERE VERLAUF DER ERKRANKUNG

Nach der Infektion gelangen Viruspartikel in die Lymphknoten.
Vergrößerte Lymphknoten sind Anzeichen einer Entzündung. In
den Lymphknoten werden besonders viele Phagocyten gebildet.
Lymphocyten halten sich in den Lymphfollikeln auf und suchen
nach dem Antigen, das zu ihren Antikörpern passt. Wenn sie auf
das passende Antigen gestoßen sind, vermehren sie sich und
wandeln sich zu Plasmazellen um, die Antikörper herstellen und
abgeben. Durch die starke Vermehrung der Zellen schwellen die
Lymphknoten an, werden tastbar und meist dadurch erst wahr-
genommen.

Die Anzahl der T-Helferzellen ($T_H$) ist ein wichtiger Marker zur
Feststellung des Krankheitsverlaufes. Ihre Anzahl pro ml Blut gibt
einen Hinweis auf die Funktionsfähigkeit des Immunsystems.
Die Normalwerte für diese Zellen liegen zwischen 500 und 1500.
Wenn die Zahl der $T_H$-Lymphocyten unter 200 pro $mm^3$ fällt, sind
verschiedene Zell-Klone unwiderruflich zerstört. Zuletzt kommt
es zu einem völligen Zusammenbruch des Immunsystems.

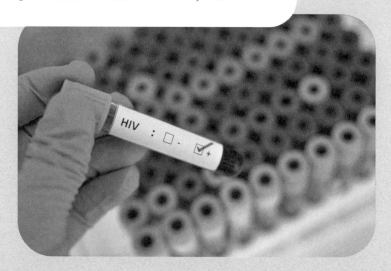

## TRANSPLANTATION

Wenn eigene Organe versagen, bleibt oft nur die Transplantation von Fremdorganen, um das Leben des Patienten zu erhalten. Eine Transplantation ist die Übertragung lebenden Gewebes von einem Individuum auf ein anderes.

Man unterscheidet nach der Herkunft des Transplantats:

autologe Transplantation – Transplantat stammt vom Empfänger.

allogene Transplantation – Das Transplantat kommt von einem anderen Menschen bzw. von einem anderen Tier derselben Art.

xenogene Transplantation – Das transplantierte Organ stammt von einer anderen Art.

In Deutschland fehlen Organspender. Ein Organspendeausweis dokumentiert die eigene Bereitschaft zur Organspende im Todesfall. Im Organspende-Register kann man die Spendebereitschaft online festhalten, dort ist sie sicher hinterlegt und im Ernstfall schnell verfügbar.

**Organspendeausweis**
nach § 2 des Transplantationsgesetzes
Organspende

Name, Vorname      Geburtsdatum

Straße      PLZ, Wohnort

 Bundeszentrale für gesundheitliche Aufklärung      **Organspende** schenkt Leben.

Antwort auf Ihre persönlichen Fragen erhalten Sie beim Infotelefon Organspende unter der gebührenfreien Rufnummer **0800 / 90 40 400**.

## ABSTOSSUNGSREAKTION

Bei der Transplantation steht die körpereigene Immunabwehr – sonst von lebenserhaltender Bedeutung – der Rettung eines Menschenlebens im Wege. Das Immunsystem erkennt die Zellen eines anderen Organismus als fremd und zerstört sie. Der Verlust eines transplantierten Organs durch Abstoßungsreaktionen stellt nach wie vor eines der ungelösten Probleme der Transplantationsmedizin dar.

- Antigen-präsentierende Zellen leiten die Abstoßungsreaktion ein. Sie präsentieren Proteinbruchstücke des fremden Gewebes den T-Helferzellen, die nun Cytokine ausschütten, um andere Immunzellen zu aktivieren.

- Plasmazellen stellen Antikörper her, die das fremde Gewebe angreifen und das Komplement aktivieren.

- Cytotoxische T-Zellen erkennen die Transplantationsantigene und die darauf präsentierten Peptide als fremd. Sie werden aktiviert, wandern in das fremde Gewebe und zerstören es.

- Makrophagen geben lytische Enzyme ab, lösen Entzündungen aus und nehmen Gewebsbruchstücke auf.

Innerhalb von ein bis drei Wochen nach der Transplantation treten akute Abstoßungsreaktionen auf.

## IMMUNSUPPRESSIVA

Je besser die Gewebedaten von Spender und Empfänger zueinander passen, desto schwächer ist die Immunreaktion. Nur bei eigenem Gewebe und bei Transplantationen zwischen eineiigen Zwillingen bleibt sie ganz aus.

Sonst bezahlt der Empfänger das neue Organ mit den Folgen einer lebenslangen Behandlung, die sein Immunsystem unterdrückt. Nach einer Organverpflanzung nimmt er Immunsuppressiva, meist eine Kombination aus mehreren Medikamenten.

Das Medikament Cyclosporin verhindert die Aktivierung der T-Zellen, ohne die humorale Abwehr zu beeinträchtigen.

Allerdings gelingt es keiner Therapie, gezielt die Antwort auf die fremden MHC-Proteine zu unterdrückten. Gleichzeitig mit der Unterdrückung der unerwünschten Aktivitäten des Immunsystems wird die notwendige Schutzfunktion der körpereigenen Abwehr unterdrückt. Daraus resultiert eine erhöhte Anfälligkeit gegenüber Infektionen und längerfristig ein verstärktes Auftreten von Krebserkrankungen.

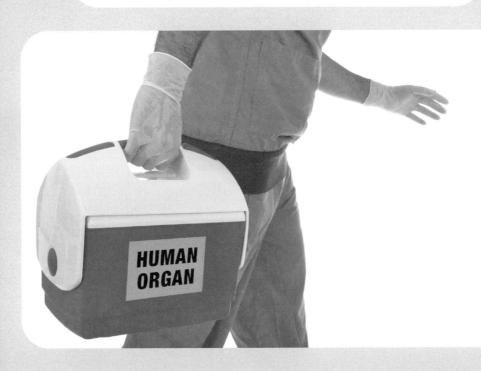

## MHC-PROTEINE

Jeder Mensch trägt seinen unverwechselbaren „Personalausweis" auf jeder seiner Körperzellen. Auf der Zellmembran sitzen Glykoproteine, die Transplantationsantigene oder MHC-Rezeptoren, die sich von Mensch zu Mensch unterscheiden. Die Proteine der MHC-Klasse 1 werden von drei benachbarten Genen (A, C und B) codiert, die in einem Abschnitt des Chromosoms Nr. 6 enthalten sind, den man als Haupt-Gewebeverträglich- keitskomplex, englisch als *major histocompatibility complex* (MHC), bezeich- net. Es gibt zwei Sorten von MHC-Proteinen: MHC-Klasse-1-Rezeptoren sitzen auf fast allen Körperzellen. MHC-Klasse-2-Rezeptoren finden sich nur auf bestimmten Zellen des Immunsystems. Sie ermöglichen den Zellen, einander zu erkennen und effektiv zusammenzuarbeiten.

Die MHC-Rezeptoren bestimmen, welche Zellen der Körper akzeptiert und gegen welche er sich wehren muss.

Jede Zelle ist damit als Teil einer bestimmten Person gekennzeichnet. Die MHC-Rezeptoren verraten dem Immunsystem, ob eine Zelle zum Körper gehört oder körperfremd ist, aber auch, ob eine eigene Zelle von Viren befallen ist oder zu einer Krebszelle umgewandelt ist.

Der Formenreichtum (Polymorphismus) der MHC-Proteine ist ungewöhn- lich groß. An jedem Genort gibt es eine große Zahl verschiedener Allele, die immer wieder neu kombiniert werden. Durch die kodominante Genwirkung können sich alle Allele gleichzeitig ausprägen. So ist es überaus unwahr- scheinlich, dass zwei Menschen den gleichen Satz an MHC-Proteinen tragen, es sei denn, sie sind eineiige Zwillinge.

Transplantierte Organe werden mit einer Wahrscheinlichkeit von 1:1000 bis 1:1000 000 als fremd erkannt und durch das Immunsystem abgestoßen.

# AIDS, TRANSPLANTATION

1. Wofür stehen die Abkürzungen AIDS und HIV?
   Wie heißen die deutschen Bezeichnungen?

   a) _____

   _____

   b) _____

   _____

2. Warum ist es für das Immunsystem so schwierig, dass HI-Virus
   zu bekämpfen?

   _____

   _____

3. Was ist korrekt?

   ☐ A Gegen Transplantate ist nur die zelluläre Abwehr aktiv.
   ☐ B Der Einsatz von Immunsuppressiva ist ohne Risiko.
   ☐ C Eineiige Zwillinge sind immunologisch identisch.

4. Worauf beruht der Formenreichtum der MHC-Proteine?

   _____

   _____

   _____

## LÖSUNGEN

**1.** a) *acquired immune deficiency syndrome* = erworbene Abwehrschwäche; b) *human immunodeficiency virus* = humanes Immundefizienz-Virus • **2.** Das HI-Virus befällt Zellen des Immunsystems (T-Helferzellen) und erschwert dadurch die Abwehrreaktion. • **3.** C • **4.** MHC-Proteine werden von Genen codiert, für die eine große Zahl von Allelen vorliegt, die beliebig kombiniert und kodominant ausgeprägt werden.

## EVOLUTION

Evolution ist die einmalige und unwiederholbare Geschichte des Lebens, wie sie auf der Erde während der letzten 3,5 Milliarden Jahre geschah.

Die wesentlichen Aussagen der Evolutionstheorie sind:

1. Die Welt und die Lebewesen befinden sich in stetiger Veränderung. Die Erde und ihre Lebewesen haben eine Geschichte.

2. Die heute lebenden Arten gingen aus anderen Organismen hervor.

3. Die Veränderungen im Bau und Verhalten der Lebewesen laufen allmählich ab; es gibt keine großen Sprünge.

4. Alle Lebewesen haben einen gemeinsamen Ursprung und sind miteinander verwandt.

5. Motor der Evolution ist die Selektion. Lebewesen, die besser an ihre Umwelt angepasst sind als andere, hinterlassen mehr Nachkommen. Ihre Eigenschaften setzen sich im Laufe der Zeit durch.

## EVOLUTIONSHINWEISE

In der Natur gibt es viele Tatsachen, die nur die Evolutionstheorie sinnvoll erklären kann.
Solche Phänomene bezeichnet man als Evolutionshinweise.

- Homologe Strukturen: Organe, die äußerlich unähnlich sein können und unterschied-
  lichen Funktionen dienen, aber nach gleichem Muster gebaut sind, nennt man homolog.
  Wenn Organismen einzelne homologe Strukturen aufweisen, so sind auch die anderen
  Organe homolog, sie gehören demselben Bauplantyp an. Auch viele Moleküle und
  Stoffwechselvorgänge sind bei allen Lebewesen identisch oder sehr ähnlich.

- Progressionsreihen zeigen die schrittweise Abwandlung weniger komplexen zu sehr
  komplexen Strukturen. In Regressionsreihen werden homologe Organe Schritt für Schritt
  einfacher. Am Ende von Regressionsreihen stehen rudimentäre Organe ohne erkennbare
  Funktion.

- Fossilien lassen sich in Reihen abgestufter Ähnlichkeit anordnen. Brückenformen
  verknüpfen verschiedene Tierklassen.

- Die Keimesentwicklung vieler Organismen liefert Hinweise auf ihre Stammesgeschichte.
  Embryonen verwandter Arten ähneln einander.

- Die Verteilung der Lebewesen auf der Erde kann durch die Kontinentaldrift und den
  Wandel der Arten befriedigend erklärt werden.

## HOMOLOGIE BEI SÄUGETIEREN

Die Vorderbeine verschiedener Säugetiere haben ganz unterschiedliche Aufgaben zu erfüllen. Dementsprechend sehen sie auch unterschiedlich aus:

- Fledermäuse haben Flügel. Zwischen den Fingern sind Flughäute ausgespannt.
- Der Wolf hat Laufbeine.
- Der Maulwurf benutzt seine Vorderbeine als Grabschaufeln.
- Der Seelöwe hat Flossen zum Rudern im Wasser.
- Wir Menschen benutzen unsere Hände vor allem zum Ergreifen und Festhalten von Gegenständen.

Trotz dieser unterschiedlichen Formen und Funktionen zeigt der Knochenbau, die Anordnung der Gelenke und Muskeln überraschend ähnliche Muster. Wer die Knochen der menschlichen Hand kennt, kann ohne Mühe alle Knochen der Flosse einer Robbe oder eines Pferdebeins benennen.

## HOMOLOGIE-KRITERIEN

Um homologe Strukturen und Organe erkennen und ansprechen zu können, wurden drei Homologiekriterien aufgestellt:

- Kriterium der spezifischen Qualität (1. Homologiekriterium): Homologe Organe sind nach dem gleichen Muster gebaut.
- Kriterium der Lage (2. Homologiekriterium): Homologe Organe befinden sich an gleicher Stelle bei vergleichbaren Organismen.
- Kriterium der Kontinuität (3. Homologiekriterium): Auch unähnliche und verschieden gelagerte Organe sind homolog, wenn sie evolutionär durch eine Reihe homologer Zwischenformen miteinander verbunden sind. Viele homologe Strukturen kann man nach zunehmender Kompliziertheit und Leistungsfähigkeit in Progressionsreihen ordnen.

## HOMOLOGIE BERUHT AUF GEMEINSAMER ABSTAMMUNG

Erst mithilfe der Evolutionstheorie wird die Homologie verständlich: Die Ähnlichkeit homologer Strukturen wird erklärbar durch die Annahme, dass sich all diese Strukturen von einer Ausgangsform herleiten. Neue Formen entstanden Schritt für Schritt durch Abwandlung alter Grundmuster. Weitergegeben werden nicht die Muster als solche – diese werden in jeder Generation neu geschaffen –, sondern deren Plan in Form von genetischer Information. Die Ähnlichkeit homologer Strukturen ist also bedingt durch Ähnlichkeiten in der DNA-Sequenz.

Strukturen, deren Übereinstimmung auf gemeinsamer Erbinformation und damit auf gemeinsamer Abstammung beruhen, sind homolog.

Verwandte Lebewesen haben den gleichen Bauplan. Wenn zwei Organismen einzelne homologe Strukturen aufweisen, so sind im Allgemeinen auch alle anderen Organe homolog.

## ANALOGIE BERUHT AUF ANPASSUNG AN ÄHNLICHE BEDINGUNGEN

Die Flügel von Vögeln und Insekten sind nicht nach dem gleichen Muster gebaut, nicht durch Zwischenformen verbunden und die Körper der beiden Tiergruppen haben ganz unterschiedliche Baupläne. Insektenflügel entstehen in der Keimesentwicklung als Ausstülpungen der Haut, Vogelflügel sind Gliedmaßen. Die Ähnlichkeit ist ausschließlich auf die Anforderungen des Fliegens zurückzuführen, es handelt sich um Analogie.

Ähnlichkeit beruht nicht immer auf gemeinsamer Abstammung. Eine Anpassungsähnlichkeit nennt man Analogie.

## MAUERSEGLER UND SCHWALBE

Auf den ersten Blick könnte man den Mauersegler für eine Schwalbe halten. Doch seine längeren, sichelförmigen Flügel, der kurze Schwanz und die ständigen Flugrufe machen ihn unverwechselbar. Der Mauersegler ist in der Luft wendiger, schneller und eleganter als eine Schwalbe. Die langen, dünnen Flügel sind sichelförmig gebogen, etwa mit dem €-Symbol vergleichbar. Schwalben haben eine geringere Flügelschlagfrequenz und fliegen nicht ganz so elegant.

## ANALOGIE

Mauersegler, Mehlschwalbe und Rauchschwalbe sind Tiere des freien Luftraums, die sich in Lebensweise und Körperbau ähneln. Alle drei haben lange, schmale Flügel, einen gabelförmigen Schwanz, einen kleinen breiten Schnabel und ein tief gespaltenes Maul. Alle drei sind Zugvögel, die in Afrika südlich der Sahara überwintern.

Mauersegler

Untersuchungen des Körperbaus und der DNA zeigen, dass Mauersegler näher mit den Kolibris verwandt sind, sie gehören nicht zu den Singvögeln wie die Schwalben. Die Ähnlichkeit beruht auf der Anpassung an weitgehend übereinstimmende Lebensumstände; die Ähnlichkeit ist eine Anpassungsähnlichkeit – Analogie.

Mehlschwalbe

Rauchschwalbe

EVOLUTION

Mauersegler

Mehlschwalbe

Rauchschwalbe

## KONVERGENTE ENTWICKLUNG

Die Ähnlichkeit zwischen den beiden Schwalbenarten beruht auf enger Verwandtschaft und damit auf gemeinsamer Abstammung. Die Ähnlichkeit zwischen Seglern und Schwalben ist auf eine konvergente Entwicklung zurückzuführen, es ist eine Anpassungsähnlichkeit.

Mit immunologischen Methoden lassen sich die Verwandtschaftsverhältnisse klären: Blutserum der Mehlschwalbe wird einem Versuchstier (z.B. einem Kaninchen) injiziert. Nach einigen Tagen wird dem Kaninchen Serum entnommen (= Antiserum) und mit den Blutseren der beiden anderen Vögel gemischt. Es gibt eine Ausfällungsreaktion (Präzipitationsreaktion). Beim näher mit der Mehlschwalbe verwandten Tier – hier bei der Rauchschwalbe – ist die Reaktion stärker, die Menge des ausgefällten Niederschlags ist größer als beim weniger verwandten Tier, dem Mauersegler.

Die Proteine des Mehlschwalben-Serums werden im Körper des Kaninchens als fremd erkannt – sie wirken als Antigene. Das Kaninchen bildet Antikörper, die exakt auf diese Antigene passen (wie ein Schlüssel zum Schloss). Die Antikörper reagieren äußerst spezifisch mit den Proteinen der Mehlschwalbe, etwas schlechter mit ähnlichen Proteinen. Wenn die Reaktion der Antikörper mit dem Serum der Rauchschwalbe stärker ist als mit dem des Mauerseglers, so zeigt dies eine größere Ähnlichkeit der Serumproteine der beiden Schwalbenarten an und lässt auf eine nähere Verwandtschaft schließen.

## EINHEITLICHER BAUPLAN DER INSEKTEN

Auch die Klasse der Insekten ist durch einen einheitlichen Bauplan charakterisiert:

• Sie atmen mit Tracheen,

• das Außenskelett besteht aus Chitin,

• der Körper ist in Kopf, Brust und Hinterleib gegliedert,

• der Brustabschnitt trägt drei gegliederte Beinpaare,

• der Blutkreislauf ist offen, das Herz ist langgestreckt und liegt dorsal,

• das Strickleiternervensystem liegt auf der Bauchseite,

• die Komplexaugen sind aus vielen Einzelaugen (Ommatidien) zusammengesetzt.

Alle Organsysteme der Insekten sind homolog.

Alle Insekten (hier Schmetterling, Schabe und Grashüpfer) teilen den gleichen Grundbauplan.

# HOMOLOGIE UND ANALOGIE

1. Nennen und charakterisieren Sie die drei Homologiekriterien.

a) _____

b) _____

c) _____

2. Was trifft zu?

☐ **A** Homologie lässt sich durch Evolution erklären.
☐ **B** Homologe Organe sind ähnlich.
☐ **C** Alle Organe der Säugetiere sind homolog.

3. Sind die Augen der Insekten homolog zu den Augen der Vögel?

_____

4. Worauf beruht die Ähnlichkeit zwischen Schwalben und Mauerseglern?

_____

5. Welche Organpaare sind homolog?

☐ **A** Die Flügel der Fledermaus und die Vorderbeine des Rindes.
☐ **B** Das Linsenauge des Thunfischs und das Linsenauge eines Tintenfischs.
☐ **C** Die Flügel des Sperlings und die Vorderflosse eines Pinguins.

## LÖSUNGEN

**1.** a) Kriterium der spezifischen Qualität: Homologe Organe sind nach dem gleichen Muster gebaut; b) Kriterium der Lage: Sie befinden sich an gleicher Stelle in vergleichbaren Organismen; c) Kriterium der Kontinuität: Sie sind durch homologe Zwischenformen miteinander verbunden. • **2.** A, C • **3.** Nein, Insekten haben Komplexaugen (Facettenaugen), Vögel haben Linsenaugen. • **4.** Beide Arten haben sich an ähnliche Lebensbedingungen (Nahrungserwerb in der Luft) angepasst. Die Ähnlichkeit beruht auf Analogie. • **5.** A, C

## SYSTEMATIK

Die Systematik ist das Fachgebiet der Biologie, das die Lebewesen in ihrer Vielfalt beschreibt, auf Grund definierter Merkmale zu Gruppen zusammenfasst und diese in ein hierarchisches System ordnet.

Seit jeher bemühen sich Menschen, die Welt um sie herum zu ordnen und Systeme zu schaffen, in welche die Dinge eingeordnet werden können. Dies ist bei der belebten Welt nicht anders. Auch hier lag der Gedanke nahe, Ordnung in die Natur zu bringen.

Mit dem Werk *Systema naturae* von Carl von Linné 1753 war eine Idee geboren, die es erlaubte, die Lebewesen in ein hierarchisches System zu gliedern. Ein solches System basiert auf dem Vergleich von Organismen hinsichtlich übereinstimmender Baumerkmale.

Lebewesen mit ähnlichen Merkmalen werden zu einer Gruppe zusammengefasst, die einen Namen erhält. Diese Gruppe wird mit anderen verglichen und bei Übereinstimmungen mit diesen in einer größeren Gruppe zusammengefasst. So gehören die Arten *Panthera leo* (Löwe) und *Panthera pardus* (Leopard) gemeinsam der Gattung *Panthera* an. Diese Gattung wird zusammen mit verwandten Gattungen (*Felis*, *Lynx*, *Acinonyx*) der Familie Katzen (*Felidae*) zugeordnet, die Familie mit weiteren Familien zur Ordnung Raubtiere, zur Klasse der Säugetiere und zum Stamm der Chordatiere. So entsteht ein in sich verschachteltes System. Die Begriffe Art, Gattung, Familie, Ordnung, Klasse, Stamm, Reich bilden die systematischen Kategorien.

## SYSTEMATIK IM FLUSS

Seit Darwins Formulierung der Evolutionstheorie wird versucht, Organismen nach ihrer Abstammung zu gruppieren. Dabei spielt die Homologisierung von Organen eine große Rolle. Heute befasst man sich mehr mit der Homologisierung der Moleküle und Stoffwechselprozesse, um daraus Hinweise auf den Verwandtschaftsgrad abzuleiten. Seit etwa 1990 wird die genetische Ähnlichkeit als Grundlage der Systematik benutzt.

Eine Klassifikation kann nie als abgeschlossen gelten, denn mit dem Fortschritt der Wissenschaft und dem Einsatz immer exakterer Methoden steigt unser Wissen und gibt uns immer wieder neue Ordnungskriterien.

## MERKMALE DER SÄUGETIERE

Die Schlüsselmerkmale der Säugetiere sind die Milchdrüsen und die Haare, die in keiner anderen Tiergruppe zu finden sind. Ein Tier mit Fell kann nur ein Säugetier sein. Säugetiere sind charakterisiert durch eine ganze Reihe von Merkmalskomplexen, die nicht nur gemeinsam auftreten, sondern auch im Zusammenhang zu verstehen sind: Das Haarkleid steht in enger Verbindung mit der Temperaturregulation, das Aufrechterhalten der Körpertemperatur erfordert ein gutes Verwerten der Nahrung und damit einen Kiefer und ein Gebiss, welche die Nahrung gründlich aufbereiten. Die gleichmäßige Körpertemperatur und der wirkungsvolle Sauerstofftransport durch kernlose Blutzellen wiederum ermöglichen die Entwicklung eines hoch differenzierten Gehirns.

Homologe Strukturen, die nur die Säugetiere zeigen, sind:

- das Haarkleid (in Verbindung mit der Temperaturregulation),
- das Vorhandensein von Brustdrüsen/Milchdrüsen und damit das Säugen der Jungen,
- der aus zwei Knochen bestehende Unterkiefer mit dem sekundären Kiefergelenk,
- die drei Gehörknöchelchen im Mittelohr,
- die Halswirbelsäule aus sieben Halswirbeln,
- der sekundäre Gaumen,
- das vierkammerige Herz mit einer nach links gebogenen Aorta,
- die kernlosen roten Blutzellen und
- das differenzierte Gebiss mit Schneidezähnen, Eckzähnen, molaren und prämolaren Backenzähnen.

Einzelne dieser Merkmale (z.B. das Haarkleid) treten bei manchen Säugetierordnungen nur in bestimmten Entwicklungsstadien auf.

EVOLUTION

## DNA-VERGLEICH

DNA-Hybridisierung ist eine gentechnische Methode, mit der man die Verwandtschaft zwischen Arten messen kann. Dabei wird das Erbgut verschiedener Arten miteinander verglichen, indem man den Anteil der komplementären DNA-Basen bestimmt. Je mehr komplementäre Basensequenzen vorhanden sind, desto mehr identische Seqenzen gibt es und umso näher sind zwei Lebewesen miteinander verwandt.

## DNA-HYBRIDISIERUNG

Zunächst wird DNA der zu vergleichenden Organismen isoliert und deren Schmelzpunkt bestimmt. Wenn doppelsträngige DNA auf über 90 °C erhitzt wird, denaturiert das Molekül: Es zerfällt in einzelne Stränge, es „schmilzt". Je höher die Anzahl der komplementären Basenpaare innerhalb der Stränge ist, desto höher ist die Schmelztemperatur. Artreine DNA schmilzt bei ca. 80° bis 90 °C.

Nun werden DNA-Proben verschiedener Arten gemischt und erwärmt. Beim Abkühlen bilden sich wieder Doppelstränge, diesmal aus artverschiedener DNA – die DNA wird hybridisiert: Zwei Einzelstränge verbinden sich über Wasserstoffbrücken. Das ist dann möglich, wenn die beiden Einzelstränge komplementäre Basensequenzen haben. Da jedoch nicht alle Basen gepaart sind, gibt es weniger Wasserstoffbrücken und die Doppelhelix lässt sich leichter in Einzelstränge auftrennen. Je näher die Schmelzpunkte von Hybrid-DNA und artreiner DNA beieinanderliegen, desto ähnlicher sind die Basensequenzen und desto näher verwandt sind die DNA-Spender.

Die Differenz der beiden Schmelzpunkte, der $\Delta T_{50}$-Wert, ist ein Maß für die genetische Verwandtschaft der Arten.

| Art | $\Delta T_{50}$ |
| --- | --- |
| Mensch | 0,0 |
| Schimpanse | 1,8 |
| Gorilla | 2,4 |
| Orang-Utan | 3,6 |
| Gibbon | 5,2 |
| Meerkatze | 6,3 |
| Galago | 28 |

$\Delta T_{50}$-Werte in °C bei 88,2 °C beim Schmelzen der Hybrid-DNA eines Menschen und jeweils eines anderen Primaten. Bei 88,2 °C „schmilzt" menschliche DNA.

## DNA-SEQUENZIERUNG

Eine weitere Möglichkeit zur Erstellung eines Stammbaums ist der direkte Vergleich der DNA verschiedener Arten.

Bei der DNA-Sequenzierung wird die Basenfolge in der DNA eines ausgewählten Gens bei mehreren Arten bestimmt und verglichen. Die Ähnlichkeit der Sequenzen gibt Aufschluss über die Verwandtschaft zweier Organismen und den Verlauf der Stammesgeschichte.

- 1. Schritt: Man ermittelt die Basenabfolge der DNA eines ausgewählten Gens. Dieser Vorgang heißt Sequenzierung. Es gibt inzwischen eine Reihe von Methoden zur Sequenzierung, die im Laufe der Zeit immer genauer, kostengünstiger und schneller wurden (Sanger-Sequenzierung, Pyrosequenzierung, Nanoporen-Sequenzierung).

- 2. Schritt: Nach der Sequenzierung der DNA bestimmter Gene wird die gefundene Sequenz mit denselben Genen anderer Arten verglichen. Je nachdem, welche Ähnlichkeiten sie aufweisen, können Rückschlüsse auf den Grad der Verwandtschaft geschlossen werden. Je mehr Unterschiede da sind, desto entfernter ist die Verwandtschaft, da sich seit der Zeit des gemeinsamen Vorfahren mehrere Mutationen ereignet haben.

Heute werden die Vergleiche mit bioinformatischen Methoden und großen Datenbanken durchgeführt. Je mehr Einträge eine Datenbank enthält, desto präzisere Vergleiche sind möglich. Die DNA-Sequenzanalyse ist weniger anfällig für Fehler als der Vergleich des Aussehens verschiedener Organismen, da Ähnlichkeiten in verschiedenen DNA-Sequenzen nicht so einfach missinterpretiert werden können: Bei Körperformen, die sich unter ähnlichen Bedingungen entwickelt haben, können sich ähnliche (analoge) Merkmale ausbilden. Analoge DNA-Sequenzen werden sich aber auch bei gleichartiger Umwelt nicht ausbilden.

## KLADOGRAMM

Ein Kladogramm ist die grafische Darstellung von Verwandtschafts-verhältnissen. Kladogramme drücken die verwandtschaftliche Nähe von Lebewesen zueinander aus. Wie ein Stammbaum hat das Klado-gramm das Ziel, die verschiedenen Stadien der Stammesentwicklung in eine Beziehung zueinander zu setzen.

Im Kladogramm gibt es bei einer Verzweigung immer nur zwei Äste. Grundlage eines Kladogramms sind ähnliche, von einem gemein-samen Vorfahren ererbte Merkmale, die ältere Vorfahren nicht be-sitzen. Anders als beim Stammbaum sind im Kladogramm nur die Enden der Äste eingetragen, Gabelungen stellen die Stammart der beiden daraus hervorgegangenen Schwestergruppen dar.

## VERWANDTSCHAFT DER HÄMOGLOBINE

|  | Hai | Karpfen | Huhn | Maus |
|---|---|---|---|---|
| Mensch | 79 | 68 | 35 | 16 |
| Maus | 79 | 68 | 39 |  |
| Huhn | 83 | 72 |  |  |
| Karpfen | 85 |  |  |  |

Die Tabelle zeigt, an wie vielen Stellen sich die Aminosäure-sequenz der Alpha-Ketten sich bei verschiedenen Tierarten unterscheidet. Dabei gibt es einige Stellen der Kette, die bei allen gleich sind, andere, die sich häufig unterscheiden. Aus dieser Tabelle ergibt sich das unten stehende Kladogramm.

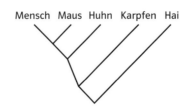

## HOMOLOGE HÄMOGLOBINE

Aus der Biochemie lassen sich zahlreiche Beispiele für die abgestufte Ähnlichkeit homologer Moleküle bei verwandten Tier- und Pflanzengruppen anführen.

Hämoglobin ist der rote Blutfarbstoff, der für den Sauerstofftransport verantwortlich ist. Das Hämoglobinmolekül ist ein Tetramer: Neben dem eisenhaltigen Häm besteht es aus vier Eiweißketten, zwei α- und zwei β-Ketten. Die β-Kette des Hämoglobins ist aus 146 Aminosäuren aufgebaut. Diese Kette ist bei Mensch und Schimpanse identisch. Gorillas unterscheiden sich durch eine Aminosäure: An der Position 104 steht bei ihnen Lysin statt Arginin.

Die Globine des Menschen bilden eine Gen-Familie, sie werden von sehr ähnlichen Genen codiert, deren Entstehung rekonstruiert werden kann: Aus dem ursprünglichen Gen entstanden durch Duplikation zwei identische Gene. Diese wurden durch Mutationen verändert und gelangten durch Chromosomenmutationen auf verschiedene Chromosomen: Das α-Globin liegt auf Chromosom 16, β-Globin auf Chromosom 11.

Durch weitere Duplikationen und Punktmutationen entstanden sieben Gene, die zu unterschiedlichen Zeiten der Entwicklung des Menschen aktiviert werden. Kombinationen der Globine zum Tetramer werden je nach Sauerstoffbedarf zu unterschiedlichen Stadien der Keimesentwicklung verwirklicht, beispielsweise um als Fetus im Mutterleib Sauerstoff aus dem mütterlichen Blut zu erhalten. Durch Vergleich mit den Globin-Genen von Tieren ließ sich ermitteln, dass sich die erste Verdopplung vor etwa 500 Mio. Jahren ereignete.

## EINE INSULIN-FAMILIE

Ein anderes gut untersuchtes Beispiel ist das Hormon Insulin, ein Polypeptid aus 51 Aminosäureresten. Das Rinderinsulin unterscheidet sich von dem des Schafs durch einen Säurerest. Rind und Schwein unterscheiden sich an zwei; Rind und Mensch an drei Positionen:

| | | | | | | |
|---|---|---|---|---|---|---|
| **Mensch** | ... Cystein – | Threonin – | Serin | – Isoleucin – | Cystein – | Serin ... |
| **Schwein** | ... Cystein – | Threonin – | Serin | – Isoleucin – | Cystein – | Serin ... |
| **Rind** | ... Cystein – | Alanin – | Serin | – Valin | – Cystein – | Serin ... |
| **Schaf** | ... Cystein – | Alanin – | Gycin – | Valin | – Cystein – | Serin ... |
| **Wal** | ... Cystein – | Threonin – | Serin | – Isoleucin – | Cystein – | Serin ... |
| **Pferd** | ... Cystein – | Threonin – | Glycin – | Isoleucin – | Cystein – | Serin ... |

## EIN MOLEKULARER STAMMBAUM AUS DER ATMUNGSKETTE

Cytochrom c ist ein Enzym-Protein, das in allen atmenden Lebewesen vorkommt. Es ist in der Atmungskette wirksam. Mehr als ein Drittel aller Aminosäuren sind bei allen Organismen identisch. Auch hier ist die Ähnlichkeit der Moleküle ein Maß für die Verwandtschaft; sie erlaubt die Konstruktion eines Stammbaums.

## SYSTEMATIK UND STAMMBAUMFORSCHUNG

1. Ein DNA-Hybrid-Doppelstrang aus DNA einer Blindschleiche und einer Ringelnatter trennt sich schon bei tieferer Temperatur als Hybrid-DNA aus Blindschleiche und Zauneidechse. Welchen Schluss ziehen Sie daraus über die Verwandtschaft der Tiere?

_____

_____

2. Mit welchen Methoden kann man belegen, dass Schwalben näher mit Sperlingen als mit Mauerseglern verwandt sind.

_____

_____

3. Was kann man aus der Tatsache schließen, dass Cytochrom c bei allen atmenden Lebewesen teilweise gleiche Aminosäuresequenzen aufweist?

_____

_____

4. Sie finden einen Schädel mit einem Unterkieferknochen. Zu welcher Tierklasse gehört das Tier mit diesem Schädel?

_____

## LÖSUNGEN

**1.** Die Hybrid-DNA von Blindschleiche und Eidechse besitzt mehr gemeinsame Nucleotidsequenzen, also sind die beiden näher verwandt als Blindschleiche und Schlange. • **2.** z.B. durch DNA-Hybridisierung, DNA-Sequenzierung, Vergleich von Eiweißen • **3.** Dass alle atmenden Lebewesen miteinander verwandt sind, dass Cytochrom c ein sehr altes Enzym ist, das schon bei den ersten atmenden Lebewesen auftrat. • **4.** Es gehört zu den Säugetieren.

## ABSOLUTE DATIERUNG

Die wichtigsten Methoden zur absoluten Datierung bedienen sich radioaktiver Isotope. Radioaktive Elemente zerfallen mit konstanter Geschwindigkeit. Der Zerfall wird nicht durch Temperatur oder andere Umweltfaktoren beeinflusst. Durch die Bestimmung der Menge des zerfallenen Isotops kann das Alter eines Fossils oder einer Schicht ermittelt werden.

## DIE RADIOKARBON-METHODE

Die Radiokarbonmethode, $^{14}$C-Methode oder Kohlenstoff-Uhr, ist eine Methode zur Altersbestimmung jüngerer Fossilien.

Durch kosmische Strahlung entsteht in der Atmosphäre laufend das Kohlenstoff-Isotop $^{14}$C (Kohlenstoff 14): Wenn ein Neutron mit einem Atom des $^{14}$N (Stickstoff 14) kollidiert, so entsteht ein Atom $^{14}$C. Dieses Kohlenstoff-Isotop ist instabil. Es zerfällt unter Freisetzung von β-Strahlen wieder in $^{14}$N. Die Halbwertszeit dieses radioaktiven Zerfalls beträgt etwa 5700 Jahre.

In der Atmosphäre liegt ein sehr kleiner Teil (0,03 millionstel %) des $CO_2$ als $^{14}CO_2$ vor. Da sich Bildung und Zerfall von $^{14}$C die Waage halten, ist das Verhältnis $^{14}CO_2$ zu $^{12}CO_2$ über lange Zeiträume konstant.

Bei der Fotosynthese bauen die Pflanzen $^{14}CO_2$ zusammen mit $^{12}CO_2$ in ihre Körpersubstanz ein, und zwar in dem Verhältnis, wie es in der Atmosphäre vorliegt. Durch die Nahrungsaufnahme gelangt das $^{14}CO_2$ wieder im selben Verhältnis in den tierischen und menschlichen Körper. Nach dem Tod eines Lebewesens beginnt die Kohlenstoff-Uhr zu ticken: Der Zerfall des $^{14}$C geht weiter, der Körper nimmt kein neues $^{14}$C auf. Die $^{14}$C-Konzentration sinkt stetig. Damit sinkt auch die Strahlungsintensität. Durch Messung der radioaktiven Strahlung (β-Strahlen) kann somit das Alter eines Fossils bestimmt werden.

## DIE KALIUM-ARGON-METHODE

Die Kalium-Argon-Methode beruht auf dem radioaktiven Zerfall des Kalium-Isotops mit einer Halbwertszeit von $1{,}28 \cdot 10^9$ Jahren. Mit dieser Methoden werden sehr alte vulkanische Gesteine datiert.

## RELATIVE DATIERUNG

Die relative Datierung beruht auf der Stratigraphie, der Lehre von der Abfolge und Bildung der Gesteinsschichten. Sie sagt aus, ob ein Fossil gleichaltrig, älter oder jünger ist als ein anderes. Man geht davon aus, dass Schichten mit gleichem Fossilinhalt gleich alt sind. Meist arbeiten Geologen mit Leitfossilien; das sind Arten, die nur kurze Zeit auftraten, während dieser Zeit aber weit verbreitet waren. Wenn das Auftreten und Verschwinden von Leitfossilien bekannt ist, kann durch relative Datierung das Alter einer Fundschicht recht genau bestimmt werden.

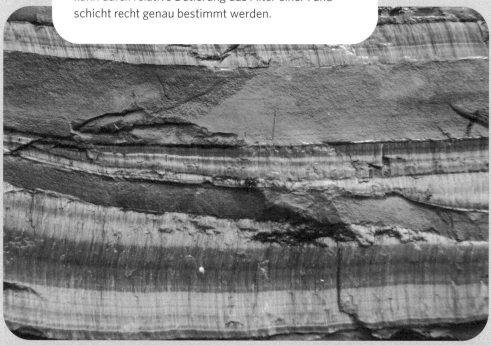

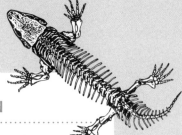

## MOSAIKFORMEN / BRÜCKENFORMEN

Mosaikformen, auch als „Brückenformen" oder „Übergangsformen" bezeichnet, sind Tiere und Pflanzen, die zwischen zwei großen systematischen Gruppen vermitteln. Diese Pflanzen und Tiere belegen, dass die Abgrenzung der systematischen Kategorien nicht immer klar und scharf ist, dass im System der Lebewesen alles im Fluss ist.

Der Begriff „Mosaikform" beschreibt, dass ein Organismus Merkmale unterschiedlicher Gruppen zeigt. Mosaikformen nahmen zu ihrer Zeit keine Sonderstellung ein, die Rolle als Bindeglied ergibt sich erst im Zusammenhang mit der nachträglichen Einordnung der Fossilien. Erst durch die Evolution unterschiedlicher Tiergruppen aus Nachfahren oder nahen Verwandten ergab sich der besondere Standort im System.

Brückentiere zeigen

- ursprüngliche Merkmale, die sie mit der stammesgeschichtlich älteren Gruppe gemeinsam haben;

- fortschrittliche Merkmale, die zu der neu entstehenden Gruppe hinführen; und

- intermediäre Merkmale, die zwischen den Klassen vermitteln.

## FOSSILE BRÜCKENTIERE

Bekannte fossile Brückentiere unter den Wirbeltieren sind:

- *Ichthyostega*: eine Brückenform zwischen Fisch und Amphibium;

- *Seymouria* vermittelt zwischen Amphibien und Reptilien;

- *Cynognathus* ist ein Bindeglied zwischen den Reptilien und den Säugetieren;

- *Archaeopteryx* ist Vermittler zwischen Reptilien und Vögeln.

## ARCHAEOPTERYX

Die bekannteste fossile Mosaikform ist zweifellos der Urvogel *Archaeopteryx lithographica*, ein Fossil, das in Weißjuraschichten von Solnhofen in der Fränkischen Alb gefunden wurde. Beim ersten Fund des *Archaeopteryx* waren keine Abdrücke der Federn erhalten: Er wurde als Reptil klassifiziert, denn der Skelettbau ist der eines kleinen Dinosauriers: Schwanz, Zähne, Schultergürtel, Becken, Bauchrippen und die drei Finger mit Krallen weisen ihn als Reptil aus. Bei späteren Fossilfunden sind jedoch deutliche Abdrücke von Federn erhalten. Nach diesen Funden wurde *Archaeopteryx* den Vögeln zugeordnet, denn das Federkleid wird als eindeutiges Vogelmerkmal betrachtet.

| Reptilmerkmale | Vogelmerkmale |
|---|---|
| • kegelförmige Zähne in Ober- und Unterkiefer | • Federkleid |
| • lange Schwanzwirbelsäule mit freien Wirbeln | • Flügel |
| • Knochen: nicht hohl | • Fuß mit Laufknochen |
| • kleines, flaches Brustbein | • vier Zehen; eine Zehe nach hinten gerichtet |
| • drei freie Finger | • Schlüsselbeine zum Gabelbein verschmolzen |
| • Krallen an Fingern und Zehen | • Schädel mit großen Augen und Schnabel |

Heute geht man davon aus, dass *Archaeopteryx lithographica* kein unmittelbarer Vorfahre der heutigen Vögel ist und somit auch kein echtes Bindeglied zwischen den Tierklassen der Reptilien und der Vögel darstellt. Die Gattung *Archaeopteryx* stellt eher eine Sackgasse der Evolution dar. Dennoch bleibt *Archaeopteryx* ein bedeutendes Evolutionsmodell, er steht den Vorfahren der Vögel doch recht nahe.

## LEBENDE FOSSILIEN

Das Wort „Fossil" bezeichnet Reste von Lebewesen der erdge-
schichtlichen Vergangenheit. Der Begriff „lebendes Fossil" ist
eigentlich ein Widerspruch in sich. Er zeigt aber sehr anschaulich,
was damit gemeint ist:

„Lebende Fossilien" sind Lebewesen, die

• einer Familie oder Ordnung angehören, deren Blütezeit längst
  vorbei ist, und die bis auf wenige Arten ausgestorben ist;

• in entlegenen Gebieten (Wälder, Tiefsee, Inseln) überlebt
  haben und

• viele Merkmale einer urtümlichen Gruppe beibehalten haben.

Ein „lebendes Fossil" ist ein Lebewesen, das uns modellhaft zeigt,
wie Organismen längst vergangener Zeitalter ausgesehen haben.
Es ist ein Lebewesen, das sich über große Zeiträume der Evolution
nicht oder nur wenig gewandelt hat, oder das sich in Bezug auf
bestimmte Merkmale nur wenig verändert hat. Von besonderem
Interesse sind dabei lebende Mosaikformen, also Tiere und
Pflanzen, die zwischen zwei großen systematischen Gruppen
vermitteln. So vermittelt z.B. *Latimeria chalumnae* zwischen den
beiden größten Gruppen der Wirbeltiere: zwischen Fischen und
Landwirbeltieren.

## ÜBERGANGSFORMEN

Wie die fossilen Brückenformen, so weisen auch die „lebenden
Fossilien" darauf hin, dass die systematischen Gruppen wie Farne
und Samenpflanzen oder Fische und Landwirbeltiere nicht als
unterschiedliche, streng getrennte „Typen" nebeneinander stehen,
sondern dass es Übergänge zwischen ihnen gab und gibt. Wenn
heute zwei Tier- oder Pflanzengruppen klar voneinander abgegrenzt werden können, so ist dies nur durch das Aussterben der
Übergangsformen zu erklären.

# DATIERUNG UND VERWANDTSCHAFT

1. Was ist der Unterschied zwischen relativer und absoluter Datierung?

   _____

   _____

2. Welche Aussage ist richtig?

   ☐ **A** Leitfossilien sind über lange Zeiträume weit verbreitet.
   ☐ **B** Mit der Kalium-Argon-Methode werden Gesteine datiert.
   ☐ **C** Die Halbwertszeit des radioaktiven Zerfalls von $^{14}$C beträgt 57 312 Jahre.

3. Was trifft zu?

   ☐ **A** Rauchschwalben und Mauersegler sind eng verwandt.
   ☐ **B** Die Ähnlichkeit von Rauchschwalben und Mehlschwalben beruht auf Verwandtschaft.
   ☐ **C** Die Mehlschwalbe ist mit dem Mauersegler näher verwandt als die Rauchschwalbe.

4. Nennen Sie mindestens drei Skelettmerkmale, die *Archaeopteryx* mit den Reptilien verbinden.

   _____

   _____

   _____

## LÖSUNGEN

**1.** Die relative Datierung erforscht, was älter und was jünger ist. Die absolute Datierung versucht, das Alter möglichst exakt zu datieren. • **2.** B • **3.** B • **4.** Schwanzwirbelsäule, Zähne, freie Finger, flaches Brustbein, Krallen

## LEBENDE FOSSILIEN: QUASTENFLOSSER

Fossile Quastenflosser sind den Paläontologen schon lange bekannt. Sie lebten vom mittleren Devon (vor 400 Mio. Jahren) bis zur mittleren Kreide vor ca. 100 Mio. Jahren. Ihre Blütezeit hatten sie in der unteren Trias. Daraus schloss man, dass diese Gruppe mit den Dinosauriern ausgestorben sei. Die Entdeckung eines lebenden Quastenflossers im Jahre 1938 war deshalb auf dem Gebiet der Zoologie ein sensationelles Ereignis. *Latimeria chalumnae*, ein Fisch der Tiefsee, unterscheidet sich nur wenig von seinen im Erdaltertum lebenden Vorfahren. *Latimeria* zeigt typische Fischmerkmale wie Schuppenkleid, Kiemenatmung und Flossen. Einige Merkmale verknüpft *Latimeria* mit den Landtieren: Die Flossen sind muskulös und haben ein Skelett, das dem der Amphibien nicht unähnlich ist. Die Quastenflosser bilden zusammen mit den Lungenfischen eine Unterklasse von Knochenfischen, die Fleischflosser, sie alle haben vier paarige, muskulöse Flossen. In dieser Gruppe ist die Stammform sämtlicher Landwirbeltiere zu suchen.

## LEBENDE FOSSILIEN: GINKGO

*Ginkgo biloba,* ein Baum aus Westchina, erinnert durch die Ausbildung seiner Samenanlagen an ausgestorbene Samenfarne des Erdaltertums. Die Befruchtung geschieht nicht wie bei fast allen Samenpflanzen durch einen Pollenschlauch, sondern durch bewegliche Samenzellen wie bei Moosen und Farnen. Seine Blätter haben gegabelte Nerven. Fossilienfunde belegen, dass Ginkgogewächse im Erdmittelalter formenreich und weit verbreitet waren.

EVOLUTION

## LEBENDE FOSSILIEN: SCHNABELTIER

Das Schnabeltier (*Ornithorhynchus anatinus*) ist eine Mosaikform, die zwischen Reptilien und Säugetieren vermittelt. Das Haarkleid, der Bau von Mittelohr und Kiefergelenk, das Herz und das Gehirn kennzeichnen es als Säugetier. Die Jungtiere werden von der Mutter gesäugt, sie lecken die Milch aus dem Milchfeld im Brustbereich des Muttertieres auf. Ähnlich wie die meisten Reptilien legen Schnabeltiere Eier. Auch ihre noch nicht ganz konstante Körpertemperatur und der Schultergürtel erinnert an Kriechtiere.

## LEBENDE FOSSILIEN: SPITZHÖRNCHEN

Das Spitzhörnchen (*Tupaia glis*) vermittelt zwischen Insektenfressern und Primaten. Spitzhörnchen sehen auf den ersten Blick aus wie Eichhörnchen und verhalten sich auch ähnlich wie diese. Aber einige Eigentümlichkeiten dieser Tiere weisen auf eine Verwandtschaft mit den Primaten hin. Man kann die Spitzhörnchen als „lebende Fossilien" bezeichnen, die uns zeigen, wie die frühesten Primaten in der Kreidezeit und zu Beginn des Tertiärs ausgesehen haben: Ihre Hände haben lange, bekrallte Finger. Die Großzehe kann von den anderen Zehen abgespreizt, aber diesen nicht gegenübergestellt werden. Das Gehirn ist recht groß, das Sehfeld ist gut entwickelt. Die Augen sind groß, leicht nach vorne gedreht und von einem knöchernen Ring umgeben. Das Gebiss ähnelt dem der Halbaffen.

## DIE REKAPITULATIONSHYPOTHESE

Der Vergleich früher Entwicklungsstadien verwandter Tiere führte Haeckel (1834–1919) dazu, das sogenannte biogenetische Grundgesetz zu formulieren: *„Die Keimesentwicklung ist eine kurze und schnelle Wiederholung der Stammesgeschichte."* Oder noch kürzer: *„Die Ontogenese rekapituliert die Phylogenese."* = Die Keimesentwicklung wiederholt die Stammesentwicklung.

Haeckel glaubte beobachtet zu haben, dass ein Individuum in seiner Keimesentwicklung noch einmal den gleichen Weg geht, den seine Vorfahren im Laufe der Stammesentwicklung durchlaufen haben. Heute ist klar, dass diese Feststellung stark vereinfacht ist. Ihr Anspruch, ein biologisches Gesetz zu sein, ist widerlegt. Allerdings kommt es häufig vor, dass ein Organ oder ein Organsystem in seiner Ausbildung Umwege macht, die aus der Stammesgeschichte erklärt werden können.

Im Zusammenhang mit den in den 1970er-Jahren entdeckten Hox-Genen, die in der Keimesentwicklung die Körperstrukturen festlegen, wird die Rekapitulationshypothese neu diskutiert. Die Hox-Gene sind offensichtlich sehr alte Gene; sie prägen die Entwicklung von Tieren ganz unterschiedlicher Stämme in gleicher Weise.

## AUFGEGEBENE ORGANANSÄTZE

Im Laufe der Keimesentwicklung vieler Arten werden Organe angelegt, die nie eine erkennbare Funktion erfüllen, die dem erwachsenen Individuum fehlen und die für Ahnformen der Art typisch waren:

- Bartenwale ernähren sich von Plankton. Dieses seihen sie durch ein aus Hornplatten (Barten) gebildetes Sieb. Sie haben keine Zähne. Ihre Embryonen jedoch haben Zahnanlagen, die sich wieder zurückbilden, bevor daraus Zähne entstehen.

- In einem bestimmten Embryonalstadium bilden Landwirbeltiere – Reptilien, Vögel und Säugetiere – Kiementaschen aus. Niemals werden funktionsfähige Kiemen daraus.

- Embryonen von Eulen zeigen einen ausgeprägten, mit Federansätzen versehenen Schwanz ähnlich dem des Urvogels *Archaeopteryx*.

- Delfine sind als Feten zeitweilig behaart.

- Menschliche Säuglinge umgreifen den Finger des Untersuchers bei der Berührung seiner Handinnenseite. Dieser „Klammerreflex" rekapituliert das instinktive Festkrallen junger Primaten am Fell der Mutter.

## DIE AUSSCHEIDUNG VON STICKSTOFF

Stickstoffhaltige Verbindungen entstehen beim Abbau von Proteinen im Körper und werden mit dem Urin ausgeschieden. Würde der Körper diese Verbindungen nicht ausscheiden, käme es im Laufe der Zeit zu Vergiftungen. Im Tierreich unterscheidet man bezüglich der Stickstoffausscheidung drei große Gruppen: die Ammoniak-Gruppe der Fische und Amphibien, die Harnsäure-Gruppe der Reptilien und Vögel und die Harnstoff-Gruppe der Säugetiere.

Ammoniak ist in Wasser gut löslich, enthält kaum verwertbare chemische Energie. Die meisten Knochenfische und Amphibienlarven geben Ammoniak direkt aus dem Blut durch die Kiemen ab, sie brauchen keine Nieren.

In den meisten Organen, insbesondere im Zentralnervensystem und in den Muskeln der Tiere, wirkt Ammoniak als starkes Zellgift, weil es den Energiestoffwechsel stört, zudem erhöht Ammoniak den pH-Wert und kann in höheren Konzentrationen zur Denaturierung von Proteinen führen. Dabei wird vor allem die Zellmembran beschädigt. Durch Überführung von Ammoniak in die Ausscheidungsformen Harnstoff oder Harnsäure wird die Giftwirkung von Ammoniak verhindert.

Vögel scheiden Harnsäure mit dem Urin aus. Diese Harnsäure ist – anders als der Harnstoff des Menschen – schwer löslich und als weiße Schlieren auf dem Kot sichtbar. Die Art der Ausscheidung steht im Zusammenhang mit dem Wasserhaushalt der Vögel: Sie verlieren bei der Ausscheidung wenig Wasser. Die Harnsäure wird eingedickt, das Wasser wird ihr entzogen und im Vogelkörper behalten. Ausgeschieden wird nur das Salz der Harnsäure – und zwar gemeinsam mit dem Darminhalt.

Während der Entwicklung des Hühnchens im Ei ist zu Beginn die Ammoniakkonzentration am höchsten, später wird zunehmend Harnstoff und Harnsäure gebildet, bis zuletzt nur noch Harnsäure hergestellt wird. Diese ist in Wasser schwer löslich und bereitet dem Embryo keine Probleme. Sie wird innerhalb des Eis gespeichert.

## LEBENDE FOSSILIEN, BIOGENETISCHE GRUNDREGEL

· · · · · · · · · · · · · · · · · · · · · · · · · · · · · · · · · · · · · · · · · · · · ·

1.  Menschliche Föten sind mit feinen, pigmentarmen Härchen
    behaart, die größtenteils gegen Ende der Schwangerschaft
    abgestoßen werden. Wie kann dieser Sachverhalt im Sinne
    der Evolutionsbiologie gedeutet werden?

    _____

    _____

2.  Was gilt für die Stickstoffausscheidung von Wirbeltieren?

    ☐ **A** Es gibt bei Wirbeltieren zwei Arten der Stickstoffausscheidung.
    ☐ **B** Vögel scheiden Stickstoff als Ammoniak aus.
    ☐ **C** In der Embryonalentwicklung von Hühnchen werden nacheinander
       Ammoniak, Harnstoff und Harnsäure ausgeschieden.

3.  Nennen Sie drei bekannte fossile Brückentiere und die
    vermittelten Gruppen.

    **a)** _____

    **b)** _____

    **c)** _____

4.  Welche Vorteile hat die Ausscheidung von Harnsäure für Vögel?

    _____

## LÖSUNGEN

· · · · · · · · · · · · · · · · · · · · · · · · · · · · · · · · · · · · · · · · · · · · ·

**4.** geringer Wasserverlust bei der Ausscheidung
**3.** a) Ichthyostega (Fische/Amphibien), b) Cynognathus (Reptilien/Amphibien), c) Seymouria (Amphibien/Reptilien) •
• **1.** In der Keimesentwicklung werden Organsysteme angelegt, die für Vorfahren einer Art charakteristisch waren. • **2.** C

## ZÜCHTUNG UND EVOLUTION

Als Modell für eine allmähliche Veränderung von Lebewesen erkannte Darwin die Zucht von Nutzpflanzen und Haustieren. Er begann, selbst Tauben zu züchten und stellte fest, dass alle Rassen von einer Art – der Felsentaube – abstammen. Nach seinen Beobachtungen unterschieden sich manche Zuchttaubenrassen stärker voneinander als verschiedene Vogelarten. Züchtung kann also Lebewesen verändern.

Für die Züchtung neuer Formen fand er drei wesentliche Voraussetzungen:

• Variabilität: Jedes Tier, jede Pflanze unterscheidet sich in seiner Merkmalskombination von allen anderen Angehörigen seiner Art. Auch unter den Nachkommen eines Elternpaares gibt es nie zwei identische Tiere.

• Nachkommenüberschuss: Zur Erhaltung einer Art würde es genügen, wenn ein Elternpaar zwei Nachkommen erzeugen würde. In Wirklichkeit haben alle Lebewesen im Schnitt weit mehr als zwei Nachkommen. Ungebremst führt diese übermäßige Fruchtbarkeit zu exponentiellem Wachstum.

• Auslese: Aus den vielen ihm zur Verfügung stehenden Varianten wählt der Züchter einige aus, die ihm für seine Zwecke am besten geeignet erscheinen. Nur diese verwendet er zur Weiterzucht. Wählt der Züchter über viele Generationen hinweg immer wieder die Varianten aus, die seinem Zuchtziel am nächsten kommen, so gelingt es ihm, Formen zu züchten, die sich in vielen Merkmalen von den Stammeltern unterscheiden. So ist es den Menschen innerhalb von ein paar Tausend Jahren gelungen, aus dem Wolf so unterschiedliche Nachkommen zu züchten wie den Dachshund und den Bernhardiner.

## EVOLUTIONSFAKTOREN

Zwei der Voraussetzungen für die Züchtung neuer Pflanzensorten und Tierrassen konnte Darwin problemlos auf die Evolution übertragen: Auch in der Natur gibt es eine reiche Variabilität. Die exakten Beobachtungen und Messungen hatten ihm gezeigt, dass es nie zwei völlig identische Individuen gibt. Jedes Lebewesen unterscheidet sich in irgendeiner Eigenschaft von allen anderen. Von diesen Eigenschaften nahm Darwin an, dass sie zufällig entstehen und – mindestens teilweise – erblich sind. Darwin kannte allerdings weder die Ursachen der Variation noch die Regeln ihrer Vererbung.

Auch in der Natur setzen Angehörige aller Arten mehr Nachkommen in die Welt, als kurzfristig zur Erhaltung ihrer Art notwendig wären. Oft produziert ein einziges Elternpaar Tausende oder Millionen von Nachkommen. Lebensraum und Nahrung dagegen sind begrenzt. Wegen dieser Übervermehrung müssen die meisten Organismen sterben, bevor sie sich fortpflanzen können.

## DIE SELEKTIONSTHEORIE

Wer aber übernimmt die Rolle des Züchters? Bei der Tier- und Pflanzen-
züchtung ist es der Mensch, der die Zuchtziele setzt, auswählt und kreuzt.
Darwin erkannte, dass auch in der Natur nicht immer der Zufall entscheidet,
welche Tiere oder Pflanzen zugrunde gehen und welche überleben. Häufig
entscheiden winzige Unterschiede im Körperbau oder im Verhalten über
Leben und Tod. Nur wer sich gegenüber seinen Konkurrenten behaupten
kann, hat die Chance zu überleben: Darwin prägte den Begriff *survival of the
fittest*, was mit „Überleben der Tauglichsten" übersetzt werden kann – nicht
mit „Überleben des Stärkeren"! Die Aufgabe des Züchters übernimmt in der
Natur der Kampf ums Dasein (*struggle for existence*). So führt der Kampf ums
Überleben in der Natur zu einer natürlichen Zuchtwahl, die die Individuen
immer geeigneter für das Überleben in ihrer Umwelt macht.

*Struggle for existence*, der Kampf ums Dasein, wird manchmal als brutales
Kräftemessen zwischen zwei Individuen verstanden, bei dem nur der Stärkere
überlebt. Darwin wird die These zugeschrieben, dass in der Natur nur der
Stärkere ein Recht zum Leben hat, der Schwächere weichen muss. Darwin
verstand unter *struggle for existence* etwas ganz anderes, nämlich einen Wettbewerb um begrenzte Vorräte. Darwins Auffassung von Selektion kann daher
treffend umschrieben werden mit der Formulierung:
„Das Bessere ist der Feind des Guten."

Charles Darwin (*12.2.1809, †19.4.1882)
gilt als Vater der Evolutionstheorie.

Charles Darwin.

## DIE SYNTHETISCHE EVOLUTIONSTHEORIE

Die synthetische Evolutionstheorie ist eine Synthese von Genetik und Darwins Selektionstheorie: Evolution ist das Ergebnis des Zusammenwirkens von Variation und Selektion. Dazu kommen weitere Evolutionsfaktoren wie Gendrift, Isolation und Einnischung. Die synthetische Evolutionstheorie geht davon aus, dass Populationen aus variierenden Individuen bestehen und dass die Variationsbreite an die jeweiligen Umweltbedingungen angepasst ist. Durch Mutation und genetische Rekombination entstehen laufend neue Gene und Genkombinationen, an denen die Selektion ansetzt.

## MUTATION UND REKOMBINATION

Mutationen und Rekombination führen zu einer genetischen Vielfalt innerhalb einer Population.

Eine Mutation ist eine dauerhafte Veränderung des Erbguts, sie kann an Nachkommen weitergegeben werden. Mutationen sind zufällige Ereignisse, z.B. Fehler bei Replikation der DNA oder bei der Aufteilung der Chromosomen.

Rekombination beschreibt die Verteilung und Neuanordnung des Erbmaterials bei der sexuellen Fortpflanzung. Durch Rekombination entstehen neue Genkombinationen, die phänotypisch zu einer andersgearteten Merkmalskombination führen können.

Große Populationen haben einen reichen Genpool und damit eine hohe Variabilität, sie können Veränderungen der Umwelt leichter bewältigen.

## BIODIVERSITÄT

Biodiversität umfasst
- die Artenvielfalt,
- die genetische Vielfalt und
- die Vielfalt von Ökosystemen.

Mannigfaltigkeit ist das Überlebensprinzip der Natur: Die biologische Vielfalt birgt das kreative Potenzial der Natur, mit Veränderungen fertig zu werden und Neues hervorzubringen.

## ARTENVIELFALT

Je größer die Artenvielfalt einer Lebensgemeinschaft ist, desto größer ist die Chance, dass Lebewesen da sind, die mit veränderten Bedingungen zurecht kommen. Nur Diversität sichert das Fortbestehen von Gemeinschaften.

Jede Art innerhalb einer Gemeinschaft erfüllt andere Funktionen im komplexen Ökosystem. Ökosysteme mit geringer Vielfalt sind fragiler und lassen sich leichter durch Klimaveränderungen oder Krankheiten schädigen.

## VIELFALT DER ÖKOSYSTEME

Einzelne Ökosysteme – Wiesen, Seen, Wälder – interagieren miteinander. Alle Ökosysteme stehen miteinander in Verbindung und beeinflussen sich gegenseitig. Die stabile und nachhaltige Verfügbarkeit von Wasser und Luft, Stoffkreisläufen und Nahrungsmitteln und viele andere Aspekte menschlichen Lebens hängen davon ab, dass die Ökosysteme weltweit intakt und erhalten bleiben.

## GENETISCHE VIELFALT

Genetische Vielfalt bedeutet eine möglichst hohe Diversität der Gene innerhalb der Populationen und Arten.

Die Größe des Genpools hängt von der Zahl der Individuen ab. Gibt es nur noch wenige Exemplare einer Art, wie etwa beim Gepard oder bei den Nashornarten, so geht die genetische Vielfalt verloren. Diese ist notwendig, damit sich eine Population an Veränderungen ihres Lebensraums anpassen kann.

Nur Anpassungsfähigkeit sichert ihren Fortbestand. Ohne Variabilität ist Evolution nicht möglich.

# EVOLUTIONSTHEORIE

1. Welche drei Voraussetzungen sind wesentlich für Züchtung?

a) _____ b) _____ c) _____

2. Was trifft auf Evolution zu?

☐ A Zwei Individuen sind nie völlig identisch.
☐ B Evolution garantiert die Unveränderlichkeit der Arten.
☐ C Nur die stärksten Individuen bestehen im Kampf ums Dasein.

3. Welche Faktoren sorgen für die Vielfalt in einer Population?

_____

4. Welche Bedeutung hat die Rekombination für die Evolution?

_____

_____

5. Warum sind kleine Populationen in ihrer Existenz besonders gefährdet?

_____

_____

_____

## LÖSUNGEN

1. a) Variabilität, b) Nachkommen-Überschuss, c) Auslese • 2. A • 3. Mutation und Rekombination • 4. Rekombination schafft neue Genkombinationen und damit neue Phänotypen, an denen die Selektion ansetzen kann. • 5. Kleine Populationen haben einen kleinen Genpool, damit ist die Zahl möglicher Genkombinationen gering und die Anpassungsfähigkeit an Veränderungen schwierig.

# SELEKTION

Selektion wird allgemein als ein statistisch erfassbarer Vorgang betrachtet: Manche Individuen haben mehr Nachkommen als andere. Wenn die unterschiedliche Nachkommenzahl nicht allein dem Zufall zuzuschreiben, sondern eine Folge unterschiedlicher Gen-Ausstattung ist, so spricht man von Selektion. Selektion bedeutet also, dass Träger bestimmter Genotypen mehr Nachkommen erzeugen als andere.

Als Folge der Selektion werden manche Gene in der nächsten Generation häufiger, andere seltener auftreten. Während die Mutation laufend neue Allele erzeugt und Rekombination die Allele neu zusammenstellt, prüft die Selektion, welche Allel-Kombination ihre Träger mehr und welche sie weniger geeignet machen in einer gegebenen Umwelt zu leben und sich fortzupflanzen.

Gorillas sind K-Strategen, die nur alle fünf bis sechs Jahre ein Junges bekommen, das sie über Jahre großziehen.

## FITNESS

Die entscheidende Größe für die Eignung oder Fitness eines Individuums ist sein Fortpflanzungserfolg. Diesen zu optimieren, ist die Hauptaufgabe eines Lebewesens. Der Fortpflanzungserfolg – und damit die Fitness – kann in vier Komponenten aufgeteilt werden:

- Grundlegend ist das Überleben des Individuums: Die Zahl der Nachkommen hängt zu einem Teil von der Lebensdauer ab.

- Die Notwendigkeit einen Geschlechtspartner zu finden: Für Männchen vieler Arten bedeutet Fitness in erster Linie, sich mit möglichst vielen Weibchen zu paaren und fortzupflanzen. Oft unterscheiden sich daher Aussehen und Verhalten der Männchen von dem der Weibchen (Geschlechtsdimorphismus). Manche Anpassungen dienen nur der Balz (Prachtkleid des Pfaus) oder dem Kampf um ein Weibchen oder einen Harem (Geweih des Hirsches).

- Die Zahl der Nachkommen, die in einem Zeitabschnitt erzeugt werden: Das Gelege einer Stechmücke besteht aus 200–400 Eiern, ein Grasfrosch legt 3000 Eier im Jahr, eine Auster 500 Mio. Bei einer so großen Zahl an Nachkommen kann jedoch für den Einzelnen nur wenig Energie aufgewandt werden: Der Nahrungsvorrat im Ei ist gering, Brutpflege gibt es nicht (r-Strategie). R-Strategen weisen also eine hohe Fortpflanzungsrate auf, die Nachkommen haben aber eine geringe Überlebenschance.

- Das Überleben der Nachkommen bis ins fortpflanzungsfähige Alter: Tiere mit K-Strategie haben eine geringe Fortpflanzungsrate, ihre Nachkommen haben aber eine höhere Überlebenschance, denn sie werden geschützt, gepflegt und mit Nahrung versorgt. Beispiele für eine extreme K-Strategie sind die großen Menschenaffen: Sie bringen nur alle fünf bis sechs Jahre ein Junges zur Welt, das mit aller Intensität über viele Jahre hinweg geschützt und versorgt wird.

Spinnen gehören
zu den r-Strategen.

## DIE UMWELT ALS SELEKTIONSFAKTOR

Überleben und Fortpflanzungserfolg hängen nur selten primär von der Körperkraft eines Individuums ab. Die Umwelt stellt an jedes Lebewesen eine ganze Reihe von Anforderungen, die über seine Eignung entscheiden. Vereinfachend kann man die Anforderungen der Umwelt in einzelne Faktoren zerlegen, die als Selektions- oder Auslesefaktoren wirken: Einflüsse der unbelebten Natur oder abiotische Auslesefaktoren und Einflüsse von anderen Lebewesen der eigenen Art oder anderer Arten oder biotische Auslesefaktoren.

Die Eignung wird bei jeder Art und in jeder Umwelt nach anderen Maßstäben gemessen. Für eine Stechmücke ist es wichtig, geeignete Wirte für eine Blutspende zu finden und ein Gewässer für die Eiablage. Wenn ein Insektizid angewandt wird, hat diejenige Stechmücke die höchste Fitness, die resistent ist oder dem Gift auszuweichen vermag. Außergewöhnliche Schnelligkeit kann die Fitness eines Hasen, weniger die eines Igels erhöhen; Kampfkraft mag für den Hirsch, nicht aber für eine Schwalbe von Vorteil sein.

Ob ein Körpermerkmal oder eine Verhaltensweise erhöhte Fitness verleiht, hängt davon ab, in welchem Lebensraum eine Art lebt, wie sie ihre Umwelt nutzt und von dieser genutzt wird, also von ihrer ökologischen Nische. Am besten geeignet erweisen sich in jeder Population diejenigen Individuen, die auf die Anforderungen ihrer Umwelt die besten Antworten gefunden haben, die am besten angepasst sind.

## ZUFALL ALS EVOLUTIONSFAKTOR

Nicht immer ist es die Selektion, die für die Zu- oder Abnahme von Allelen in einer Population verantwortlich ist. Manchmal kann ein Allel auch durch zufällige Ereignisse verschwinden oder häufig werden. Ändert sich der Genpool durch Zufall, so spricht man von Gendrift oder Alleldrift. Gendrift kann in verschiedenen Situationen einer Population als Evolutionsfaktor wirksam werden:

1. Zufallsereignisse in sehr kleinen Populationen: Einige Individuen, die ein sehr seltenes Allel tragen, sterben zufällig, bevor sie sich fortpflanzen können, oder sie finden keinen Partner. In einer großen Population wäre ein solches Ereignis unbedeutend für die relative Genhäufigkeit. In sehr kleinen Populationen kann ein solches Ereignis die Genfrequenz merklich verschieben.

2. Manche Populationen schwanken sehr stark in ihrer Größe. Die kleine Restpopulation, die nach einem Zusammenbruch im „Flaschenhals" übrigbleibt, ist genetisch meist anders zusammengesetzt als die Ausgangsgruppe. Allele, die vorher selten waren, können zufällig jetzt sehr häufig sein, andere Allele sind ganz verschwunden. Der Genpool ist verkleinert.

3. Manchmal wird ein neuer Lebensraum nur von einer sehr kleinen Teilpopulation, eventuell nur von einem trächtigen Weibchen, besiedelt. Die Auswahl dieser Gründerindividuen, welche den Ursprung des gesamten Genpools einer neu entstehenden Population bilden, ist meist rein zufällig.

## ALLOPATRISCHE ARTBILDUNG

Die allopatrische Artbildung geschieht in vier Schritten:

* In der ersten Phase bilden sich lokale Rassen: Wenn eine Population ein großes, zusammenhängendes Areal bewohnt, stellt sie eine Fortpflanzungsgemeinschaft dar. Meist sind Populationen nicht ganz gleichförmig. Es bilden sich vielmehr geografische Rassen. Das sind Teilpopulationen, deren Genpool sich etwas vom Genpool anderer Teile der Population unterscheidet.

* In der zweiten Phase wird ein Teil der Population räumlich vom Rest getrennt. Dies geschieht, wenn einige Individuen ein neues, abgelegenes Gebiet besiedeln (z.B. eine Insel, einen See) oder wenn der Lebensraum durch unüberwindliche Barrieren in getrennte Areale aufgeteilt wird.

* Wenn es während langer Zeiträume keinerlei Austausch von Individuen bzw. Genen zwischen den separierten Teilpopulationen gibt, entwickeln sich diese in Aussehen und im Genpool auseinander.

* Kommen die beiden Populationen nach langer Zeit wieder in Kontakt miteinander, so verschmelzen sie nicht mehr. Die inzwischen angesammelten Unterschiede sind so groß, dass eine Kreuzung zwischen ihren Angehörigen nicht mehr möglich ist. Die Tochterpopulationen sind nun isoliert voneinander, selbst wenn sie im gleichen Gebiet leben. Aus einer Art sind zwei Schwesterarten entstanden.

## ARTEN

Eine Art wird als Fortpflanzungsgemeinschaft definiert. Für die Definition der Art ist nicht die Zahl der Unterschiede, sondern die Schärfe der Abgrenzung das entscheidende Kriterium. Die einfachste Artdefinition fasst ein kleiner Merkvers zusammen: „Alles was sich schart und paart, gehört zu einer Art".

## EISZEITEN FÖRDERN ARTBILDUNG

In Mitteleuropa sind viele Schwesterarten während der Eiszeiten entstanden:

Grünspecht und Grauspecht sind zwei ähnliche Vogelarten. Beide leben in Wäldern und auf Baumwiesen und ernähren sich vorwiegend von Ameisen. Die Stammform der beiden Arten lebte vor der Eiszeit als einheitliche Population in Europa. Während langer Phasen der Eiszeit war Mitteleuropa waldfrei, die Spechte wurden nach West- und Osteuropa zurückgedrängt. Die Populations-größe wurde drastisch reduziert. Ein Austausch von Genen zwischen den beiden Populationen war für lange Zeit unmöglich.

Als das Eis zurückwich und Mitteleuropa sich wieder mit Wald bedeckte, breiteten sich beide Teilpopulationen wieder in Mitteleuropa aus. Inzwischen hatten sie sich jedoch so weit auseinanderentwickelt, dass sich die vom Osten kommenden nicht mehr mit den aus dem Westen einwandernden Spechten paarten. Die Populationen blieben isoliert, obwohl sie im gleichen Gebiet lebten.

Andere, während der Eiszeit durch Isolation entstandene Geschwisterarten, sind Sommergoldhähnchen und Wintergoldhähnchen, Nachtigall und Spötter, Gelbbauchunke und Rotbauchunke, Zilpzalp und Fitis.

Der entscheidende Schritt bei der Entstehung von zwei Arten ist dann erreicht, wenn sich zwei Populationen nicht mehr miteinander fortpflanzen, obwohl sie die Möglichkeit dazu hätten. Zilpzalp und Fitis bewohnen zwar etwas unter-schiedliche Lebensräume, trotzdem treffen immer wieder Tiere beider Arten aufeinander. Sie paaren sich nie. Schon die unterschiedlichen Balzgesänge ver-hindern ein gegenseitiges Erkennen, auch die unterschiedliche Färbung, die im Frühling besonders ausgeprägt ist, könnte dazu beitragen.

Wenn sich Individuen zweier Populationen nicht paaren, obwohl sie nicht räum-lich getrennt sind, spricht man von Fortpflanzungsisolation.

Grünspecht (links) und Buntspecht (rechts) sind zwei ähnliche Arten, die sich nicht untereinander paaren.

## KOEVOLUTION

Koevolution ist ein evolutionärer Prozess mit wechselseitiger Anpassung inter-
agierender Arten. Dabei übt jede Art einen starken Selektionsdruck auf die andere
Art aus. Koevolution kann sich über sehr lange Zeiträume in der Evolution zweier
Arten oder großer, systematischer oder ökologischer Gruppen erstrecken.

Es gibt unterschiedliche Arten der Koevolution:

- Manchmal entwickeln sich zwei Arten oder zwei ökologische Gruppen zum
  gegenseitigen Nutzen. Sie befinden sich in einer Symbiose wie Bestäuber und
  Blütenpflanzen oder samentragende Pflanzen und samenverbreitende Tiere.
  Eine Art fördert bei der anderen Art Eigenschaften, welche die Symbiose ermöglichen oder verbessern. So entstanden die gegenseitigen Anpassungen von
  Weidetieren und Gräsern: Weidetiere ernähren sich von Gräsern. Ohne Weidetiere würden die Weiden verbuschen oder bewalden, die Gräser verschwinden.
  Auch die Enzymausstattung vieler Bakterien unserer Darmflora entwickelte sich
  mit den Ernährungsgewohnheiten ihrer Träger.

- Beispiele für antagonistische Koevolution sind Beutegreifer und Beutetiere.
  Der gegenseitige Selektionsdruck verschärft die Gegensätze. So schützen sich
  Beutetiere vor ihren Räubern durch zunehmende Schnelligkeit, bessere Tarnung
  oder Mimikry. Die Jäger dagegen entwickeln bessere Jagdstrategien, schärfere
  Sinne oder Körperstärke.
  Pflanzen schützen sich durch natürliche Pflanzenschutzmittel, gegen die die
  Fressfeinde wiederum immun werden.
  Auch Parasiten und ihre Wirte führen eine Art Wettrüsten durch. Ein Beispiel ist
  das Coronavirus: Erkennt das Immunsystem Oberflächenproteine des Virus, so
  veranlasst es das Virus, diese zu verändern.

## MIMIKRY UND MIMESE

Bei der Mimese ahmen Tiere und Pflanzen das Aussehen ihres Lebensraums nach, sodass sie für Fressfeinde unsichtbar sind. So ist eine Heuschrecke zwischen Gräsern schwer auszumachen.

Mimikry ist Signalfälschung. So ahmen harmlose Arten die Gestalt, die Färbung, den Geruch oder das Bewegungsmuster einer giftigen, ungenießbaren oder wehrhaften Art nach. Dadurch werden Fressfeinde getäuscht und abgeschreckt, sodass die Nachahmer ihre Überlebenschancen steigern. Jedes Mimikrysystem besteht aus Vorbild, Nachahmer und Signalempfänger.

Manchmal bringt Mimikry Vorteile für Vorbild und Nachahmer: Eine schwarzgelbe Bänderung ist bei vielen Insekten ein Warnsignal für Insektenjäger. Viele wehrhafte Insekten tragen dieses Signal, durch die Ähnlichkeit sind sie alle geschützt. Mit der Zahl ähnlicher wehrhafter Insekten wächst die Wahrscheinlichkeit, dass ein Jäger durch Erfahrung lernt, Tiere mit diesem Muster zu meiden (Müllersche Mimikry). Aber auch harmlose Insekten machen sich dieses Warnsignal zunutze. Schwebfliegen tragen das gelbschwarze Muster und entgehen damit vielen Fressfeinden (Batessche Mimikry).

Man kann Mimikry auch nach dem Ziel der Täuschung einteilen: Bei Schutzmimikry imitiert ein Lebewesen ein gefährliches Tier, um selbst für gefährlich gehalten zu werden. Bei Lockmimikry imitiert ein Tier oder eine Pflanze ein Lebewesen, das für ihre Beute oder einen Bestäuber attraktiv ist und lockt diese an: Blüten der Ragwurz imitieren das Aussehen und den Sexuallockstoff weiblicher Solitärbienen. Männliche Bienen, die sich mit den Weibchen paaren wollen, bestäuben stattdessen die Blüten.

Putzerfische reinigen andere Fische von Parasiten und Schleim, auch große Raubfische. Sie werden von ihren Klienten nicht gefressen (Symbiose).

Der Falsche Putzerfisch *Aspidontus taeniatus* imitiert Gestalt, Färbung und Schwimmweise des Putzerfisches, um größeren Fischen Löcher in Flossen und Haut zu beißen.

Der Seeteufel, ein Meeresfisch, hat am vorderen Strahl seiner Rückenflosse ein Anhängsel, das er wie einen Wurm bewegt. So lockt er andere Fische an, die er dann erbeutet.

# EINNISCHUNG

Jede Art nutzt ihre Umwelt auf eine andere Weise, indem sie – im Vergleich zu anderen Arten – einen anderen Lebensraum bewohnt, andere Nistplätze sucht, andere Beutetiere oder Futterpflanzen frisst, sich auf andere Weise vor ihren Feinden schützt oder zu anderen Zeiten aktiv ist. Jede Art bildet ihre eigene ökologische Nische. Zwei Arten, die exakt dieselben Ansprüche an ihre Umwelt stellen, können nicht dauerhaft koexistieren: Konkurrenzausschluss.

Einnischung oder Annidation bedeutet, dass bei nahe verwandten Arten, die im gleichen Areal leben, jede Art die Umwelt etwas anders nutzt, um der Konkurrenz zu entgehen. Sie passt sich an neue Bedingungen – etwas andere Teillebensräume, Nahrungsquellen oder andere Nistplätze – an. Zur Sicherung des eigenen Überlebens weicht einer der Konkurrenten auf eine ökologische Nische aus, in der die Konkurrenz mit anderen Arten vermindert ist.

Wenn die Teilpopulation einer Art neue Lebens- oder Umweltbedingungen nutzt, kann Einnischung Ausgangspunkt für eine sympatrische Artbildung – Artbildung innerhalb des gleichen Gebiets – sein.

## KOHLMEISE UND BLAUMEISE

Ein Beispiel für die Einnischung nahe verwandter Vögel sind Kohlmeise und Blaumeise. Die leichtere und wendigere Blaumeise sucht den oberen Kronenbereich und die äußersten Zweigspitzen von Büschen und Bäumen nach Spinnen und Insekten ab wie Raupen, Blattläuse, Schildläuse. Am Boden sieht man Blaumeisen eher selten. Die etwas größere Kohlmeise bevorzugt die kräftigeren Äste und den Boden zur Nahrungssuche. Die Blaumeise kann Höhlen und Nistkästen mit kleineren Einschlupflöchern für ihre Brut nutzen als die Kohlmeise.

# SELEKTION, SYSTEMATIK, EINNISCHUNG

1. Welche Faktoren bedingen Fortpflanzungserfolg?

a) _____ b) _____ c) _____

2. Welche Aussage trifft zu?

☐ **A** Die Fitness eines Individuums hängt vor allem von seiner Körperkraft ab.
☐ **B** Kraft und Schnelligkeit sind entscheidend für jedes Überleben.
☐ **C** Individuen, die am besten an ihre Umwelt angepasst sind, erweisen sich als besonders fit.

3. Was ist nicht korrekt?

☐ **A** Systematik ordnet die Lebewesen nach ihrer Ähnlichkeit.
☐ **B** Ziel der Systematik ist Ordnung nach Verwandtschaft.
☐ **C** Genetische Methoden sind für die wissenschaftliche Systematik irrelevant.

4. Die Hornisse und der Hornissenglasflügler – ein Schmetterling – ähneln sich sehr. Wie könnte die Ähnlichkeit evolutionär entstanden sein?

_____

5. Warum sind Zufallsereignisse gerade in kleinen Populationen spürbar?

_____

## LÖSUNGEN

**1.** a) Überleben, b) Geschlechtspartner finden, c) Zahl und Überleben der Nachkommen • **2.** C • **3.** A, C • **4.** Unter den frühen Hornissenglasflüglern überlebten bevorzugt diejenigen Exemplare, die den Hornissen ähnelten, weil sie von ihren Fressfeinden gemieden wurden. So bildete sich Mimikry aus. • **5.** In kleinen Populationen ist es wahrscheinlicher, dass ein Allel zufällig verschwindet oder aber sehr häufig wird.

## ADAPTIVE RADIATION

Wenn aus einer Population in relativ kurzer Zeit mehrere unterschiedliche Arten, Gattungen oder Familien hervorgehen, die sich an verschiedene Lebensbedingungen anpassen, so spricht man von adaptiver Radiation. Dabei wird ein Bauplan in relativ kurzer Zeit in ganz verschiedene Richtungen abgewandelt, wobei die wesentlichen Merkmale des Grundbauplans jedoch erhalten bleiben.

Adaptive Radiation wird immer dann möglich, wenn eine Population die Gelegenheit hat, neue Nischen zu bilden, also wenn in einem Areal ökologische Lizenzen frei sind, die eine Art aufgrund ihrer genetischen Variabilität ausfüllen kann.

Das ist der Fall, wenn z.B.

- ein bisher unbewohntes Gebiet besiedelt wird;
- eine Gruppe von Lebewesen ausgestorben ist, so folgt eine Phase der Expansion der überlebenden Organismen;
- in einer Population ein neues Schlüsselmerkmal auftritt, mit dessen Hilfe sie neue Herausforderungen bewältigen kann;
- die Evolution einer anderen Art oder Lebensform neue Möglichkeiten zur Verfügung stellt.

So stammen alle Insekten, alle Vögel, alle Säugetiere jeweils von einer Ausgangs-population ab.

Beispiele für adaptive Radiation sind die Kleidervögel von Hawaii, die Pflanzengattung *Aeonium* auf den kanarischen Inseln, die Expansion der Säugetiere nach dem Aussterben der Saurier oder die Entfaltung der Schmetterlinge und Hautflügler nach dem Auftreten der Blütenpflanzen.

Der Kiwikleidervogel gehört zu einer der ursprünglich 40 Arten von Kleidervögeln, die nur auf der Hawaii-Inselkette vorkommen.

## DARWINFINKEN

Das Paradebeispiel für adaptive Radiation sind die Darwinfinken. Auf den Galapagos-Inseln leben 13 Arten von Darwinfinken. Diese 13 Arten haben sich in weniger als zwei Millionen Jahren aus einer Gründerpopulation entwickelt, die es auf die Inselgruppe verschlagen hat.

Darwinfinken sind sperlingsgroße, graubraun bis schwarz gefärbte Vögel, die sich im Aussehen, im Balz- und Nestbauverhalten und ihren Rufen auffallend ähnlich sind. Aber in der Form und Größe ihrer Schnäbel unterscheiden sie sich signifikant. Jede Insel beherbergt drei bis zehn Finkenarten, aber nie trifft man zwei Arten mit gleicher Schnabelform auf einer Insel (Konkurrenzausschluss).

Die Grundfinken z.B. halten sich überwiegend am Boden auf und ernähren sich hauptsächlich von Samen. Sie haben kurze, dicke Schnäbel. Leben zwei Arten von Grundfinken auf einer Insel, so bevorzugt jede Art Körner einer anderen Größe und Härte. Die einen haben kräftige und klobige Schnäbel, die anderen feinere Schnäbel, die zum Öffnen kleiner, weicher Samen taugen.

Der Laubsängerfink hat einen kurzen, dünnen Schnabel, vergleichbar mit dem Fliegenschnäpper Mitteleuropas. Er lebt auf Bäumen und ernährt sich von Insekten.

Die Baumfinken nehmen Körner und Insekten auf; eine Art verzehrt Laubblätter, eine andere verletzt Seevögel und trinkt deren Blut, eine dritte beseitigt Zecken aus der Haut von Schildkröten.

Die bemerkenswertesten Darwinfinken sind Spechtfink und Mangrovenfink, die Insekten aus der Borke von Bäumen holen. Die Nische des Spechtfinken ist mit derjenigen der Spechte vergleichbar. Im Unterschied zu diesen hat er keine lange Zunge, um die Larven aus ihren Gängen zu ziehen, stattdessen benutzt er Zweigstücke oder Kaktusstacheln als Werkzeuge.

Auf der Kokosinsel gibt es nur eine Darwinfinken-Art, den insektenfressenden Kokosfink. Dort gab es keine Möglichkeit zu geografischer Isolation, eine Radiation war daher nicht möglich.

## DER MENSCH IM SYSTEM DER TIERE

Die Säugetier-Ordnung der Primaten bildet sich aus den Affen und Halbaffen. Die Menschenaffen oder Hominiden sind eine Familie der Primaten.

In dieser Familie werden vier Gattungen zusammengefasst: Orang-Utans, Gorillas, Schimpansen und Menschen. Der Mensch gehört mit Schimpansen, Bonobos und Gorillas in die Unterfamilie der Homininae.

Im allgemeinen Sprachgebrauch wird die Bezeichnung „Menschenaffen" meist für alle nicht-menschlichen Hominiden verwendet. Vergleicht man die menschliche DNA mit der DNA verschiedener Menschenaffen, so findet man die größte Übereinstimmung mit den Schimpansen. Der DNA-Unterschied zwischen Mensch und Schimpanse liegt bei nur 1,37 Prozent.

## VORMENSCHEN

Vor etwa sieben Millionen Jahren trennten sich die Linien, die zum Schimpansen bzw. zum Menschen führten. Von da an werden die Vertreter der menschlichen Linie als Vormenschen bezeichnet. Alle Vormenschen lebten in Afrika, vorwiegend in den Savannen.

Die Arten, die zur Australopithecus-Gruppe gerechnet werden, hatten ein größeres Gehirnvolumen als Menschenaffen, es lag bei 450 bis 500 cm$^3$. Das Gebiss der Australopithecinen deutet auf eine rein pflanzliche Ernährung hin.

Unter dem Namen „Lucy" wurde ein 3,2 Mio. Jahre altes Fossil des Australopithecus afarensis aus Äthiopien bekannt. Lucy war nur 1,07 m groß. Die Form des Beckens und der Oberschenkel lässt darauf schließen, dass sie aufrecht gehen konnte; sie konnte aber auch klettern und sich in Bäumen schwingend fortbewegen. Aus derselben Epoche stammen die Fußspuren von Laetoli in Tansania. In vulkanischem Tuff entdeckte man die Spuren von drei Individuen, die zweifelsfrei aufrecht gingen.

# VOM HOMO HABILIS ZUM HOMO SAPIENS

Von Australopithecinen spaltete sich vor 2,5 Mio. Jahren die Gattung „Homo" ab. *Homo habilis* stellte einfache Steinwerkzeuge her. Er gilt als früher Vorfahre des *Homo sapiens*. Sein Gehirnvolumen lag bei 700 bis 800 cm$^3$.

Vor 1,8 Mio. Jahren trat in Afrika der *Homo erectus* auf. Er war kräftig gebaut und wurde 1,50–1,65 m groß. Er hatte eine flache Stirn, starke Überaugenwülste, massive Kiefer mit einer Andeutung von Kinn. *Homo erectus* ist der erste Hominide, der sich über die Kontinente Afrika, Asien und Europa ausbreitete. Er beherrschte das Feuer, bewohnte Felshöhlen und war Sammler und Jäger.

Die Neandertaler (*Homo neanderthalensis*) sind die Bewohner Europas während der letzten Eiszeit. Wie die frühen modernen Menschen lebten sie als Jäger und Sammler. Nachweislich kam es zur Vermischung der Gene von Neandertalern und modernen Menschen. Der Neandertaler-Schädel ist gekennzeichnet durch ein flaches, langes Schädeldach, eine fliehende Stirn und einen durchgehenden Überaugenwulst. Das Gehirn war etwas größer als das des Jetztmenschen. Der Körperbau war gedrungen. Neandertaler fertigten kunstvolle Steingeräte und bestatteten ihre Toten.

Die ältesten *Homo sapiens*-Fossilien sind 160 000 Jahre alt, sie stammen aus Äthiopien. Von seinen Vorfahren unterscheidet er sich durch kleinere Zähne, einen Unterkiefer mit vorstehendem Kinn, einen hoch gewölbten Gehirnschädel und einen grazilen, hohen Körperbau. *Homo sapiens* ist die einzige überlebende Art der Menschen. Die ältesten bekannten Kunstwerke und Musikinstrumente entstanden vor 40 000 Jahren auf der Schwäbischen Alb.

Australopithecus

Homo erectus

Homo neanderthalensis

Homo sapiens

## SCHLÜSSELMERKMALE DES MENSCHEN

Eine Reihe von Schlüsselmerkmalen charakterisieren den Menschen und heben ihn von den übrigen Säugetieren ab. Viele dieser Merkmale waren Präadaptationen. Sie sind unser Erbe von den baumlebenden Primaten: Die Greifhände, die Dominanz des Gesichtsinns mit Farbensinn und räumlichem Sehen, die lange Kindheit und die enge Mutter-Kind-Bindung. Auch den aufrechten Gang haben die Menschen von ihren Vorfahren übernommen.

Ein Bündel weiterer Merkmale ist typisch für den Menschen und kann ihn von seinen Vorfahren abheben:

Körperform und -größe, das große Gehirn, kleiner Kiefer und kleine Zähne, der Präzisionsgriff zwischen Daumen und anderen Fingern, Reduzierung der Körperbehaarung, flache Finger- und Zehennägel, die lange Embryonalentwicklung, deutliche Verlängerung der Kindheit und vor allem die Herstellung komplizierter Werkzeuge, Sprache und Kultur.

Menschwerdung war kein schneller Evolutionsschritt, sondern erfolgte durch die parallele Entwicklung vieler Merkmale (Mosaikevolution).

Das etwa 32 000 Jahre alte Wildpferd aus Mammut-Elfenbein ist eines der ältesten Kunstwerke der Menschheit und zählt zu den Meisterwerken der Kulturgeschichte. Es wurde in der Vogelherd-Höhle auf der Schwäbischen Alb gefunden.

# DER AUFRECHTE GANG

Der aufrechte Gang ist ein entscheidendes Kriterium der Hominiden-Entwicklung. Aufrechte Körperhaltung und aufrechtes Laufen ist auch den Menschenaffen möglich, jedoch können sie sich nur für begrenzte Zeit und unter sehr hohem Energieaufwand aufrecht halten: Bei Gorillas und Schimpansen ist das Gehen auf zwei Beinen wegen der enormen Muskelarbeit, die zur Stabilisierung der gebeugten Hüft- und Kniegelenke sowie zur Kontrolle des Körperschwerpunktes notwendig ist, energetisch aufwändig. Schimpansen halten ihren Körper häufig in der Horizontalen. Das bedeutet, dass sie ihren Schädel nach vorwärts ausgerichtet tragen. Ihre Wirbelsäule ist konvex gebogen, um das Gewicht gleichmäßiger tragen zu können.

Erwachsene Gorillas sind für die hangelnde Fortbewegung in Bäumen zu schwer. Sie verbringen die meiste Zeit auf dem Boden. Dort bewegen sie sich mit dem Knöchelgang, sie stützen sich auf die Handknochen auf.

Im Jahr 2019 wurden im Allgäu zwölf Millionen Jahre alte Fossilien eines Menschenaffen entdeckt: *Danuvius guggenmosi*. *Danuvius* war etwa einen Meter groß. Sein Skelett zeigt Merkmale, die auf eine Fortbewegung auf zwei Beinen schließen lassen: Die S-förmig gebogene Wirbelsäule, eine verlängerte Lendenwirbelsäule und gestreckte Hüft- und Kniegelenke. Vielleicht kletterte *Danuvius* weitgehend aufrecht. Diese Fossilien weisen darauf hin, dass sich der aufrechte Gang im Wald entwickelt hat und dass seine Wurzeln sehr weit zurückreichen. Allerdings ist diese Deutung noch umstritten.

Eine Darstellung der Entwicklung des aufrechten Gangs, die auch heute noch in manchen Werken gefunden wird. Nach heutigen Erkenntnissen ist die Darstellung falsch! Die aufrechte Körperhaltung entwickelte sich schon bei baumlebenden Vorfahren.

## DER AUFRECHTE GANG ERHÖHT DEN FORTPFLANZUNGSERFOLG

Der aufrechte Gang steigerte auch den Fortpflanzungserfolg. Wenn die Männchen ihre Hände zum Nahrungstransport nutzen und ihrer Familie Nahrung liefern, können die Weibchen mehr Zeit und Energie in die Pflege der Kinder investieren. Das Männchen sorgt zuverlässig für die Ernährung und bietet den Weibchen und seinem Nachwuchs Schutz. Das Weibchen gewährleistet, dass die Gene des Männchens in die nächste Generation gelangen. Diese besseren Überlebenschancen der Nachkommen wirken sich erheblich auf die Fortpflanzung der Art aus.

Prähistorische Höhlenmalerei aus der Höhle von Lascaux, ca. 17 000 v. Chr.

## DIE BESONDERE ANATOMIE DES MENSCHEN

Die Wirbelsäule wird aus einem Brückenbogen zu einer federnden Säule, die durch mehrfache Biegung die Stöße des zweibeinigen Gehens auffängt und die Rumpfmasse über die Stützfläche der Füße bringt.

Das Becken hat die Last der inneren Organe zu tragen, die Beckenschaufeln treten daher breit auseinander und werden durch das gleichfalls verbreiterte Kreuzbein in ihrer tragenden Funktion unterstützt.

Breiter und flacher wird mit der Aufrichtung auch der Brustkorb. Diese Verbreiterung und Abflachung des oberen Rumpfes bedingen auch die Verlagerung der Schulterblätter nach hinten, die Arme gewinnen dadurch eine große seitliche Beweglichkeit.

Stärker durch die aufrechte Haltung geprägt werden die hinteren Extremitäten. Sie allein tragen jetzt den Körper und bewegen ihn fort. Sie werden beim Menschen besonders lang und kräftig. Im Vergleich zu den Menschenaffen werden die Beine indessen nicht nur wesentlich länger als die Arme, auch im Verhältnis zur Rumpflänge hat der Mensch die längsten Beine.

Der Schädel wird über der aufrechten Körperachse balanciert. Der relativ kleine Gesichtsschädel liegt nicht vor, sondern unter dem sich wölbenden Hirnschädel. Der Zahnbogen wird verkürzt. Das Gehirn gewinnt Raum durch die Erhöhung der Schädelkapsel.

Die größten Unterschiede zwischen Menschen und Schimpansen weist der Fuß auf: Als an den zweibeinigen Gang angepasste Stütze zeigt er kaum noch Eigenschaften eines Greiffußes. Fußgelenke und Mittelfußknochen sind weniger biegsam. In der Embryonalentwicklung stimmt die menschliche Fußform bis zu einem gewissen Grad noch mit derjenigen anderer Primaten überein; später tritt die Großzehe in die Reihe der übrigen Zehen und verstärkt sich. Die Zehenglieder verkürzen sich. Sie tragen zum Gehen bei, können aber nur schlecht greifen. Im Zuge der Aufrichtung kommt es zur Ausbildung des Fußgewölbes. Die Wölbung, die sowohl längs als auch quer verläuft, gewährleistet die notwendige Elastizität beim zweibeinigen Gehen, Laufen und Springen.

## MENSCHENAFFEN UND MENSCHEN UNTERSCHEIDEN SICH ANATOMISCH

Wesentliche Unterschiede zwischen dem Skelett des Menschen und dem von Menschenaffen betreffen den aufrechten Gang, z.B.:

- Die doppelte S-Form der Wirbelsäule des Menschen fängt beim Gehen die Stöße auf und bringt beim Stehen den Rumpf über die Füße.

- Sein Becken ist schüsselförmig, kurz und breit; die Hüftmuskeln setzen so an, dass sie den Körper beim Gehen halten und balancieren können.

- Das Hinterhauptsloch liegt in der Mitte der Schädelunterseite, sodass sich der Schädel in einer günstigen Schwerpunktlage befindet.

- Der menschliche Fuß hat ein doppeltes Gewölbe, das beim Stehen ein Dreibein bildet, beim Gehen als Stoßdämpfer wirkt. Der große Zeh steht parallel zu den übrigen Zehen, er ist nicht opponierbar.

- Der Brustkorb ist breit und flach. Der Schwerpunkt des Rumpfes liegt dadurch auf der Körperachse.

- Das Knie ist so gebaut, dass Oberschenkel und Schienbein einen leichten Winkel bilden und der Fuß unter den Körperschwerpunkt gestellt werden kann.

- Die Beine sind im Vergleich zu den Armen lang.

# EVOLUTION DES MENSCHEN

**1.** Nennen Sie drei Merkmale der Anatomie des Menschen.

a) _____

b) _____

c) _____

**2.** Welche Aussagen zur menschlichen Anatomie treffen zu?

☐ **A** Der Fuß zeigt ein doppeltes Gewölbe.
☐ **B** Die starre Wirbelsäure sichert Stabilität beim aufrechten Gang.
☐ **C** Die Beine sind vergleichsweise lang und kräftig.

**3.** Welche Vorteile bietet der aufrechte Gang?

a) _____

b) _____

c) _____

**4.** Charakterisieren Sie den Schädel des Menschen.

_____

_____

_____

## LÖSUNGEN

**1.** a) Die doppelte Krümmung der Wirbelsäule federt Stöße ab. b) Das breite Becken trägt die inneren Organe. c) Der Brustkorb ist breit und flach und die Aufrichtung führt zu größer Beweglichkeit der Arme. • **2.** A, C • **3.** a) Erhöhung der Blickweite, b) Befreiung der Hände zum Tragen und Arbeiten, c) bedrohlichere Gestalt • **4.** Ein kleiner Gesichtsschädel unter dem Hirnschädel und ein kurzer Zahnbogen erlauben eine starke Vergrößerung des Hirnschädels und Gehirns.

## VERGLEICHENDE VERHALTENSFORSCHUNG

Die klassische vergleichende Verhaltensforschung (Ethologie) beschäftigt sich vorwiegend mit den unmittelbaren (proximaten) Ursachen des Verhaltens. Sie wurde in den 1930er-Jahren von Oskar Heinroth, Konrad Lorenz und Nikolaas Tinbergen begründet. Diese Forscher gingen davon aus, dass die Verhaltensabläufe der Tiere aus Instinktbewegungen aufgebaut sind. Sie beschrieben die Verhaltensweisen einzelner Tierarten mithilfe von Ethogrammen. Sie gingen davon aus, dass die Programme der Instinktbewegungen im Erbgut verankert sind und dass diese – wenn eine Handlungsbereitschaft vorhanden ist – durch Schlüsselreize ausgelöst werden können.

Die Unterscheidung von proximaten und ultimaten Ursachen von Verhalten geht zurück auf Nikolaas Tinbergen. Proximate Ursachen (Wirkursachen) sind die aktuellen Anstöße für eine Verhaltensweise, die Gründe, die unmittelbar für das Verhalten verantwortlich sind, z.B. physiologische, chemische und psychische Ursachen und äußere Reize. Ultimate Ursachen (Zweckursachen) betreffen den Anpassungswert eines Verhaltens, die Frage nach dem Nutzen für das Individuum.
Vielen Verhaltensweisen liegen sowohl proximate als auch ultimate Ursachen zugrunde.

## VERHALTENSÖKOLOGIE

Die Verhaltensökologie befasst sich vorwiegend mit den ultimaten Ursachen des Verhaltens, also mit der evolutionären Angepasstheit des Verhaltens an die Umwelt.

Im Fokus steht die Frage, welche Selektionsfaktoren für die Entwicklung der einzelnen Verhaltensweisen eine Rolle spielen und welche Auswirkungen die einzelnen Verhaltensweisen auf die Fitness des Individuums haben. Es geht weniger darum, wie ein Verhalten ausgelöst wird, sondern um den Anpassungswert, also den Nutzen, den eine Verhaltensweise für das Individuum in seiner spezifischen Umwelt hat.

In mathematischen Modellen wird versucht zu beschreiben, wie sich optimal angepasste Individuen verhalten sollten.

Warum flüchtet eine Maus in ein Loch, wenn eine Katze naht?

Die proximate Ursache (Wirkursache) für die Fluchtreaktion ist das Bemerken der Katze. Die ultimate Ursache der Fluchtreaktion ist das Verhaltensprogramm, das als evolutive Anpassung der Mäuse an ihre Umwelt entstanden ist. Die Fitness einer Maus, die schnell in ein Loch schlüpft, ist höher als die einer Artgenossin, die nicht flieht.

## SCHLÜSSELREIZE

Viele Verhaltensweisen werden von einfachen Reizen, den Schlüsselreizen, ausgelöst. Während einfache Reflexe, etwa der Kniesehnenreflex oder der Pupillenreflex, mit großer Sicherheit auf den zugehörigen Außenreiz antworten, vermisst man bei komplizierten Verhaltensweisen die strenge Reiz-Reaktion-Beziehung. Ein Reiz löst nicht in jedem Fall eine Instinkthandlung aus. Die Bereitschaft des Tieres, eine Bewegung oder eine Handlung durchzuführen, kann sich ändern. Sie hängt von den Umweltbedingungen, von der Stimmung des Tieres und von den vorangegangenen Handlungen ab.

Als Schlüsselreiz kann jedes vom Tier wahrnehmbare Merkmal dienen, das kennzeichnende Funktionen erfüllt. Schlüsselreize können Einzelmerkmale (Farben oder Formen, Töne, Geruch oder Geschmack) sein, auch komplizierte Gestaltmerkmale oder Bewegungsmuster kommen vor. Meist handelt es sich um einfache, auffällige Muster.

Manchmal wird dieselbe Verhaltensweise durch verschiedene Reize ausgelöst. Die Reize können sich gegenseitig vertreten oder es verstärken sich Reize im Zusammenwirken. Bei der Reizsummation addieren sich verschiedene Reizmerkmale in ihrer Auswirkung auf das Verhalten.

## HANDLUNGSBEREITSCHAFT

Für die große Mehrzahl von Verhaltensweisen ist neben den auslösenden Reizen ein innerer Zustand der Bereitschaft beteiligt: die Handlungsbereitschaft oder Motivation. Die Motivation ist dafür verantwortlich, dass ein Tier zu verschiedenen Zeiten auf den gleichen Reiz unterschiedlich antwortet.

Jedem Instinktverhalten kann eine eigene Handlungsbereitschaft zugeordnet werden. Dabei unterscheidet man Motivationen für Verhaltenskreise unterschiedlicher Integrationshöhe: Die übergeordnete Handlungsbereitschaft ist im Beispiel der Katze die Bereitschaft zum „Beutefangverhalten". Dieser sind unterschiedliche Handlungsbereitschaften nachgeordnet.

Nach dem Prinzip der doppelten Quantifizierung hängt es von zwei Faktoren ab, ob eine bestimmte Handlung ausgelöst wird: Von der Handlungsbereitschaft und von der Qualität des Reizes. Je höher die Handlungsbereitschaft ist, desto schwächer kann der auslösende Reiz sein. Handlungsbereitschaft und Außenreiz können sich teilweise ersetzen.

## ATTRAPPEN ALS REIZQUELLEN

Mithilfe von Attrappenversuchen lässt sich ermitteln, welche Reize als Schlüsselreize wirken. Attrappen sind experimentell gesetzte Reizquellen.

Die Tiere haben bei ihren Reaktionen demnach kein Bild des Konkurrenten (Partners, Feindes oder ihrer Beute) gespeichert. Die Antwort gilt dem Objekt, das den durch wenige Merkmale charakterisierten Schlüsselreiz aussendet. Offensichtlich ist es für ein Tier am sichersten, wenn es auf einfache Muster reagiert, sofern diese ein Objekt hinreichend kennzeichnen: Im Lebensraum der Maulbrüter gibt es keine anderen leuchtend orangeroten Kugeln als die eigenen Eier, im Revier des Rotkehlchens gibt es kein anderes Tier vergleichbarer Größe mit einer karminroten Kehle. Die Merkmale „orangeroter Kreis" oder „rotes Federbüschel" sind also eindeutig.

Man kann Attrappen herstellen, deren auslösende Wirkung die des natürlichen Schlüsselreizes übertrifft: Leuchtkäfermännchen bevorzugen das Leuchtmuster der Weibchen ihrer eigenen Art, doch ziehen sie eine größere Leuchtfläche der arteigenen Fläche vor.

Bei Küken der Silbermöwe löst ein dünner, roter Stab mit drei weißen Binden mehr Pickreaktionen aus als eine naturgetreue Kopfattrappe der Mutter. Ein Reiz, der eine stärkere Antwort auslöst als der natürliche, wird als übernormaler Auslöser bezeichnet.

Auch in der Natur kommen übernormale Auslöser vor: Der Rachen des jungen Kuckucks ist größer und leuchtender gefärbt als der Rachen der Jungen der Wirtsarten. Das Aufsperren des Schnabels des Kuckucks löst daher bei den Wirtsvögeln ein emsigeres Füttern aus als das Sperren der eigenen Jungen.

## AUSLÖSER DIENEN DER VERSTÄNDIGUNG

Auslöser sind Schlüsselreize, die bevorzugt der Verständigung zwischen Artgenossen dienen.

Auslöser müssen für den Empfänger leicht erkennbar und daher auffällig sein, wie der Rachen der jungen Vögel oder das ziegelrote Brustgefieder des Rotkehlchens. Sehr auffällige Auslöser findet man manchmal in zusammenfaltbaren Organen, z. B. die Augenflecken auf Fischflossen, das Rad des Pfaus oder der Rachen von Jungvögeln.

Damit Verwechslungen ausgeschlossen sind, sollten Auslöser unverwechselbar sein. Im natürlichen Lebensraum darf es keine ähnlichen Muster geben. Ahmt jedoch ein Lebewesen ein Signal gut genug nach, so kann der Signalempfänger die beiden verwechseln. Die Verwechslung kann gefährlich, mitunter sogar tödlich sein. Eine solche Signalfälschung nennt man Mimikry (→ S. 257).

## NATÜRLICHE ATTRAPPEN ALS AUSLÖSER

Der afrikanische Zwerg-Buntbarsch *Astatotilapia burtoni* ist ein Maulbrüter. Während der Balz legt das Weibchen Eier ab und sammelt sie im Maul ein. Das Männchen setzt Spermien frei und präsentiert seine Afterflosse, die eiförmige Flecken trägt. Nach diesen schnappt das Weibchen beim Einsammeln der Eier. Im Maul des Weibchens werden die Eier besamt. Hier entwickeln sich die Jungen. In dieser Zeit frisst das Weibchen nicht. Nach 10 bis 12 Tagen verlassen die 30–100 Jungen das Maul. Sie kehren dann noch etwa eine Woche lang nachts oder bei Gefahr in das mütterliche Maul zurück.

Maulbrüter tragen die befruchteten Eier und Jungtiere in ihrem Maul aus.

# INSTINKTVERHALTEN, ATTRAPPEN

1. Welche Faktoren bestimmen das Prinzip der doppelten Quantifizierung?

a) _____

b) _____

2. Was trifft auf Auslöser zu?

☐ **A** Sie sind stets unauffällig.
☐ **B** Sie dienen meist der Verständigung zwischen artfremden Individuen.
☐ **C** Sie sollten unverwechselbar sein.

3. Das Buntbarschweibchen schnappt nach den eiförmigen Flecken auf der Afterflosse des Männchens.
   Was ist die proximate Erklärung für dieses Verhalten?

   _____

4. Das Buntbarschweibchen schnappt nach den eiförmigen Flecken auf der Afterflosse des Männchens.
   Was ist die ultimate Erklärung für dieses Verhalten?

   _____

   _____

   _____

## LÖSUNGEN

**1.** a) Handlungsbereitschaft, b) Qualität des Reizes • **2.** C • **3.** Die eiförmigen Flecken funktionieren als natürliche Attrappen für den Schlüsselreiz, der das Verhalten „schnappen und aufnehmen" auslöst. • **4.** Für die Fitness des Buntbarschweibchens ist es wichtig, dass möglichst viele ihrer Eier besamt werden. Das ist am besten gewährleistet, wenn sowohl Eier als auch Samenzellen in ihr Maul gelangen.

## REPRODUKTIVE FITNESS

Fitness im evolutiven Sinne beschreibt und untersucht Verhaltensweisen, die dem Individuum helfen zu überleben und sich fortzupflanzen. Fitness kann man in diesem Zusammenhang mit „Eignung", „Angepasstheit" oder „Tauglichkeit" übersetzen.

Um den biologischen Fachbegriff „Fitness" von der körperlichen Fitness abzugrenzen, spricht man oft von „reproduktiver Fitness". Je erfolgreicher ein Individuum seine Gene an zukünftige Generationen weitergibt, desto größer ist seine Fitness.

- Jedes Individuum unterscheidet sich in seinem Verhalten von den anderen Individuen seiner Art: Variation. Die Unterschiede können sehr klein sein und nur die Häufigkeit oder die Intensität einer Bewegung betreffen.

- Je besser die Verhaltensweisen eines Tieres an seine Umwelt angepasst sind, desto größer sind seine Überlebens- und Fortpflanzungschancen: Selektion. Solche Verhaltensprogramme werden in der nächsten Generation etwas häufiger sein.

## INKLUSIVE FITNESS

Während die direkte Fitness die Anzahl der eigenen Nachkommen beschreibt, definiert die indirekte Fitness die Unterstützung von Verwandten, um deren Nachkommen groß zu ziehen. Der Helfer fördert durch sein Verhalten die Weitergabe seines Erbguts, weil die Nachkommen seiner Verwandten teilweise dasselbe Genmaterial besitzen wie er.

Die Gesamtfitness (inklusive Fitness) setzt sich aus zwei Komponenten zusammen:

- direkte Fitness = Weitergabe eigener Allele an eigene Nachkommen,
- indirekte Fitness = Weitergabe eigener Allele durch Verwandte an deren Nachkommen.

Auf diesem Wege erreichen Lebewesen, die selber keine Nachkommen haben, dass ihre Gene in Nachkommen der Verwandten überleben und weiter existieren.

## KOSTEN-NUTZEN-ANALYSE

Bei der Kosten-Nutzen-Analyse wird der ökologische Nutzen einer Verhaltensweise den ökologischen Kosten gegenübergestellt. Eine Verhaltensweise wird nur dann bestehen, wenn der Nutzen langfristig die Kosten übersteigt.

Jede Aktion bringt Vor- und Nachteile mit sich; Kosten und Nutzen:
Ein Tier, das auf Nahrungssuche geht, verbraucht Zeit und Energie und setzt sich der Gefahr aus, verletzt oder getötet zu werden. Andererseits ist es darauf angewiesen, Nahrung zu beschaffen. Das Tier muss eine Strategie finden, genügend Nahrung zu finden und dabei Energieaufwand und Gefahr zu minimieren. Oft ist die Alternative, einen ergiebigen Futterplatz an einer gefährlichen Stelle aufzusuchen oder einen sicheren, aber weniger lukrativen Platz. Jedes Individuum muss seine eigene Strategie finden, um das Problem zu lösen.

## OPTIMALITÄTSMODELLE

Optimalitätsmodelle versuchen, mathematisch zu beschreiben, wie sich optimal angepasste Tiere verhalten. Die Selektion bewertet das Verhalten. Diese Bewertung versucht man nachzuvollziehen, indem man nach wirtschaftlichen Gesichtspunkten eine Kosten-Nutzen-Rechnung mit möglichst vielen Posten erstellt. Dabei werden die Kosten jeder Verhaltensweise gegen ihren Nutzen aufgerechnet. Eine Verhaltensweise wird dann als optimal bezeichnet, wenn es keine andere Strategie gibt, die zu größerer Eignung führt.

Krähen an Kanadas Westküste fressen bevorzugt große Wellhornschnecken, die sie aus großer Höhe auf einen Stein fallen lassen, um die Schalen zu zerbrechen. Fliegt eine Krähe nicht hoch genug, so zerbricht das Schneckenhaus nicht, es muss noch einmal abgeworfen werden. Fliegt die Krähe zu hoch, so verbraucht sie unnötig Energie. Als optimale Fallhöhe wurden experimentell fünf Meter ermittelt. Tatsächlich wurde beobachtet, dass die Krähen meist recht genau fünf Meter hoch fliegen. Ähnliche Berechnungen und Beobachtungen zeigen, dass viele Tierarten Programme für die optimale Kosten-Nutzen-Relation besitzen.

## KOOPERATION

Das Verhalten von Tieren in der Gruppe ist durch Kooperation und Konkurrenz geprägt.

Leben im Verband bringt Kosten und Nutzen. Einerseits sind Artgenossen die schärfsten Konkurrenten eines Tieres, weil sie dieselben Ansprüche an die Umwelt haben.

Leben in der Gruppe bringt aber auch vielfältige Vorteile mit sich: Die Gruppe schützt vor Gefahren. Feinde werden schneller erkannt und gemeinsam abgewehrt. Der Nahrungserwerb kann durch gemeinsame Jagd erfolgreicher werden. Vom Fund einer Wasserstelle profitiert die ganze Gruppe. Die Aufzucht des Nachwuchses ist im Schutz der Gruppe sicherer, Jungtiere können von den Erfahrungen der Älteren lernen. In manchen Gruppen herrscht Arbeitsteilung.

Bei vielen Tierarten ist der Nutzen des Lebens im Verband höher als die Kosten; die Kosten-Nutzen-Bilanz ist positiv.

## ALTRUISMUS

Altruistisches Verhalten umfasst Verhaltensweisen, die einem Individuum vordergründig mehr Kosten als Nutzen einbringt – zum Vorteil eines anderen Individuums. Die Entstehung altruistischer Verhaltensweisen lässt sich durch die Betrachtung der Gesamtfitness erklären: Die inklusive Fitness wird gemessen an der Anzahl der eigenen Gene, die an die nachfolgende Generation weitergegeben wird. Der Altruist erhöht seine indirekte Fitness, wenn er denen, die einen Teil seiner eigenen Gene tragen, hilft: Verwandten-Selektion.

Bei Helfergesellschaften ist Kooperation bei der Fortpflanzung eher die Regel als die Ausnahme. Bei staatenbildenden Insekten (Bienen, Wespen, Ameisen) und Nacktmullen investieren sterile Gruppenmitglieder viel Aufwand für die Gemeinschaft, vor allem in die Aufzucht der Brut und erhöhen so ihre indirekte Fitness: Die Jungtiere sind sehr nahe Verwandte, tragen also eigene Gene.

## AGGRESSION

Zum aggressiven Verhalten gehören Kampf und Drohung, aber auch Beschwichtigung und Tötungshemmung. Die Bereitschaft, auf Außenreize durch Drohen oder Kämpfen zu reagieren, nennt man Aggressivität.

Eine Kosten-Nutzen-Rechnung ergibt gewaltige Kosten aggressiven Verhaltens: Kämpfe verbrauchen Zeit und Energie. Die Kämpfer können geschwächt, verwundet oder getötet werden. Aber auch der Lohn der Aggression kann groß sein: Mehr Nahrung, attraktivere Reviere und durch einen höheren Rang leichteren Zugang zu Geschlechtspartnern und damit mehr Nachkommen. Die Fitness ist deutlich erhöht.

## INTENSITÄTSSTUFEN AGGRESSIVEN VERHALTENS

Aggressives Verhalten kennt verschiedene Intensitätsstufen:
- Beim Imponieren demonstrieren die Gegner ihre Größe und Furchtlosigkeit.
- Beim Drohen werden zusätzlich Waffen (Zähne, Hörner, Hufe) präsentiert.
- Kommentkämpfe laufen ritualisiert nach festen Spielregeln ab. Gefährliche Waffen (Gebiss, Hufe, Krallen) werden nicht eingesetzt. Kommentkämpfe haben einige Vorteile aggressiven Verhaltens, während die Kosten minimiert werden.
- Beschädigungskämpfe sollen dem Gegner ernsthafte Verletzungen zufügen, die zur Aufgabe, Flucht oder zum Tod des Konkurrenten führen.

## AGGRESSIONSKONTROLLE

- Beschwichtigung des Gegners kann eine aggressive Auseinandersetzung vermeiden oder beenden.
- Demutsgebärden – sich angreifbar zeigen, streicheln, lausen – können eine Angriffs- und Tötungshemmung beim Überlegenen auslösen.
- Eine Rangordnung begrenzt Auseinandersetzungen. Ist die Rangordnung ausgekämpft, so wird sie über längere Zeit hin aufrecht erhalten.
- Viele Tiere bilden dauerhaft oder saisonal Territorien (Reviere). Ein Revier zu erobern und zu verteidigen kostet Energie und Zeit und birgt ein hohes Verletzungsrisiko. Das Territorium garantiert genügend Nahrung für den Nachwuchs, erhöht also den individuellen Fortpflanzungserfolg (direkte Fitness). Wer kein Revier hat, kann sich bei bestimmten Tierarten nicht fortpflanzen.

## PARTNERWAHL UND BALZ

Zur sexuellen Fortpflanzung müssen zunächst geeignete Geschlechtspartner zusammenfinden. Balzverhalten dient der Partnerfindung und der Partnerbindung. Für die meisten Tierarten gilt das Prinzip der „Damenwahl" (*female choice*): Die Männchen versuchen zu imponieren, die Weibchen wählen. Die Balz ist ein Wettbewerb, um geeignete Geschlechtspartner, sie besteht aus Handlungsketten mit fester Abfolge. Dadurch wird sichergestellt, dass sich Tiere der gleichen Art und verschiedenen Geschlechts paaren. Die Wahl der Weibchen fällt meist auf ein gesundes, kräftiges Männchen, das ein großes, ergiebiges Revier hat.

Manchmal wählen Weibchen bevorzugt Männchen mit „Handicap" – einem Merkmal, das mit hohen Kosten verbunden ist und wenig Nutzen erkennen lässt: Hirschgeweih, Pfauenrad, Gesang der Nachtigall. Wer trotz eines solchen Merkmals im Wettbewerb bestehen kann, sendet das Signal, besonders lebenstüchtig und potent zu sein.

## PAARUNGSSYSTEME

Art und Dauer des Zusammenlebens von Geschlechtspartnern sind arttypisch:

- Monogame Tiere bleiben für eine Brutsaison oder für das ganze Leben beieinander und teilen die Brutpflege.

- Häufig ist die Polygynie, ein Männchen paart sich mit mehreren Weibchen.

- Polyandrie ist seltener, ein Weibchen paart sich mit mehreren Männchen.

- Von Polygamie spricht man, wenn sich beide Geschlechter mit verschiedenen Partnern paaren.

Die Unzertrennlichen sind kleine afrikanische Papageien, die in Monogamie leben. Wegen ihres ausgeprägten Paarverhaltens nennt man sie auch „Liebesvögel".

## INFANTIZID

Bei einigen Tierarten, z.B. bei Mäusen, Löwen und einigen Affenarten, töten Männchen den Nachwuchs anderer Väter, um dann selber Nachwuchs zu zeugen.

Infantizid erhöht den Fortpflanzungserfolg und damit die Fitness des Täters.

**VERHALTENSBIOLOGIE**

## BRUTPFLEGE

Brutpflegehandlungen dienen unmittelbar der Fitness eines Individuums, denn die Brutpflege sichert die Weitergabe des Erbguts an die nächste Generation.

Jungtiere der meisten Tierarten kommen nie in Berührung mit ihren Eltern, aber sie kommen in den Genuss elterlicher Vorsorge: Die Eizellen enthalten Dotter, für die Eiablage wird ein geeigneter Ort gewählt, der Schutz und Nahrung bietet.

Eindrucksvoll ist die Brutfürsorge der Vögel: Sie bauen zum Teil sehr kunstvolle, Nester und schaffen Nahrung heran. Plazentatiere versorgen den Keim über die Plazenta (Mutterkuchen) mit Nährstoffen und Sauerstoff.

Kohlenstoffdioxid und Endprodukte des Stoffwechsels werden entsorgt. Die Fruchtblase bietet Schutz und Wärmeregulation. Säugetiere versorgen ihre Kinder mit Milch. Auch staatenbildende Insekten wie Bienen, Ameisen und Termiten füttern und schützen ihren Nachwuchs.

Warnen, Verteidigung und Flucht bieten den Jungtieren Schutz: Viele Tiere sind, wenn sie Junge führen, angriffslustiger als sonst. Jungtiere können von ihren Eltern lernen und Traditionen übernehmen.

## ELTERNAUFWAND

Zwischen den Partnern eines Paares gibt es einen Interessenkonflikt, wer welchen Anteil der Brutpflege zu tragen hat:

- Elternfamilien sind bei Vögeln die Regel, die Fütterung der Brut erfordert meist die Aktivität beider Eltern. Elternfamilien kommen aber auch bei Fuchs, Wolf und bei Gibbons vor.

- Vaterfamilien gibt es beim Stichling und beim Seepferdchen. Auch bei Wanzen, Spinnen, Fischen und Amphibien gibt es Arten, bei denen die Männchen die Eier tragen.

- Häufiger ist die Mutterfamilie, in der das Weibchen die Pflege der Jungen übernimmt. Mutterfamilien sind bei Säugetieren die Norm, bei ihnen sind die Jungtiere völlig von der Muttermilch abhängig.

Die Summe der Anstrengungen und Risiken, die Eltern für ihren Nachwuchs aufbringen, bezeichnet man als Elternaufwand. Manche Arten verteilen ihren Aufwand auf möglichst viele Nachkommen: r-Strategen. Andere konzentrieren ihre Fürsorge auf wenige Kinder: K-Strategen (→ S. 305).

## EIN SPEKTRUM VON LERNFORMEN

Es gibt ein großes Spektrum von Lernformen:

1. Gewöhnung oder Habituation

2. Lernen durch Versuch und Irrtum (*trial and error*)

3. Verknüpfendes oder assoziatives Lernen: Gleichzeitig aufgenommene Eindrücke werden verknüpft. Dazu zählen klassische und operante Konditionierung.

4. Beim Lernen durch Nachahmung erwirbt das Tier neue Fähigkeiten, indem es das Verhalten eines anderen Individuums beobachtet und nachvollzieht.

5. Lernen durch Einsicht: angemessene Neuverknüpfung von früheren Erfahrungen.

6. Ein Sonderfall ist die Prägung: ein schneller, irreversibler Lernvorgang.

Die verschiedenen Arten des Lernens schließen sich gegenseitig nicht aus: So gibt es bei der Prägung Nachahmung, beim kognitiven Lernen kommen Schritte aus dem verknüpfenden Lernen vor.

Unabhängig von diesen Lerntypen kann man zwischen obligatorischem und fakultativem Lernen unterscheiden:

- Obligatorisches Lernen ermöglicht artspezifisches Verhalten. Ein Ausfall führt zu Verhaltensstörungen: Ein Vogel muss sich während der Brutzeit die Lage seines Nestes merken, ein Mensch muss seine Muttersprache lernen, um arttypisch kommunizieren zu können.

- Fakultatives Lernen kann die Fitness verbessern: Für eine Kröte ist es vorteilhaft, wenn sie gelernt hat, schwarz-gelb geringelte Objekte nicht als Beutetiere anzusehen. Ein Mensch kann Fremdsprachen lernen, um seine Möglichkeiten zu erweitern.

## VERHALTENSÄNDERUNG

Lernen ist Verhaltensänderung. Wenn ein Tier lernt, so verändert sich sein Verhaltensrepertoire für den Rest seines Lebens. Dabei können die auslösenden Reize, die ausgeführten Bewegungsmuster oder die Verbindung von Reiz und Antwort abgeändert werden.

Aber nicht jede Verhaltensänderung ist Lernen. Wenn ein Tier oder ein Mensch sein Verhalten ändert, so kann dies auch auf Ermüdung, Krankheit, Reifung und auf den Wechsel der Handlungsbereitschaft zurückzuführen sein. Wenn eine Verhaltensänderung aber beständig ist und auf Engrammen – Gedächtnisspuren im Nervensystem – beruht, so betrachtet man sie als das Ergebnis von Lernen.

## LERNEN ERHÖHT DIE FITNESS

Durch Lernen kann das Verhalten des Individuums an die Umwelt angepasst werden. Das Tier nimmt eine Information über die Umwelt auf, speichert diese und ruft sie bei Bedarf ab. Die daraus resultierende Veränderung des Verhaltens dient einer besseren Anpassung an die Umwelt.

Die folgende Definition des Lernens berücksichtigt diesen Aspekt: Lernen ist eine Verhaltensanpassung zur Verbesserung künftiger Umweltinteraktionen.

Die Fähigkeit zu lernen ist im Tierreich sehr weit verbreitet. Das menschliche Leben ist zu einem großen Teil vom Lernen bestimmt. Die meisten Lernvorgänge sind reversibel, vergessen ist möglich.

## GEWÖHNUNG

Bietet man ein bestimmtes Reizmuster wiederholt an, so spricht ein Tier immer schwächer und zuletzt gar nicht mehr an. Es hat gelernt, nicht zu reagieren.

## KLASSISCHE KONDITIONIERUNG

Bei der klassischen Konditionierung wird ein ursprünglich neutraler Reiz mit einem auslösenden Reiz verknüpft und kann diesen ersetzen. Es entsteht ein bedingter Reflex.

Klassische Konditionierung lässt sich einfach am Lidschlussreflex durchführen. Ein kurzer Luftstrom auf das Auge ist ein unbedingter Reiz, der die die unbedingte Reaktion – den Lidschlag – auslöst.

Ein Pfeifton ist ein neutraler Reiz, dem keine Reaktion folgt. Werden beide Reize wiederholt gleichzeitig angeboten, so werden die beiden Reize verknüpft: Der Pfeifton allein kann den Lidschlag auslösen; der ursprünglich neutrale Reiz ist zum bedingten Reiz geworden. Ein neuer Zusammenhang ist entstanden: Die Lidschlussreaktion ist zur (erfahrungs-)bedingten Reaktion geworden.

Wenn sich die Koppelung zwischen unbedingtem und bedingtem Reiz nicht von Zeit zu Zeit wiederholt, erlöscht die bedingte Reaktion allmählich: Extinktion.

## OPERANTE KONDITIONIERUNG

Bei der operanten Konditionierung lernen Tiere und Menschen ein Verhaltensmuster durch Versuch, Irrtum und zufälligen Erfolg.

Zunächst wird eine Handlungsbereitschaft vorausgesetzt, die Belohnung folgt erst nach der Aktion. Bei wiederholtem Erfolg stellt das Tier eine Verknüpfung zwischen einer Aktion und der Belohnung her. Die Belohnung, die zum häufigeren Auftreten eines Verhaltens führt, ist ein Verstärker.

Handlungen, die bestraft werden, werden seltener und verschwinden allmählich. Durch negative Verstärkung kann man Tiere schnell auf einfache Verhaltensweisen dressieren.

Komplizierte Aufgaben, die ein Tier nie zufällig ausführt, werden in kleine Lernschritte aufgeteilt. Bei der Methode der schrittweisen Annäherung belohnt der Experimentator das Tier anfangs auch dann, wenn es das gewünschte Verhalten nur ansatzweise zeigt. Wird ein Lernschritt beherrscht, so wird nur noch zunehmend komplexeres oder präziseres Verhalten belohnt.

## PRÄGUNG

Die auslösenden Reize für manche Verhaltensweisen können nur in einem bestimmten Lebensabschnitt – der sensiblen Phase – erlernt werden. Das Ergebnis einer Prägung ist sehr stabil.

Bei Gänsen lässt sich die Nachfolgeprägung beobachten: Gänseküken folgen kurz nach dem Schlüpfen dem ersten sich bewegenden Objekt. Sie prägen sich das Bild des Lebewesens, das während der sensiblen Phase das Nachlaufen auslöst, schnell ein. Seine Merkmale werden zum bleibenden Auslöser für die Nachfolgereaktion, die erst bei Geschlechtsreife erlischt.

Bei manchen Tierarten ist die Kenntnis der Merkmale des Geschlechtspartners nicht vollständig angeboren. Ein Prägevorgang (sexuelle Prägung) entscheidet in früher Jugend darüber, welche Tierart später umworben wird. Normalerweise sind die Eltern Prägevorbilder.

## LERNEN DURCH NACHAHMUNG

Nachahmung oder Imitation bedeutet Übernahme beobachteter Bewegungen oder gehörter Lautäußerungen in das eigene Verhalten. Werden nachgeahmte Verhaltensweisen über Generationen weitergegeben, so sprechen wir von Tradition. Die Fähigkeit zum Nachahmen beruht auf dem Besitz von Spiegelneuronen im Gehirn.

## WERKZEUGGEBRAUCH

Werkzeuggebrauch wurde bei vielen Tieren beobachtet, ist aber wohl von Fall zu Fall anders zu deuten: Wenn Grabwespen Steinchen über dem Eingang ihrer Eikammer feststampfen, handelt es sich um eine Instinkthandlung. Wenn Krähen Drähte verbiegen, um damit Futter zu angeln oder wenn Schimpansen mit einem Stöckchen Termiten aus deren Bau fischen, handelt es sich um Lernen durch Einsicht.

## SPIELEN

Nur etwa ein Prozent aller Tierarten spielt. Nur bei Säugetieren tritt das Spiel regelmäßig auf; einige Vogelarten spielen ebenfalls. Meist spielen nur die Jungtiere. Voraussetzung für Spielen ist ein entspanntes Umfeld wie es im Schutz von Elterntieren existiert. Bei der Tierhaltung ist das Spielen ein Indiz für das Wohlbefinden eines Tieres.

Das Spiel besteht zum großen Teil aus Instinkthandlungen, die auch bei erwachsenen Tieren in verschiedenen Verhaltenskreisen auftreten. Von Instinkthandlungen des Ernstfalls unterscheidet sich das Spielen aber in einigen Punkten: Die Bewegungen werden wiederholt, es gibt kein Ziel, das die Handlung abbricht. Spiele werden oft mit übertriebenen Bewegungen ausgeführt, Teilhandlungen wechseln sprunghaft, Rollenwechsel ist häufig.

## NUTZEN DES SPIELVERHALTENS

* Spielen ermöglicht Jungtieren, Kondition und Durchhaltevermögen zu entwickeln.

* Beim Spiel experimentiert das Tier mit seinen Bewegungsmöglichkeiten. Fähigkeiten, die es benötigt, um zu fliehen, zu jagen oder sich zu paaren, werden durch ständige Wiederholung eingeübt und neu kombiniert.

* Im Spiel lernt das Jungtier neue Situationen und ihre Folgen zu beurteilen.

* Im Spiel bilden und stabilisieren sich soziale Strukturen und Bindungen.

* Spielen regt das Wachstum der Großhirnrinde und die Verknüpfung zentralnervöser Strukturen an.

Hunde zeigen eine
ausgeprägte Spielfreude.

# LERNVERHALTEN UND SPIELEN

· · · · · · · · · · · · · · · · · · · · · · · · · · · · · · · · · · · · · · · · · · · · · · · · · ·

1. Welche Lernvorgänge unterscheidet die Verhaltensbiologie?

a) _____

b) _____

c) _____

d) _____

e) _____

2. Was trifft auf Lernen zu?

☐ **A** Durch Lernen wird Verhalten geändert.

☐ **B** Jede Verhaltensänderung wird durch Lernen verursacht.

☐ **C** Verhaltensänderung durch Lernen dient der Anpassung an die Umwelt.

3. Welche Aussagen gelten für Spielen?

☐ **A** Spielen wird bei allen jungen Tieren beobachtet.

☐ **B** Spielen erfordert ein entspanntes Umfeld.

☐ **C** Spielen beeinflusst die Entwicklung des Nervensystems.

4. Welche Funktionen hat Spielen?

a) _____

b) _____

c) _____

## LÖSUNGEN

· · · · · · · · · · · · · · · · · · · · · · · · · · · · · · · · · · · · · · · · · · · · · · · · · ·

**1.** a) Gewöhnung/Habituation, b) assoziatives Lernen, c) Lernen durch Nachahmung, d) kognitives Lernen, e) Prägung • **2.** A, C • **3.** B, C • **4.** a) Entwicklung der eigenen Bewegungsmöglichkeiten, b) Kennenlernen der Umwelt, c) Ausbildung sozialer Bindungen

## DER HAUSHALT DER NATUR

Leben ist nur in Gemeinschaft mit anderen Lebewesen möglich. Das ist die zentrale Aussage der Ökologie. Gegenstand der ökologischen Forschung sind die Beziehungen der Lebewesen untereinander und die Wechselwirkungen zwischen den Lebewesen und ihrer Umwelt.

In der Natur ist der Mensch kein Zuschauer. Er hat vielmehr eine Doppelrolle: Er ist sowohl Gestalter als auch Teil der Natur. Er ist von biologischen Prozessen abhängig: Er nimmt Nahrung, Wasser, Sauerstoff und Energie aus der Natur; er findet dort Erholung und Entspannung. Gleichzeitig betrachtet er die Natur als Deponie für seine Abfälle.

Wir haben gelernt, dass die Natur verletzlich ist, die Ressourcen begrenzt sind und es auf begrenztem Raum kein unbegrenztes Wachstum geben kann.

Etliche der brisantesten Probleme unserer Zeit wie Bevölkerungsexplosion, Klimawandel, Nahrungsmangel, Wassermangel und Umweltzerstörung sind ökologische Probleme.

## UMWELTFAKTOREN

Das Leben jedes Lebewesens ist nur im Beziehungsgefüge seiner Umwelt erfassbar. Um diese beschreiben und messen zu können, gliedert man sie in einzelne Umweltfaktoren. Umweltfaktoren sind alle Gegenstände und Erscheinungen in der Umgebung eines Lebewesens, die dieses direkt oder indirekt beeinflussen.

Faktoren der unbelebten Umwelt bezeichnet man als abiotische Umweltfaktoren. Dazu zählen:
* Klimafaktoren wie Strahlung, Temperatur, Licht und Feuchtigkeit,
* chemische Umweltfaktoren wie Luft, Wasser, Nährstoffe und Schadstoffe,
* mechanische Umweltfaktoren wie Feuer oder Wind,
* geografische Umweltfaktoren wie Boden, Geländeform und Exposition.

Biotische Umweltfaktoren gehen von Lebewesen der Umgebung aus:
* Nahrungsorganismen,
* Konkurrenten und Symbionten,
* Feinde, Parasiten und Krankheitserreger,
* die Einflüsse durch Menschen.

## ÖKOLOGISCHE POTENZ

Die Fähigkeit eines Lebewesens, Schwankungen von Umweltverhältnissen zu ertragen, zu gedeihen und sich fortzupflanzen, wird als deren ökologische Potenz bezeichnet.

Zur Beschreibung der Toleranz wird die Reaktion eines Organismus auf einen Umweltfaktor als Toleranzkurve dargestellt. Die Toleranzkurve wird durch das Minimum und das Maximum begrenzt. Diese beiden Werte werden als die Kardinalpunkte des Lebens bezeichnet.

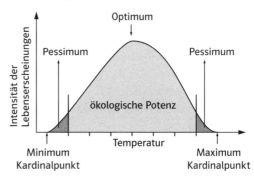

Wo die Intensität eines Umweltfaktors unterhalb des Minimums oder oberhalb des Maximums liegt, kann der Organismus nicht überleben. Zwischen den beiden Kardinalpunkten liegt der Toleranzbereich einer Art. Beim Optimum gedeiht die Art am besten, hier erreicht sie ihre höchste Fortpflanzungsrate und meist auch die höchste Populationsdichte.

## LIMITIERENDE FAKTOREN

Für das Überleben einer Art ist der limitierende Faktor ausschlaggebend: Das kann die verfügbare Nahrung sein, die Temperatur oder das Wasserangebot. Auch wenn sich alle anderen Umweltfaktoren im Toleranzbereich liegen, genügt ein Faktor, der außerhalb liegt, um die Anwesenheit einer Art zu verhindern: Das Gedeihen einer Art wird von dem Faktor bestimmt, der am weitesten vom Optimum entfernt ist.

Stenöke Arten ertragen nur geringe Schwankungen eines oder mehrerer Umweltfaktoren, als Spezialisten haben sie eine enge ökologische Potenz. Diese Arten werden oft als Zeigerarten (Indikatororganismen) genutzt.

Euryöke Arten sind Generalisten. Sie ertragen größere Schwankungen der Umweltfaktoren.

Die Forelle ist in Bezug auf die Temperatur stenök (stenotherm). Sie erträgt nur Wassertemperaturen von 10 °C bis 18 °C.

## PFLANZEN UND LICHT

Die Fotosynthese ist der wichtigste Produktionsprozess der Erde.

Eine Pflanze kann nur dort leben, wo zumindest eine minimale Lichteinstrahlung gegeben ist. Die Fotosyntheseaktivität steigt mit zunehmender Lichtstärke linear an, bis ein Sättigungswert erreicht wird: die Lichtsättigung. Ab diesem Wert bleibt die Fotosyntheseaktivität konstant. Eine Pflanze kann nur dann existieren, wenn die $CO_2$-Fixierung durch Fotosynthese mindestens gleich hoch ist wie die $CO_2$-Abgabe bei der Atmung.

Die Lichtintensität, die gerade noch den minimalen Energiebedarf der Pflanze abdeckt, bezeichnet man als Lichtkompensationswert. Das Lichtminimum, an dem die Pflanze wachsen und sich vermehren kann, liegt deutlich über dem Kompensationspunkt. Die Fotosynthese muss nicht nur die Verluste durch die Atmung decken, die Pflanze muss auch Bau- und Reservestoffe bilden.

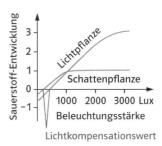

## TEMPERATURABHÄNGIGKEIT

Alle Lebensvorgänge sind von der Temperatur abhängig. Enzymatische Reaktionen folgen annähernd der RGT-Regel (Reaktionsgeschwindigkeit-Temperatur-Regel), nach der eine Temperaturerhöhung von 10 °C die Reaktionsgeschwindigkeit um den Faktor 2 erhöht. Zwischen 20 °C und 38 °C arbeiten die meisten Enzyme gut.

In Bezug auf die Temperatur sind die beiden Kardinalpunkte der tödliche Kältepunkt (Temperaturminimum) und der tödliche Hitzepunkt (Temperaturmaximum).

Setzt man bewegliche Tiere einem Temperaturgradienten aus, so halten sie sich bevorzugt in einem bestimmten, von Art zu Art verschiedenen Bereich auf. Dieser Vorzugsbereich, das Präferendum, liegt immer innerhalb des Toleranzbereichs. Er ist nicht immer identisch mit dem Optimum.

## LEBEN MIT WENIG WASSER

Wie manche anderen Wüstentiere brauchen Springhasen nicht zu trinken. Sie gewinnen das Wasser, das sie zum Leben brauchen, aus ihrer Nahrung. Bei der Oxidation der Nahrungsstoffe im Zellstoffwechsel entsteht das metabolische Wasser oder Stoffwechselwasser. Die vollständige Oxidation von 100 g Kohlenhydraten ergibt 55 g Wasser; 100 g Fett liefern sogar 107 g Wasser. Den Springhasen reicht dieses bei der Atmung entstehende Wasser – zusammen mit dem wenigen in der Nahrung enthaltenen – zum Überleben.

Mit dem Wasser gehen sie jedoch sehr sparsam um:

- Ihr Kot ist trocken und hart. Zum Teil fressen sie ihn wieder, um letzte Reste an Nahrung und Wasser auszunutzen.

- Die Leistung der Nieren ist enorm. Sie erzeugen besonders konzentrierten Harn. So geht bei der Ausscheidung von Harnstoff und Salzen nur wenig Wasser verloren.

- Sie haben keine Schweißdrüsen; sie kühlen sich durch die großen, reich durchbluteten Ohren ab, bei extremer Hitze durch Verteilung von Speichel im Fell. Die heiße Tageszeit verbringen sie in unterirdischen Höhlen.

## WASSER

Wasser hat im Vergleich zu anderen Flüssigkeiten ganz besondere physikalische Eigenschaften, die für das Leben im Wasser von großer Bedeutung sind. Wasser erscheint als „strukturierte" Flüssigkeit, da die Wassermoleküle vor allem über Wasserstoffbrückenbindungen miteinander verbunden sind.

- Dichteanomalie: Die meisten Stoffe dehnen sich beim Erwärmen aus. Beim Wasser trifft dies nur bei Temperaturen > 4 °C zu, unterhalb von 4 °C dehnt es sich aus und wird leichter. 4 °C warmes Wasser sinkt in die Tiefe.
- Eis ist leichter als Wasser: Ein See friert von oben her zu, er ist im Winter von Eis bedeckt und isoliert. Pflanzen und Tiere können darunter überwintern.
- Hohe spezifische Wärme: Um die Wassertemperatur zu ändern, braucht man eine hohe Wärmemenge. Weil Wasser große Wärmemengen speichert, wirken große Wasserflächen ausgleichend auf die Temperatur der Umgebung.
- Hohe Schmelzwärme und die höchste bekannte Verdampfungswärme: Ein Gewässer friert erst nach langer Kälte zu und taut nur langsam auf.
- Wasser ist ein ausgezeichnetes Lösungsmittel.
- Die Oberflächenspannung ist hoch.

## WASSERSCHICHTEN IM SEE

Weil die Dichte des Wassers temperaturabhängig ist, sind Seen aus Schichten unterschiedlich warmen und dichten Wassers aufgebaut. Diese Wärmeschichtung ändert sich in Seen mittlerer Breiten im Laufe der Jahreszeiten. Im Sommer bilden sich drei Schichten. In der Nähe der Oberfläche erwärmt sich das Wasser schnell. Tiefere Schichten bleiben kühl.

Der Übergang zwischen dem warmen Oberflächen- und dem kalten Tiefenwasser erfolgt sprunghaft, innerhalb einer nur wenige Meter mächtigen Sprungschicht.

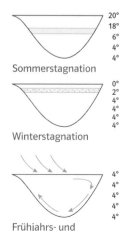

Die Wasserschichtung ist während des Sommers stabil: Sommerstagnation. Der Dichteunterschied zwischen den Schichten erzeugt eine Barriere, die eine Durchmischung verhindert. Stürme wälzen nur die obere Schicht um.

Auch im Winter ist der See stabil geschichtet: Winterstagnation. Auf dem 4 °C warmen Tiefenwasser liegt eine leichtere Schicht von Eis oder kaltem Wasser.

Im Frühjahr und Herbst, wenn der ganze Wasserkörper ca. 4 °C warm ist, wird die Schichtung labil. Nun können Stürme den See durchmischen: Frühjahrs- und Herbstzirkulation.

**ÖKOLOGIE**

## MINIMUMFAKTOR PHOSPHAT

Nach der Intensität der pflanzlichen Produktion teilt man die Seen ein in oligotrophe (nährstoffarme) und eutrophe (nährstoffreiche) Seen.

Die Produktivität eines Sees hängt ab von seinem geologischen Alter, seiner Tiefe und der eingebrachten Nährstoffmenge.

Tiefe Bergseen sind ursprünglich oligotroph. Ihr Ufer ist schmal und kaum bewachsen. Das Wasser ist klar, arm an Mineralstoffen und reich an gelöstem Sauerstoff. Plankton gibt es wenig.

Für die Lebensgemeinschaft ist das Angebot an Phosphat der begrenzende Ökofaktor.

## EUTROPHIERUNG

In vielen oligotrophen Seen Mitteleuropas wurde in den letzten Jahrzehnten eine starke Zunahme an Pflanzen und Tieren beobachtet. Die Lebensgemeinschaften, zu denen seltene Tier- und Pflanzenarten gehören, werden von anderen, häufigeren Arten verdrängt.

Durch Einleitung von Abwässern aus Industrie, Landwirtschaft und Haushalten gelangen viele Pflanzennährstoffe in die Seen. Phosphat, Bestandteil von Mineraldüngern sowie vieler Waschmittel, und Nitrat, Bestandteil vieler Düngemittel, reichern sich an. Zunächst verbessern sich die Lebensbedingungen für die meisten Tiere und Pflanzen. Algen und Cyanobakterien gedeihen. Die Ufervegetation wird dichter. Plankton vermehrt sich stark. Die Fischbestände nehmen zu. Der See eutrophiert.

Überschüssiges Phosphat wird unter aeroben Bedingungen zu Eisen-III-Phosphat oxidiert und in das Sediment des Sees eingelagert. Damit ist es dem natürlichen Kreislauf vorübergehend entzogen.

## WASSERSCHICHTUNG

Die Wärmeschichtung der Seen beeinflusst auch die Verteilung der Nährstoffe. Verwesende Organismen sinken auf den Grund und werden dort mineralisiert. Solange die Wasserschichtung stabil ist, bleiben die freigesetzten Mineralstoffe am Grund des Sees. Sie stehen den Pflanzen nicht als Nährstoffe zur Verfügung. Erst die Vollzirkulation bringt sie an die Oberfläche. Höhepunkte des Algenwachstums liegen daher im Frühling und Herbst.

## DER SEE KIPPT UM

In eutrophen Seen begrenzt Licht die Produktion, Sauerstoff den Abbau. Allerdings teilt die Sprungschicht im Sommer den See. Je stärker die Hitze wird, desto undurchlässiger wird die unsichtbare Barriere zwischen dem aufgeheizten Oberflächenwasser und dem kalten Tiefenwasser. Es findet kein Stofftransport mehr statt, der Sauerstoff bleibt oben, die Nährstoffe unten. Durch den Klimawandel verlängert sich diese Situation bis in den Herbst. Fische müssen sich entscheiden zwischen Sauerstoffmangel und Hitzestress.

Profiteure dieser Situation sind die Cyanobakterien („Blaualgen"). Bei den hohen Temperauren und dem Licht der oberen Seeschicht gedeihen sie. An die Nährstoffe in der unteren Schicht gelangen sie durch ihre Gasvakuolen. Aus diesen können sie Luft ablassen und absinken. Haben sie Nährstoffe gesammelt, füllen sie die Vakuolen wieder und steigen auf zum Licht, um Fotosynthese zu betreiben. Wenn die Eutrophierung fortschreitet, wird das Eisen-III-Phosphat wieder zu Phosphat reduziert und gelangt in großen Mengen in den Nährstoffkreislauf. Am Seegrund entsteht eine Schicht aus organischen Sedimenten, die wegen Sauerstoffmangels nicht mehr mineralisiert wird. Sie beginnt zu faulen. Im Faulschlamm lebende anaerobe Bakterien bilden beim Abbau organischer Stoffe Methan, Schwefelwasserstoff und Ammoniak. Diese Faulgase sind für andere Organismen tödlich. Der See „kippt um". Seine Lebensgemeinschaft stirbt.

## PARASITISMUS

Parasitismus ist – zumindest für den Parasiten – eine besonders erfolgreiche Lebensform: Die überwiegende Zahl aller Tierarten lebt parasitisch.

Parasiten erwerben ihre Nahrung aus anderen Organismen; im Unterschied zu Räubern töten sie ihre Opfer nicht oder erst zu einem späten Zeitpunkt. Wo ein Parasit das Leben seines Wirts nicht unmittelbar bedroht, wirkt er sich durch Nahrungsentzug und seine Stoffwechselprodukte nachteilig auf dessen Wohlbefinden und Wachstum, Krankheitsanfälligkeit oder Lebensdauer aus. Parasitismus ist mit einer Steigerung der Fitness des Parasiten auf Kosten der Fitness des Wirtes verbunden.

## PARASITEN

Parasiten sind hoch spezialisiert. Man unterscheidet zwischen Ektoparasiten und Endoparasiten, je nachdem, ob sich der Parasit an oder in seinem Wirt aufhält. Ihr Habitat ist auf wenige Wirtsarten, oft auf eine einzige Art, beschränkt. Viele Parasiten halten sich mit Haft- oder Klammerorganen an ihrem Wirt fest. Organe, die für die parasitische Lebensweise nicht notwendig sind, werden zurückgebildet: Flöhe haben keine Flügel, parasitische Würmer keine Augen.

Viele Nachkommen und komplizierte Entwicklungszyklen sichern die Fortpflanzung und das Auffinden eines Wirts. Manche Parasiten leben während ihrer Entwicklung in verschiedenen Wirten: Zwischenwirten und Endwirten. Sexuelle Fortpflanzung erfolgt im Endwirt. Parasiten haben eine wichtige Funktion in der Natur: Sie können Populationsgrößen besonders wirkungsvoll regulieren.

## KOMMENSALEN

Die Grenze zwischen Symbiose und Parasitismus ist fließend. Beim Kommensalismus ist das Zusammenleben nur für einen der beiden Partner – den Kommensalen – vorteilhaft, für den anderen ist sie neutral. Dazu gehören Aasfresser der Savanne, die den Jägern folgen.

## SYMBIOSE

Das Leben auf der Erde ist in großem Maße durch Kooperation bestimmt: Am Anfang der Entwicklung komplexer Lebewesen stand die Symbiose von Archaeen und Bakterien, aus denen sich Zellen mit Zellkernen (Eucyten) bildeten. Auch die Symbiose zwischen Insekten und Blütenpflanzen ist für unsere Welt essenziell. Symbiose ist ein enges Zusammenleben artverschiedener Organismen zum gegenseitigen Vorteil.

Man unterscheidet Symbiosen nach ihrer räumlichen Beziehung:
* Bei der Ektosymbiose leben die Symbionten körperlich getrennt.
* Bei einer Endosymbiose lebt der Symbiont im Körper des Wirts.

Symbiosen werden auch nach dem Grad ihrer gegenseitigen Abhängigkeit klassifiziert:
* Bei einer Allianz haben beide Arten einen Vorteil von der gelegentlichen Kooperation, z.B. wie bei Kuhreihern und Flusspferden.
* Mutualismus erhöht die Fitness beider Partner deutlich, ist aber für keinen der beiden überlebensnotwendig: Ameisen geben den Blattläusen Schutz vor Feinden, Blattläuse sondern eine Zuckerlösung ab, die den Ameisen als Nahrung dient.
* Die Eusymbiose oder obligatorische Symbiose ist eine feste Lebensgemeinschaft, bei der die Partner zwingend aufeinander angewiesen sind.

## MYKORRHIZA

Fast alle Waldbäume leben in Symbiose mit Pilzen. Junge Baumwurzeln sind lückenlos von Pilzmänteln umhüllt. Diese Symbiose, die Mykorrhiza, ist für beide Partner unentbehrlich.

Der Baum versorgt den Pilz mit Kohlenhydraten. Der Pilz nimmt Mineralstoffe und Wasser aus dem Boden auf und leitet sie an den Baum weiter.

## FLECHTEN

Flechten sind Symbiosen aus Pilz und Alge oder aus Pilz und Cyanobakterium. Der Pilz übernimmt die Versorgung mit Wasser und Nährsalzen, er schützt die Algen vor Austrocknung und Strahlung. Algen oder Cyanobakterien versorgen den Organismus mit Nährstoffen. Die Symbiose führt zu einer neuen Organisationsform.

## KORALLEN

Die meisten Korallenarten leben in Symbiose mit einzelligen Algen – den Zooxanthellen. Die Zooxanthellen wurden von den Korallen mit der Nahrung aufgenommen, aber nicht verdaut, sondern lebend in das Entoderm eingelagert.

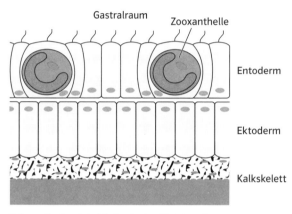

Schematischer Schnitt durch eine Steinkoralle

Jeder der beiden Partnerorganismen besitzt einen eigenen Stoffwechsel. Die Algen produzieren mittels Fotosynthese organische Stoffe. Durch Signalstoffe gelingt es der Koralle, dass die Zooxanthellen einen Teil ihrer Zuckerverbindungen an die Koralle abgeben. Als deren Stoffwechsel-Endprodukte entstehen Kohlenstoffdioxid und Wasser, die Ausgangsverbindungen, die die Algen für die Photosynthese brauchen.

# INTERNE STOFFKREISLÄUFE

Die Koralle und die Alge profitieren von der Symbiose. Die Korallen geben den Algen Schutz, Wohnraum, Kohlendioxid und Nährsalze aus der Verdauung. Der Kreislauf der Stoffe ist innerhalb der Riffkorallen teilweise geschlossen. Bei Belichtung können Korallen auch wachsen, wenn sie keine Nahrung zu sich nehmen; sie sind also teilweise autotroph.

Bei der Verdauung ihrer Beute erzeugen die Korallen Phosphat und anorganische Stickstoffverbindungen, die den Algen zur Verfügung stehen.

Korallen bilden ihr Kalkskelett mithilfe der im Meerwasser enthaltenen Calcium- und Hydrogencarbonat-Ionen. Für den Skelettbau ist die Fotosynthese der Algen von größter Bedeutung. Die Polypen entnehmen dem Wasser gelöstes Calciumhydrogencarbonat. Daraus stellen sie Calciumcarbonat (Kalk) her, wobei Kohlendioxid anfällt:

$$Ca(HCO_3)_2 \rightleftharpoons CaCO_3 + CO_2 + H_2O$$

Das Kohlendioxid benötigen die Algen zum Aufbau von Kohlenhydraten bei der Fotosynthese. Weil sie das Kohlendioxid schnell beseitigen, verschiebt sich das Gleichgewicht der Reaktion zugunsten der Kalkbildung. Bei Licht ist die Kalkbildung etwa zehnmal größer als im Dunklen.

## KONKURRENZ

Ein wichtiger Faktor innerhalb der Lebensgemeinschaft ist die Konkurrenz. Fast alle Ökofaktoren stehen nur in begrenzter Menge zur Verfügung: Raum, Licht und Wasser, Nahrung und Verstecke. Um alle diese Ressourcen herrscht ein intensiver Wettbewerb. Nur Individuen und Arten, die sich in diesem Wettbewerb behaupten, können im Ökosystem überleben.

Konkurrieren Angehörige derselben Art miteinander, so spricht man von innerartlicher oder intraspezifischer Konkurrenz.

## KONKURRENZAUSSCHLUSS

Auch verschiedene Arten stehen im Wettbewerb um begrenzte Lebensgrundlagen: zwischenartliche oder interspezifische Konkurrenz. So sind alle Tiere, die sich im Uferbereich eines Teiches von kleinen Tieren ernähren, Konkurrenten. Allerdings gibt es nie zwei Arten im gleichen Lebensraum, die exakt dieselben Bedürfnisse haben. Wäre eine der beiden Arten nur geringfügig überlegen, so würde sie die andere Art verdrängen. Daher werden in der Evolution alle Veränderungen einer Art begünstigt, die die Konkurrenz mit anderen Arten verringern oder vermeiden. Das ist die Aussage des Konkurrenzausschluss-Prinzips: Je ähnlicher die ökologischen Ansprüche der beteiligten Arten sind, umso geringer ist die Wahrscheinlichkeit, dass sie dauerhaft den gleichen Lebensraum besiedeln. Die Konkurrenz kann minimiert werden, wenn Arten auf unterschiedliche Ressourcen ausweichen.

# ABIOTISCHE UND BIOTISCHE UMWELTFAKTOREN

1. Manche Wüstentiere trinken nie. Wie gewinnen sie das Wasser, das sie zum Leben brauchen?

   _____

2. Was versteht man unter Eutrophierung von Gewässern?

   ☐ **A** starke Zunahme von Mineralstoffen, Pflanzen und Tieren
   ☐ **B** Abnahme von Phosphat, Nitrat durch Zunahme der Cyanobakterien
   ☐ **C** Zuwanderung exotischer Organismen

3. Was versteht man unter den „Kardinalpunkten des Lebens"?

   _____

4. Welche Bedeutung hat die Mykorrhiza für die Bäume?

   _____

5. Auf welche Weise helfen die symbiontischen Algen den Korallen beim Aufbau des Kalkskeletts?

   _____

   _____

## LÖSUNGEN

**1.** Bei der Oxidation von Nährstoffen entsteht neben Kohlenstoffdioxid auch Wasser. • **2.** A • **3.** Minimum und Maximum eines Umweltfaktors, die ein Organismus toleriert. • **4.** Der Mykorrhiza-Pilz versorgt den Baum mit Wasser und Mineralsalzen. • **5.** Durch Aufnahme des Kohlenstoffdioxids verschiebt sich das Gleichgewicht der Reaktion $Ca(HCO_3)_2 \rightleftarrows CaCO_3 + CO_2 + H_2O$ zum Calciumcarbonat ($CaCO_3$).

## ÖKOLOGISCHE NISCHE

Es gibt verschiedene Möglichkeiten, einen Lebensraum zu nutzen. Jede Pflanzenart hat andere Ansprüche, jede Tierart braucht andere Nahrung, hat andere Feinde und Parasiten, andere Aufenthaltsorte und Nistplätze. Diesen Tatbestand drückt das Konzept der ökologischen Nische aus: Die ökologische Nische ist die Einheit aus einer Art und ihrer spezifischen Umwelt, wie sie sich in der Evolution durch Einnischung herausgebildet hat. Zur Nische gehören sowohl die Ansprüche der Art an ihre Umwelt als auch die Angebote und Anforderungen dieser Umwelt an diese Art und die Art und Weise, wie diese Angebote genutzt werden.

Auch nahe verwandte Arten, die zur gleichen Gemeinschaft gehören, unterscheiden sich in einigen Faktoren, die für ihre Existenz wesentlich sind.

Vereinfacht kann man den Lebensraum eines Tieres mit der Adresse, die Nische mit dem Beruf eines Menschen vergleichen: Der Beruf kennzeichnet in erster Linie seine Tätigkeit und seinen Broterwerb. Er bestimmt aber auch den Ort, an dem er sich bevorzugt aufhält und die Leistung, die er für die Gemeinschaft vollbringt.

ÖKOLOGIE

Schilfrohrsänger bevorzugen lichte Schilfbestände.

## FEINEINPASSUNG BEI ÄHNLICHER UMWELT

Selbst bei nahe verwandten Arten, die zur gleichen Gemeinschaft gehören, unterscheiden sich die Nischen in mindestens ein oder zwei wesentlichen Faktoren. Ein Musterbeispiel für diese Feineinpassung sind die verschiedenen Rohrsänger, die im Uferbereich eines Sees koexistieren können, weil sich ihre Nischen etwas unterscheiden:

Der Schilfrohrsänger bevorzugt lichte Schilfbestände, die von Seggen unterbrochen sind. Der Teichrohrsänger mag sehr feuchte, überschwemmte Schilf- und Rohrkolbenbestände. Noch höhere und nässere Bestände sagen dem Drosselrohrsänger zu.

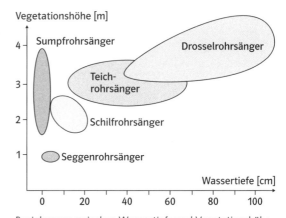

Beziehungen zwischen Wassertiefe und Vegetationshöhe in den Revieren von fünf Rohrsängerarten

## ÖKOSYSTEME

Ein Ökosystem besteht aus einer Lebensgemeinschaft von Organismen mehrerer Arten, der Biozönose, und ihrer unbelebten Umwelt, dem Biotop. Zwischen allen Gliedern des Ökosystems gibt es intensive Wechselbeziehungen.

Ökosysteme sind dynamisch und entwickeln sich bei unveränderten äußeren Einflüssen im Verlaufe einer Sukzession über verschiedene Stadien zu einem relativ stabilen Endzustand, dem Klimaxstadium.

## SUKZESSION

Eine Sukzession ist die zeitliche Abfolge ineinander übergehender Zustände von Lebensgemeinschaften an einem Ort. Die Entwicklung führt unter wechselndem Artenreichtum bei abnehmender Änderungsgeschwindigkeit vom Initialstadium über verschiedene Folgestadien zu einer Klimaxgesellschaft. Eine Sukzession findet in Ökosystemen statt, die sich nicht im Gleichgewicht befinden.

Nach einem Waldbrand oder einem Bergrutsch ist das Gebiet zunächst vegetationslos. Das Initialstadium ist eine Pioniergesellschaft, die durch Artenarmut und Individuenreichtum charakterisiert ist. Arten mit hoher Fortpflanzungsfähigkeit, die r-Strategen (→ S. 315), herrschen vor. r-Strategen vermehren sich sehr schnell. Oft zeigen sie eine große Toleranz gegenüber den herrschenden Standortfaktoren. Die Pionierarten verändern die Standortfaktoren, z.B. durch Ansammlung von Humus und Nährstoffen, sie verändern den Wasserhaushalt, das Mikroklima und die Tierwelt.

## KLIMAXSTADIUM

In späteren Sukzessionsstadien steigen die Artenvielfalt und die Produktion von Biomasse zunächst an. Aufgrund der veränderten Standortfaktoren sind nun neue Arten in der Lage, das veränderte Biotop zu besiedeln. Diese Arten sind anspruchsvoller und meist auch produktiver. Sie investieren weniger Energie in die Fortpflanzung und mehr in Strukturen, die ihre Konkurrenzstärke erhöhen. Auch die neuen Arten verändern die Standortfaktoren und anspruchsvollere und produktivere Gesellschaften übernehmen das Gebiet. Da in Wäldern im All-gemeinen das Licht der begrenzende Umweltfaktor ist, ist eine der erfolgreichsten Strategien das Wachstum in die Höhe. So sind Bäume im Wettbewerb um das Licht überlegen und können die Pionierarten verdrängen.

Nach etwa 150 Jahren ist das Klimaxstadium erreicht. Diese Klimaxvegetation ist in Mitteleuropa auf den meisten Flächen ein geschlossener und artenarmer Buchenwald. Hier herrschen K-Strategen vor. Sie investieren mehr in Produktion als in Reproduktion. Klimaxstadien zeichnen sich durch eine sehr effiziente Nut-zung der Ressourcen aus. Die Artzusammensetzung verändert sich nur noch wenig. Viele Vögel und Säugetiere sind darunter, die lange Brutpflege betreiben, dadurch weniger Nachkommen erzeugen, diesen aber bessere Startchancen ver-schaffen. Typische K-Strategen der Pflanzenwelt sind die hohen Bäume, die viel Energie in den Aufbau ihrer Stämme, Äste und Wurzeln investieren und hoch-wertige Früchte erzeugen. Sie brauchen viele Jahre, bis sie Nachkommen haben, besitzen aber ein hohes Durchsetzungsvermögen beim Wettbewerb um das Licht.

## NAHRUNGSKETTE

Das Konzept der Nahrungskette beschreibt den Fluss organischer Stoffe im Ökosystem in vereinfachter und idealisierter Darstellung. Dabei werden die einzelnen Lebewesen nach ihrer Trophieebene in Gruppen eingeordnet:

- Grüne Pflanzen sind autotroph: Was sie zum Leben brauchen, stellen sie aus mineralischen Bausteinen her. Sie sind die Produzenten organischen Materials.
- Pflanzenfresser (Herbivore) bezeichnet man als Konsumenten erster Ordnung oder Primärkonsumenten.
- Raubtiere (Karnivore) ernähren sich überwiegend von Pflanzenfressern, sie sind Sekundärkonsumenten oder Konsumenten zweiter Ordnung.
- Tiere am Ende der Nahrungskette bezeichnet man als Spitzenkonsumenten.
- Aasfresser und Dungkäfer, Bakterien und Pilze sind Destruenten oder Zersetzer. Sie ernähren sich von toter organischer Substanz, die sie in Mineralstoffe zurückführen.

Eine Nahrungskette im Garten könnte so aussehen:
Brennnessel → Raupe → Singvogel → Marder → Bussard.

## BIOMAGNIFIKATION

Besondere Bedeutung hat das Konzept der Nahrungskette im Zusammenhang mit der Anreicherung von Schadstoffen. Schwer oder nicht abbaubare Stoffe (Schwermetall-Ionen und Chlorkohlenwasserstoffe) reichern sich in aufeinanderfolgenden Trophieebenen an. Man spricht in diesem Zusammenhang von Biomagnifikation. Auch der Mensch als Endkonsument unterliegt der Schadstoffanreicherung in der Nahrungskette.

## NAHRUNGSNETZ

Die Anordnung von Lebewesen in lineare Ketten ist die drastische Vereinfachung eines komplizierten Gefüges. Nahrungsbeziehungen sind verzweigt; kaum ein Lebewesen gehört nur einer Nahrungskette an. Die Nahrungsbeziehungen einer Lebensgemeinschaft gleichen eher einem Netz mit vielen Knoten. Sie können als Nahrungsnetz dargestellt werden, allerdings sind grafische Darstellungen von Nahrungsnetzen entweder extrem kompliziert oder aber sehr unvollständig.

# ÖKOLOGISCHE NISCHE, SUKZESSION, NAHRUNGSKETTE

1. Welche Merkmale zeichnen Pioniergesellschaften aus?

a) _____

b) _____

c) _____

2. Was versteht man unter einer ökologischen Nische?

☐ **A** Eine Nische im Gebüsch, in der sich ein Tier verstecken kann.

☐ **B** Die Einheit einer Art und ihrer spezifischen Umwelt.

☐ **C** Eine Art, die bevorzugt im Klimaxstadium eines Ökosystems vorkommt.

3. Welche Funktion haben Destruenten in der Nahrungskette?

_____

_____

4. Warum betrifft die Anreicherung von Schadstoffen Säuglinge stärker als Erwachsene?

_____

_____

_____

## LÖSUNGEN

**1.** a) Artenarmut, b) Individuenreichtum, c) ökologische Toleranz • **2.** B • **3.** Sie bauen tote organische Substanz ab und führen sie in Kohlenstoffdioxid, Wasser und Mineralstoffe zurück. • **4.** Säuglinge, die sich von Muttermilch ernähren, stehen eine trophische Stufe höher als ihre Mütter, sie sind stärker von der Biomagnifikation betroffen.

## ENERGIEFLUSS DURCH DIE NAHRUNGSKETTE

Der Energiefluss im Ökosystem bezeichnet den Energietransfer und die Energie-umwandlung der eingestrahlten Sonnenenergie über die Biomasse der Produzenten und die anschließende Nahrungskette über die Konsumenten bis zu den Destruenten.

Während die Stoffe, aus denen die Lebewesen aufgebaut sind, sich in ständigem Kreislauf befinden, sind Ökosysteme in Bezug auf die Energie offene Systeme: Lichtenergie wird von den Produzenten in chemische Energie umgeformt. Diese passiert rasch die Nahrungskette und wird während dieser Passage in Wärme-energie umgeformt und an die Umwelt abgegeben.

## PFLANZEN BILDEN BIOMASSE

Bei der Fotosynthese wird Lichtenergie in chemische Energie umgewandelt. Diese Umwandlung geht einher mit der Schaffung organischer Substanz. Sie wird als Primärproduktion bezeichnet. Für das Ökosystem bedeutsam ist die Frage, welcher Teil der eingefangenen Sonnenenergie in Pflanzen-substanz gespeichert wird, und wie viel davon zu den einzelnen trophischen Ebenen der Nahrungskette gelangt.

Die Bruttoproduktion der grünen Pflanzen ist die neue Biomasse, die diese bei der Fotosynthese unter Bindung der Lichtenergie aus anorganischen Stoffen bilden. Ein Teil der gebildeten Biomasse wird von der Pflanze bei der Atmung verbraucht, zur Aufrechterhaltung ihrer Lebensvorgänge. Der Rest – die Nettoproduktion – stellt den Zuwachs oder die Speicherung dar. Davon ernähren sich die Konsumenten.

# PRODUKTIONSPYRAMIDEN

Produktionspyramiden geben ein anschauliches Bild vom Energiefluss durch die Nahrungskette. In jeder trophischen Ebene wird der Teil der Energie eingetragen, der in einer bestimmten Zeiteinheit dazu kommt, also die Nettoproduktion pro Zeiteinheit. Wegen der Ineffizienz der Energieweitergabe wird die Produktionspyramide nach oben schmaler.

Besonders interessant ist der Vergleich von Biomasse- und Produktionspyramiden verschiedener Ökosysteme. Die Biomasse der Gräser eines Graslandes ist viel kleiner als die der Bäume des Waldes; ihre Produktion dagegen ist um ein mehrfaches höher. Bäume bestehen nur zu einem kleinen Teil aus fotosynthetisch aktivem, produzierendem Gewebe; der größte Teil hat Stütz- und Speicherfunktion. Gras dagegen besteht fast nur aus grünen Organen. Zwischen Biomasse und Produktion eines Ökosystems besteht kein direkter Zusammenhang.

In einem Eichen-Hainbuchen-Wald wurde die jährliche Produktion der verschiedenen trophischen Stufen ermittelt. Die Nahrungspyramide gibt die Situation wieder:

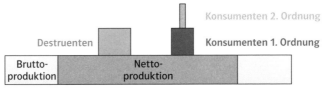

Konsumenten 2. Ordnung

Destruenten

**Konsumenten 1. Ordnung**

Brutto-produktion

Netto-produktion

Produzenten

Die Abbildung ist nicht maßstabsgetreu: Für eine solche Darstellung sind die Dimensionen zu unterschiedlich: Sie bewegen sich zwischen 2 kg und $2{,}4 \cdot 10^4$ kg.

## ÖKOLOGISCHE EFFIZIENZ

Die Konsumenten gewinnen ihre Energie durch Aufnahme energiereicher Stoffe von Pflanzen oder Tieren. Jedes Tier kann nur einen Teil seiner Nahrung zum Aufbau eigener Körpersubstanz verwerten: Da ein Teil seiner Nahrung oxidiert und dabei die darin gespeicherte Energie in Wärmeenergie umgewandelt wird, gelangt nur ein Rest der Energie von den Produzenten bis zu den Endkonsumenten und den Zersetzern.

Die Energie der aufgenommenen Nahrung wird in drei Kanäle aufgeteilt:

- Ein Teil der aufgenommenen, energiereichen Nahrung wird im Kot oder Urin wieder ausgeschieden.

- Ein großer Teil der aufgenommenen Energie wird als Betriebsenergie „verbraucht", d.h. in Wärme umgewandelt.

- Der Rest der aufgenommenen Nahrung wird zur Produktion körpereigener Stoffe verwendet.

Der Bruchteil der Energie, der von einer trophischen Ebene zur nächsten weitergegeben wird, ist die ökologische Effizienz der Energieweitergabe.

Ökologen gehen von einer durchschnittlichen Effizienz von 10 % aus. Im Wald ist sie deutlich kleiner. Je weiter eine Population in der Nahrungskette von den Produzenten entfernt ist, desto knapper wird seine Energiebasis. Die Individuenzahl wird kleiner, die Reviere müssen größer werden. Die nach oben schmaler werdende Form von Zahlen- und Biomassepyramiden findet durch die Ineffizienz der Energieübertragung in Nahrungsketten ihre Erklärung.

## KREISLAUF DER ATEMGASE

Eine bedeutende Wechselwirkung zwischen Lebewesen und Umwelt ist der Stoffaustausch. Jedes Lebewesen nimmt Stoffe aus seiner Umwelt auf und gibt andere Stoffe an die Umwelt ab.

Atmung und Fotosynthese sind die zentralen Reaktionen des Kreislaufs der Atemgase $O_2$ und $CO_2$. Grüne Pflanzen filtern mit ihren Blättern Kohlendioxid aus der Atmosphäre und bauen daraus Kohlenhydrate auf. Bei der Atmung werden die Kohlenhydrate abgebaut, Kohlenstoffdioxid wird freigesetzt, Sauerstoff verbraucht.

Weil Produktion und Verbrauch von Sauerstoff in der Biosphäre ausgewogen sind, bleibt der Sauerstoffgehalt der Atmosphäre über große Zeiträume unverändert.

Allerdings steigt durch die Verbrennung fossiler Brennstoffe die Konzentration des $CO_2$ kontinuierlich an. Die Folge ist der Treibhauseffekt, der zu einem großen Teil für die aktuelle Klimakrise verantwortlich ist.

## NACHHALTIGKEIT UND RÜCKFÜHRUNG

In der Industriegesellschaft werden Rohstoffe knapp, Müll häuft sich an. In Ökosystemen entstanden dagegen im Laufe der Evolution weitgehend geschlossene Kreisläufe. Durch ständige Rückführung (Recycling) gibt es in natürlichen Ökosystemen weder Rohstoffmangel noch Müllprobleme. Der „Abfall" des einen Lebewesens wird zum „Rohstoff" für das andere. Das Prinzip der Rückführung ist allen Ökosystemen gemeinsam.

Das Konzept der Nachhaltigkeit beschreibt die Nutzung eines Systems in der Weise, dass dieses System in seinen wesentlichen Eigenschaften erhalten bleibt und sein Bestand auf natürliche Weise nachwachsen kann. Nachhaltigkeit sorgt für fortdauernde, gleichbleibende Erträge und ist damit vorbildlich für landwirtschaftliche und industrielle Produktionsweisen.

Ökologische Nachhaltigkeit hat das Ziel, Natur und Umwelt für nachfolgende Generationen zu erhalten. Dazu gehören ein schonender Umgang mit den Ressourcen der Natur, der Erhalt der Artenvielfalt, der Schutz des Klimas und die Pflege von Landschaftsräumen.

## STICKSTOFF-FIXIERUNG

Stickstoff ist Bestandteil der Proteine, der Nucleinsäuren, von vielen Coenzymen sowie Vitaminen und daher unverzichtbar für alle Lebewesen! In vielen Ökosystemen ist Stickstoff der limitierende Umweltfaktor für das Wachstum der Pflanzen.
Die Lufthülle der Erde besteht zu 78 % aus molekularem Stickstoff. Allerdings können nur einige prokaryotische Mikroorganismen den Luftstickstoff direkt verwerten: biotische Stickstofffixierung. Sie kommen freilebend oder symbiontisch (*Rhizobium*) mit Pflanzen vor. Molekularen Stickstoff reduzieren sie zu Ammoniak ($NH_3$). Nitrit-bakterien (*Nitrosomonas*) oxidieren unter Energiegewinn Ammoniak zu Nitrit ($NO_2^-$), das von Nitratbakterien (*Nitrobacter*) zu Nitrat oxidiert wird. Die Nitrate stehen den Pflanzen für ihren Stoffwechsel zur Verfügung.

## STICKSTOFFKREISLAUF

Das von den Pflanzen aufgenommene Nitrat wird in organische Verbindungen umgesetzt, die in der Nahrungskette weitergegeben werden. Abgestorbene Organismen und Exkremente werden von Destruenten in Ammoniumverbindungen und Nitrate umgewandelt, die den Pflanzen als Nährstoffe zur Verfügung stehen. Damit ist der biologische Stickstoffkreislauf geschlossen. Denitrifizierende Bakterien setzen aus Nitraten ($NO_3^-$) molekularen Stickstoff ($N_2$) frei, der zurück in die Atmosphäre gelangt, so reichert sich Stickstoff nicht in Böden oder Gewässern an.

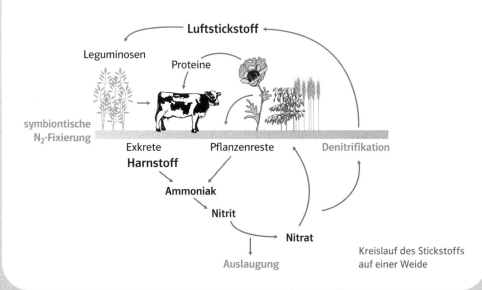

Kreislauf des Stickstoffs auf einer Weide

# ENERGIEFLUSS, STOFFKREISLAUF

1. Wie unterscheiden sich Brutto- und Nettoprimärproduktion
   in einem Ökosystem?

   _____

   _____

   _____

2. Welche Aspekte umfasst das Konzept der Nachhaltigkeit?

   ☐ **A** schonender Umgang mit der Natur
   ☐ **B** fortdauernde Erträge
   ☐ **C** geschlossene Stoffkreisläufe

3. In welchen Verbindungen liegt der Stickstoff im Boden vor?

   a) _____

   b) _____

   c) _____

4. Welche beiden Prozesse sind für den Sauerstoffkreislauf
   in der Biosphäre verantwortlich?

   a) _____

   b) _____

## LÖSUNGEN

**1.** Als Bruttoprimärproduktion bezeichnet man die von autotrophen Organismen fixierte Menge an Kohlenstoff. Die Nettoprimärproduktion ist Bruttoproduktion abzüglich der von den Pflanzen bei der Atmung verbrauchten Biomasse. • **2.** A, B, C • **3.** a) Ammoniak, b) Nitrit, c) Nitrat • **4.** a) Fotosynthese und b) Atmung

## POPULATIONSDYNAMIK

Populationsdynamik beschreibt die Veränderung der Größe und der räumlichen Verbreitung von Populationen. Zu einer Population gehören die Individuen einer Art, die in einem zusammenhängenden Gebiet zu einer Zeit leben. Die Dynamik einer Population wird bestimmt durch Wechselwirkungen innerhalb der Population und mit ihrer Umwelt.

## EXPONENTIELLES WACHSTUM

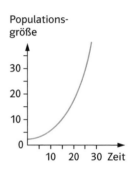

Unter günstigsten Bedingungen – ohne Feinde und mit unbegrenzten Nahrungsvorräten – wächst eine Population exponentiell an. Exponentielles Wachstum ist durch konstante Verdoppelungszeiten gekennzeichnet. Stellt man exponentielles Wachstum grafisch dar, so erhält man eine Exponentialkurve.
Jedes der Kontrolle entzogenes Wachstum folgt dieser Kurve.

## LOGISTISCHES WACHSTUM

Jeder Population steht begrenzter Raum und ein begrenztes Nahrungsangebot zur Verfügung. Eine maximale Bestandsgröße – die Kapazität – kann nicht überschritten werden.

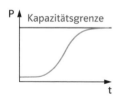

Umweltfaktoren wie Nahrungsmangel, Krankheiten, Feinde und Parasiten dezimieren die Populationen. Sie wirken dichteabhängig: Sie treffen große Populationen stark, kleine verschonen sie weitgehend. Damit wirken sie als Regulatoren der Populationsgröße: Je dichter die Population ist, umso schneller sinken die Nahrungsvorräte.

Die Gesamtheit aller Faktoren, die das Wachstum begrenzen, bezeichnet man als Umweltwiderstand. Je weniger Nahrung vorhanden ist, umso kleiner wird die Population. Durch Annäherung an die Kapazitätsgrenze wächst die Population immer langsamer, bis die Grenze asymptotisch erreicht wird. Logistisches Wachstum wird durch eine Sigmoid-Kurve (s-förmige Kurve) beschrieben.

Neben den dichteabhängigen Regulatoren wirken dichteunabhängige Faktoren, z.B. starker Frost, verheerende Niederschläge und Orkane. Eine Übernutzung des Lebensraumes, zum Beispiel durch zu starke Beweidung, kann dessen Kapazität langfristig herabsetzen.

ÖKOLOGIE

# FORTPFLANZUNGSSTRATEGIEN

Fortpflanzungsstrategien beschreiben verschiedene Wege der Lebewesen bei der Fortpflanzung. Man unterscheidet zwischen den beiden Extremen r-Strategie und K-Strategie:

- Die r-Strategie orientiert sich an der Reproduktionsrate reiner Population, die sich aus der Differenz von Geburtenrate (Natalität) und Sterberate (Mortalität) ergibt. Das Populationswachstum ist im Idealfall exponentiell. Typische r-Strategen haben eine hohe Reproduktionsrate, keine oder wenig Brutpflege und eine frühe Geschlechtsreife. r-Strategen sind Mikroorganismen, die meisten Parasiten, viele kleine Pflanzen und Tiere (Kleinkrebse, Blattläuse, Mäuse). Sie sind gut an Lebensräume mit schnell wechselnden Bedingungen angepasst.

- Die K-Strategie orientiert sich an der Obergrenze der Populationsdichte in einem Lebensraum – der Kapazität K. Typische K-Strategen zeichnen sich durch späte Geschlechtsreife, geringe Nachkommenzahl und intensive Brutpflege aus. Die Anzahl der Individuen bleibt über längere Zeit nahezu konstant, der Schwerpunkt wird bei den Nachkommen auf eine bessere Qualität gesetzt. Extreme K-Strategen sind Wale und die großen Menschenaffen.

# BLATTLÄUSE

Blattläuse leben parasitisch als Pflanzensauger an Bäumen und Kräutern. Die Weibchen bringen durch Parthenogenese millionenfach Nachkommen zur Welt, unter günstigen Bedingungen kann sich eine Population explosionsartig vergrößern.

Blattlauskolonien stellen ein wichtiges Nahrungsreservoir für viele Tiere dar. Sie sind Parasiten, Symbionten, Beutetiere, Honiglieferanten, Überträger von Krankheiten und Wirte für Parasiten. Sie ernähren Vögel, Käfer, Raubfliegen, Netzflügler, Ameisen, Wespen und Spinnen. Blattläuse sind also wichtige Glieder vieler Nahrungsnetze.

## RÄUBER-BEUTE-SYSTEME

Die Wirkung der dichteabhängigen Regulation kann modellhaft an Räuber-Beute-Systemen beschrieben werden. Alfred Lotka und Vito Volterra haben Populationsschwankungen in idealisierten Systemen, in denen sich in einem abgeschlossenen System ein Räuber von einem Beutetier ernährt, mathematisch analysiert und in den Lotka-Volterra-Regeln ausgedrückt.

* Erste Volterra-Regel:
  Die Populationsgrößen von Räuber und Beute schwanken periodisch. Die Schwankungen der Räuberpopulation folgen zeitlich versetzt denen der Beutepopulation.

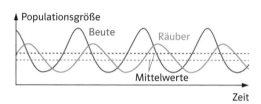

* Zweite Volterra-Regel:
  Die Größe der Räuberpopulation und der Beutepopulation schwankt jeweils um einen Mittelwert. Die Größe der Mittelwerte hängt von den Wachstumsraten und den Schrumpfungsraten der Population, nicht aber von den Anfangsbedingungen ab.

* Dritte Volterra-Regel:
  Werden Räuber- und Beutepopulation gleichermaßen dezimiert, so erholt sich die Beutepopulation schneller als die Räuberpopulation.

Die Regeln gelten unter der Voraussetzung, dass zwischen zwei Arten lediglich eine Räuber-Beute-Beziehung besteht und sonstige Umweltfaktoren zu vernachlässigen sind.

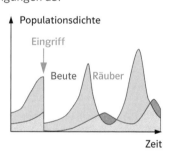

## PESTIZIDE

Die Anwendung von Pestiziden hat eine Reihe von Nebenwirkungen: Insektizide töten auch nützliche Insekten – die Feinde der Schadinsekten. Durch die Pestizide werden beide Populationen dezimiert. Die Zahl der Beutetiere nimmt danach schneller wieder zu als die der Räuber (Dritte Volterra-Regel). Die verbleibende Beutepopulation kann sich ohne Feinde schnell erholen. Die Räuber wurden doppelt geschädigt: Diejenigen, die nicht dem Gift zum Opfer fallen, leiden an Nahrungsmangel. Ihre Zahl nimmt weiter ab. Weil sie den Artenreichtum vermindern, beeinträchtigen Pestizide auch die Fähigkeit einer Gemeinschaft zur Selbstregulation. Weitere Folgen sind die Bioakkumulation in der Nahrungskette und die Resistenzbildung bei den Schädlingen.

# POPULATIONSDYNAMIK

1. Welche der folgenden Tierarten pflanzen sich eher nach der r-Strategie, welche nach der K-Strategie fort?

   **a)** Afrikanischer Elefant: _____

   **b)** Blattlaus: _____

   **c)** Karpfen: _____

   **d)** Koala: _____

2. Warum werden Räuber durch Pestizidanwendung doppelt geschädigt?

   _____

3. Wie ist in der Biologie der Begriff der „Population" definiert?

   _____

   _____

4. Benennen Sie die Gefahren einer Bekämpfung von Blattläusen mit Insektiziden.

   a) _____     b) _____

   c) _____     d) _____

   e) _____     f) _____

# LÖSUNGEN

**1.** a) K-Strategie, b) r-Strategie, c) r-Strategie, d) K-Strategie. • **2.** direkte Schädigung durch das Pestizid, indirekte Schädigung durch Nahrungsmangel • **3.** Eine Population ist eine Gruppe von Individuen derselben Art, die gleichzeitig ein gemeinsames geografisches Gebiet bewohnt. • **4.** a) keine Unterscheidung zwischen nützlichen und schädlichen Organismen, b) Giftwirkung auch auf Beutetiere, c) Störung der natürlichen Regulationsmechanismen im Ökosystem, d) Rückstände, e) Anreicherung in Nahrungskette, f) Gifte sind Selektionsfaktoren zur Auswahl resistenter Schädlinge.

# BILDNACHWEIS

123RF.com, Nidderau: **167** (designua); **217, 266** (charbonnierthierry); **188** (vecton); **202** (jarun011); Adobe Stock, Dublin: **14, 238** (OlgaKot20); **25** (Vink Fan); **40.2** (Elena); **52, 125** (VectorMine); **58** (Ali); **105.1, 110** (Maksim Shmeljov); **111** (Moudat); **174** (designua); **258** (nataba); **263** (Liliya); **290** (26max); **296** (Vera); **302** (blakerandall811); **306** (WildMedia); Fotolia, New York: **3** (Yuri Arcurs); **46** (michaklootwijk); **80** (pathdoc); **120** (Gernot Krautberger); **166** (arsdigital); **196.1** (pix4U); **196.2** (psdesign1); **221.3** (sid221); **224** (Miredi); **239.1** (susan flashman); **250** (gudkovandrey); **252** (alexanderoberst); **270.1** (Jeff McGraw); **270.2** (Rita Kochmarjova); **271.1, 273** (francescodemarco); **271.2** (Andrea Izzotti); Fotolia.com, New York: **197.1** (Kadmy); **197.2** (Pavla Zakova); **201** (ag visuell); **210** (arun011); **213** (Dan Race); **221.2** (Ornitolog82); Getty Images, München: **12** (JOSE LUIS CALVO MARTIN & JOSE ENRIQUE GARCIA-MAURIÑO MUZQUIZ); **22** (Aldona); **29** (Tasha Vector); **64.1** (s-cphoto); **66** (Fuatkose); **94** (Viktoriia Ilina); **157** (Boris_Kuznets); **251** (Tom Reville); **255** (mauribo); **256** (Gizmo); **260** (Mason Maron); **280** (alex_kz); **297** (redstallion); **303** (AlbyDeTweede); **304** (Michael Hall); **305** (Sabine Hortebusch); iStockphoto, Calgary, Alberta: **64.2** (alex-mit); **78** (-Oxford-); **102** (kosmos111); **105.2** (Gajus); **129.1** (tbradford); **129.2** (nobeastsofierce); **288** (VogelSP); **289.1** (Nithid); **289.2** (shaman1006); **294** (narvikk); Shutterstock, New York: **11.2** (daseugen); **19** (Yurii Andreichyn); **20** (somersault1824); **26** (Dreamy Girl); **34** (Akor86); **36** (Jose Luis Calvo); **40.1** (alexpro9500); **41** (Victoria Chudinova); **44** (joshya); **54** (luigi nifosi); **57** (Jag_cz); **65.2** (catwalker); **67** (Capreola); **68** (Valentina Moraru); **71** (koya979); **72** (Jens Goepfert); **82** (Juergen Priewe); **88** (Lichtmeister); **96** (Ezume Images); **100** (molekuul. be); **104.1** (PeJo); **104.2, 108** (anyaivanova); **106** (bookzaa); **113** (isak55); **117** (Valentyn Volkov); **118** (Carlos Amarillo); **122** (JIANG HONGYAN); **128** (StudioSmart); **163** (Sergey Nivens); **168** (Praisaeng); **170** (Jesada Sabai); **180** (turlakova); **182** (Serg Zastavkin); **193** (Sherry Yates Young); **211** (Birgit Reitz-Hofmann); **216.2** (24Novembers); **218.1** (Igor Chernomorchenko); **218.2** (Eric Isselee); **222.1** (Olga Bogatyrenko); **222.2** (Amalia Gruber); **222.3** (skynetphoto); **234** (Dn Br); **235** (Ariros); **241** (Panustyle); **246** (Nicku); **248** (Amy Nichole Harris); **264** (trabantos); **268** (tristan tan); **282** (Ewais); **285** (Norma Cornes); **286.1** (Ysbrand Cosijn); **286.2** (Ksenia Raykova); **298** (LauraD); **299** (Brian Kinney); **300** (Nick Stroh); **308** (leungchopan); **310** (Claude Huot); **315** (Karin Jaehne); Thinkstock, München: **10** (tagota); **11.1** (ElMiguelacho); **16** (DTKUTOO); **32** (frentusha); **47** (Molekuul); **65.1** (Thomas Northcut); **77** (Fuse); **86** (Dorling Kindersley); **92** (xrender); **97** (Chad Baker); **132** (Eraxion); **135** (Monkey Business Images); **140** (MangoPepper); **142** (VICHAILAO); **145** (mitifo); **148** (RonFullHD); **152** (Sascha Burkard); **156** (KatarzynaBialasiewicz); **160** (pixologicstudio); **179** (Tomasz Wyszołmirski); **194** (Piotr Adamowicz); **204** (evgenyatamanenko); **216.1** (ian35mm); **221.1** (MikeLane45); **233** (NCBlanora); **239.2** (kajornyot); **245** (RawFile); **265** (00Mate00); **274** (wiljoj); **292** (dmodlin01); **27, 50** (ianden)

**Notizen**